KB213823

참사는 골목에
머물지 않는다

참사는 골목에 머물지 않는다

이태원 참사 가족들이 길 위에 새겨온 730일의 이야기

초판 1쇄 발행 / 2024년 10월 29일

지은이 / 10·29 이태원 참사 작가기록단
펴낸이 / 염종선
책임편집 / 하빛 이선엽 최수민
조판 / 황숙화
지도 / 한승민
사진 / 연합뉴스
펴낸곳 / (주)창비
등록 / 1986년 8월 5일 제85호
주소 / 10881 경기도 파주시 회동길 184
전화 / 031-955-3333
팩시밀리 / 영업 031-955-3399 편집 031-955-3400
홈페이지 / www.changbi.com
전자우편 / human@changbi.com

ⓒ 10·29 이태원 참사 작가기록단
ISBN 978-89-364-8058-5 03300

이태원 참사 가족들이
길 위에 새겨온
730일의 이야기

참사는 골목에
머물지 않는다

10·29 이태원 참사 작가기록단 씀

창비
Changbi Publishers

유가족, 슬픔을 껴안고
책임을 걸머진 이들의 연대

우리가 희생하더라도 함께 지켜야 하는 게 국가라고 생각하
기도 했습니다. 그러면 얼마간은 국가도 우리를 지켜줄 거라
고 믿었습니다. 그런데 참사 이후 우리가 만난 국가는 차라
리 거대한 폭력이었습니다.

10·29 이태원 참사 유가족협의회가 2023년 6월 27일 열린 이
상민 행정안전부 장관 탄핵심판 사건 마지막 변론기일에 제출한
의견서의 한 대목이다. 이태원 참사 피해자들에게 '참사 이후'는
'국가의 부재'를 인식한 시간이다. 국가는 국민의 안전이 아니라
통치 권력의 안전을 지키기 위해 움직였다. 윤석열 정부는 참사
가 발생한 이튿날부터 7일간의 국가애도기간을 선포하고 발 빠

르게 애도 통제에 들어갔다. 위패와 영정도 없는 분향소를 유가족과 협의도 없이 설치한 후 공무원들에게는 아무 글자 없는 검은 리본을 가슴에 달도록 지시했다. 도대체 누가 죽었는지, 무엇을 추모해야 하는지 알 수 없는 자리에서 시민들이 방황할 때 유가족들은 점처럼 흩어져 고립되어 있었다. 정부는 유가족 명단을 쥐고도 그 사실을 함구했고, 피해자들은 첩보작전을 펼치듯 서로를 찾아 헤맸다. 10·29 이태원 참사 유가족협의회가 창립총회를 연 것은 2022년 12월 10일, 참사 후 무려 42일 만이었다.

그로부터 4일 뒤, 영정과 위패가 놓인 시민분향소가 이태원 녹사평역 인근에 열렸다. 이곳에서 마주한 유가족과 시민 들은 서로의 슬픔을 싸울 힘으로 바꿔냈고, 이듬해 2월 4일 시민분향소는 거대한 물결이 되어 서울시청 앞으로 나아갔다. 74일간의 경찰 특별수사본부도, 55일간의 국정조사도 제 역할을 다하지 못한 자리에 독립적인 조사위원회를 세우기 위해 특별법 제정 운동이 점화됐다. 영정을 껴안은 도보행진, 삼보일배, 오체투지, 삭발, 단식… 유가족들의 맹렬한 비폭력 투쟁이 이어지는 동안 해가 바뀌고 계절이 한바퀴 돌았다. 그 간절한 걸음 끝에 우리는 이태원 참사 특별조사위원회가 출범 준비에 들어갔다는 소식을 들으며 참사 2주기를 맞이하게 되었다. 이 2년의 세월이 의미하는 바는 무엇인가. 10·29 이태원 참사 작가기록단이 이 책을 연 당신께 드리는 질문이다.

이 책은 이태원 참사 유가족의 목소리를 담았다. 작가기록단

이 이태원 참사 1주기에 펴낸 『우리 지금 이태원이야』가 청년 피
해자에 집중해 유가족과 시민의 경계를 넘나들었다면, 이번 책
은 부모세대 유가족의 목소리에 집중했다. 희생자가 발생한 사건
에서 '부모'는 가장 큰 슬픔의 주체로 여겨진다. 틀린 말은 아니
지만, 우리가 유가족협의회의 투쟁을 기록하려는 가장 큰 이유가
그것이어야 할까. 무엇이 더 큰 슬픔인지를 가르는 일은 우리의
관심사도 아니며 가능한 일도 아니다. 물론 소중한 생명이 희생
된 자리에서 슬픔의 주체가 누구인지 묻는 일은 중요하다. 그런
데 그 일은 그 질문이 왜 필요한가를 함께 고민할 때 의미가 있다.
　우리는 왜 이 참사를 둘러싼 고통의 이야기를 듣는가. 그곳에
존엄이 훼손당한 사람이 있어서다. 부당한 일을 겪은 이의 곁에
서는 것은 공동체를 함께 이루는 시민의 의무다. 더구나 사회재
난은 사회의 문제로 벌어지는 일이지 않은가. 재난으로 삶이 부
서진 이들이 사회를 향해 외치는 목소리에 잘 응답하기 위해서는
재난이 끼친 피해가 무엇인지 이해해야 한다. 그래야 회복을 이
해할 실마리가 손에 쥐어진다. 우리는 통념 속의 피해자가 아닌,
현실의 피해자가 지닌 여러 얼굴을 마주해야 한다.
　이태원 참사가 벌어진 이후, 우리는 책임을 회피하는 책임자의
말을 줄기차게 들어왔다. 책임의 주체가 사라진, 아니 도망친 자
리에서 이 부당한 상실에 가장 큰 책임을 지기로 나선 사람들이
누구인가. 바로 진실을 밝히기 위해 싸우는 가족들이다. 다시 말
해, 이 책에 담긴 목소리는 가늠할 수 없는 슬픔에 빠진 사람들의

것이면서, 그 슬픔을 껴안은 채 책임의 주체로 나선 믿을 수 없을
만치 대단한 이들의 이야기다.

유가족, 그 이름 너머

　유가족이란 누굴까. 사전적으로는 죽은 사람의 남은 가족을 말
한다. 사람은 죽는 순간 권리의 주체가 될 수 있는 법률적 자격
을 잃는다. 그러므로 법은 누군가의 사망 후 고인의 재산이나 소
유물을 상속받거나 고인을 대변하는 역할을 맡을 사람을 찾는다.
그 권리를 갖는 이들이 유가족이다. 대체로 희생자의 배우자, 자
녀, 부모, 손자녀, 조부모로 규정된다.
　이태원 참사 역시 법적인 유가족의 범위는 통례를 넘어서지 않
는다. 피해에 대한 배상과 보상, 회복을 위해 필요한 여러 지원을
받을 자격을 누가 가지는지 결정하기 위해 이런 구분이 필요할
것이다. 그런데 이태원 참사의 진실을 밝히기 위해 싸우는 공동
체로서 유가족협의회를 들여다보면 이곳에서는 법이나 사람들의
통념이 규정하는 유가족에 속하지 않은 이들도 맹렬히 활동한다
는 사실을 알게 된다. 희생자의 이모와 고모 등이 저마다의 이유
로 투쟁에 함께한다. 현실에서 사람들이 취하는 가족의 구성 형태
는 다양하며, '우리는 한 가족'이라는 감각을 얻게 되는 이유도 다
양하다. 가족 구성원의 상실로 서로를 엮고 있던 보이지 않는 끈

이 끊어지자 오히려 그 끈의 존재가 선명히 눈앞에 드러난다. 그러니 '유가족은 누구인가'라는 물음보다 중요한 것은 '이 사람들은 왜 싸우고 있으며, 이들에게 무엇이 필요한가'라는 물음이다.

세월호 참사 이후 한국 사회는 피해자의 권리에 대해 인식했다. 피해자는 불행한 일을 당한 사람이라 도와줘야 한다는 시각에서 벗어나, 권리의 주체로서 그에게 마땅히 보장되어야 할 권리가 있음을 이해했다. 그와 함께 일어난 또 하나의 큰 인식적 변화는 피해자 안의 차이에 주목하게 되었다는 점이다. 같은 사건의 피해자라고 해서 모두 똑같은 어려움을 겪고 똑같은 요구를 하지 않는다. 개별 유가족이 놓인 상황은 다양하고 특별히 요청되는 권리의 내용도 달라진다. 가령 10·29 이태원 참사 유가족협의회는 대표단과 운영위원회, 그리고 지역별 지부로 구성된다. 특별법 제정 투쟁은 국회와 용산 대통령실 앞을 중심으로 이루어졌지만, 유가족은 전국에 그리고 세계에 흩어져 있다. 한데 뭉쳐 활동하기 어려운 조건 속에서 이 투쟁이 시작된 것이다. 서울에서 먼 곳에 있는 유가족은 일단 오가는 일부터가 큰일이다. 거리가 멀다는 건 단지 오래 이동해야 해서 불편하다는 뜻에 그치지 않는다. 우리는 접근권의 관점에서 지역에 거주하는 피해자들이 처한 문제를 여러 측면으로 생각해볼 필요가 있다.

이 참사로 26명이나 희생된 외국인들의 유가족이 처한 고립과 소외는 특히 심각하다. 이 책에는 호주인 희생자인 그레이스 래치드의 어머니, 이란인 희생자인 알리 파라칸드의 어머니와 고모의 인터뷰를 실었다. 알리의 가족은 유가족협의회와 이메일로 연락을 나누고 있었다. 그러나 이렇게라도 한국의 피해자와 연결된 외국인 유가족은 소수다. 그레이스 래치드의 어머니 조앤은 1년 반이 넘도록 유가족협의회의 존재도 모른 채로 지냈다. 한국 정부는 시신 인도 후 외국인 유가족들에게 더 이상 어떠한 연락도 취하지 않았고, 외국인 유가족들은 그야말로 각자의 형편껏 참사 이후를 살아내고 있다. 그들의 이야기를 들으며 한국 정부가 이렇게까지 아무 일을 안 해도 되는 것인가 싶어 얼굴을 들 수가 없었다. 한국 사회 구성원으로 사과의 말을 전하는 기록자들에게 그레이스의 어머니도, 알리의 가족들도 연대해줘서 고맙다는 말로 화답했다. 그들에게 필요한 건 우리가 아닌, 정부의 사과다. 모든 피해자가 공통으로 원하는 단 하나가 있다면 그것은 늘 '정의'(justice)다.

뜻밖의 삶이 우리를 기다린다

보라색 리본과 함께 이태원 참사의 상징물로 쓰이는 별은 희생자들을 뜻한다. 어둠 속에 빛나는 별은 진실의 다른 이름이기도 하다. 별은 흐린 밤에도 늘 그곳에 있다. 우리가 눈으로 볼 수 없을 뿐이지 한낮 하늘에도 별은 뜬다. 그 사실을 이해한다면 흐린 하늘과 한낮 하늘이 다르게 보일 것이다. 고정불변의 진실이 있다고 말하고 싶은 게 아니다. 진실이란 그것을 묻고 이해하는 방식이 중요하다는 뜻이다.

혹자는 이태원 참사를 두고 여기서 더 밝힐 진실이 있느냐고 묻는다. 경찰의 특별수사와 그에 이어진 재판, 그리고 국회의 국정조사가 있었는데 무엇을 더 밝혀야 하느냐고. 재난의 진실을 밝히는 일과 안전한 사회를 만드는 일은 서로 앞서거니 뒤서거니 하며 이루어진다. 진실을 밝힌다는 것이 무엇인지 이해하는 시각도 재난참사에 대응하는 역사 속에서 확장과 재구성을 거듭했다.

참사가 안전불감증이거나 부정부패로 인해 발생한다고 보았을 때는 직업윤리를 저버렸거나 태만한 공무원, 돈만 아는 사업자를 처벌하는 것으로 해결된다고 여겼다. 그러나 참사가 특정 누군가의 잘못을 넘어 구조적 문제가 누적된 결과로 일어난다는 걸 인식했을 때 그 대응과 해결은 차원이 달라질 수밖에 없다. 재판을 통한 법적 처벌은 그 입증책임을 구성하기 매우 까다롭고, 늘 사고에 직접 관련된 말단만 처벌하는 결과를 낳았다. 세월호 참사를 통해 한국 사회는 처음으로 재난조사위원회를 경험했다. 시민사회는 거듭된 재난 대응을 통해 참사의 구조적 원인을 밝힌다는 것이 무엇인지 구체적으로 배워가고 있다. 법적 처벌을 넘어서 구조적 책임을 어떻게 물을 것인지, 구조적 책임을 법의 테두리 안에서 어떻게 다룰 것인지 등으로 질문이 확장되고 있다. 이러한 변화의 중심에는 권리의 주체로 일어선 피해자들의 분투와 성장이 있었다.

이태원 참사 유가족들은 2년간의 경험을 통해 참사는 그 골목에만 머무르지 않음을 보았다. 이태원 참사는 골목 바깥세상에 연결되어 있고, 2022년 10월 29일 이전과 이후에 연결되어 있다. 그런데도 "경찰이나 소방 인력을 미리 배치함으로써 해결될 수 있었던 문제는 아니었다"고 말하는 행정안전부 장관은 여전히 그 직을 유지하고 있다. 행정안전부 장관을 감싼 대통령은 이태원 참사를 두고 "유도되고 조작된 사건"이라고까지 말했다는 의혹도 제기되는 판이다. 무엇이 이러한 참사를 가능하게 했는지 그 구조적 원인을 밝히고, 그것을 사회의 공적 서사로 만들 길로 나아가야 할 이유는 너무도 많다.

이태원 참사 이후 2년이 흐르도록 책임 앞에서 기꺼이 비켜서기를 택하는 이들투성이다. 그러나 부디 당신이 낙담하지 않기를 바란다. 설령 낙담하더라도 우리는 당신이 절망하게 내버려두지는 않을 작정이다. 이제부터 하려는 이야기가 희망에 관한 이야기인지는 모르겠다. 분명한 건, 고통을 껴안고도 절망하지 않는 법에 관한 이야기라는 사실이다. 책임이 사라진 세상에서 스스로 책임을 걸머진 사람들이 그린 궤적을 따라 걸어본다면 우리는 뜻밖의 삶을 만나게 된다. 서로의 얼굴조차 모르던 이들이 유가족이 되어 함께 싸우는 일을 지켜보는 건 매번 경이로운 경험이다. 어떻게 그 두터운 시간을 한권의 책에 담을까. 그러니, 이 책에 적힌 까만 글자 사이에 존재할 그 무한한 시간을 당신이 기꺼이 상상해보길 바란다.

10·29 이태원 참사 작가기록단은 인권재단 사람과 4·16재단에서 지원받아 '재난참사 기록학교'를 꾸려 태어났다. '민들레-국가폭력 피해자와 함께하는 사람들'의 기금 지원으로 아카이빙을 위한 구술채록을 꾸준히 이어왔고, 이를 바탕으로 이 책을 펴낼 수 있었다. 외국인 유가족과 소통할 수 있도록 이란어 통·번역을 맡아준 칼릴리 파테메님, 영어 통역을 맡아준 하지혜님께도 감사를 전한다. 물론 가장 큰 감사는 이 기록에 이야기를 내어준 유가족들에게 드려야 할 것이다. 이 책에는 25명의 목소리가 실렸지만, 이 책에 담긴 이야기는 모든 유가족이 함께 만들어온 것이다. 작가기록단을 믿고 함께해준 10·29 이태원 참사 유가족협의회, 그리고 10·29 이태원 참사 시민대책회의에 감사와 존경을 함께 전한다. 또다시 맞이한 슬픈 축제의 계절에 이 책을 마주할 용기를 낸 당신에게도 연대의 마음을 보낸다.

10·29 이태원 참사 작가기록단의 마음을 엮어

박희정 씀

차례

1부 고통과 슬픔에도 그치지 않았던 730일의 걸음

2부 재난참사 '피해자'라는 이름, 그 안에는

▶ 10·29 이태원 참사 현장 지도

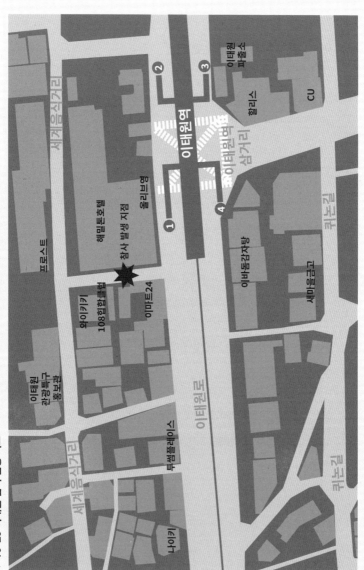

이태원
관광특구
홍보관

프로스트

세계음식거리

와이키키

108힙합클럽

이마트24

이태원역

올리브영

헤밀톤호텔

참사 발생 지점

②

③

이태원
파출소

갤러리스

CU

이태원역
삼거리

①

④

이바돔감자탕

새마을금고

키논길

이태원로

세계음식거리

럭셔리플레이스

나이키

키논길

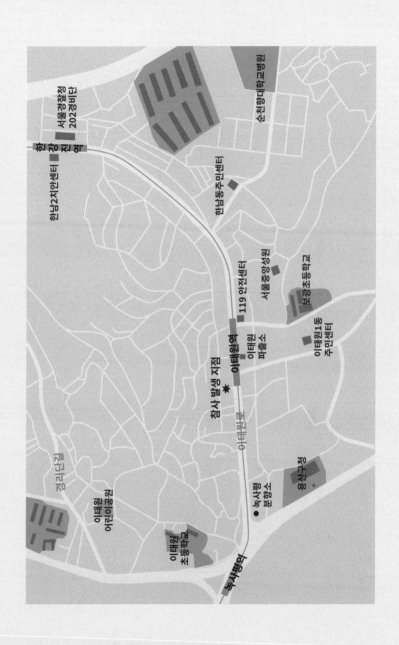

한강진역
한남2차안전센터
서울경찰청 202경비단
순천향대학교병원
한남동주민센터
119 안전센터
서울중앙성원
보광초등학교
이태원역
이태원 파출소
이태원1동 주민센터
참사 발생 지점
아태원로
경리단길
이태원어린이공원
용산구청
녹사평 분향소
이태원초등학교
녹사평역

이 갈을 남지 미서오　　　　　지임급출

고통과 슬픔에도 그치지 않았던
730일의 걸음

오지마 지남 이순신 줄담음지 오지마 지남 이순신

1부

엄마가 늘 여기 있을게

서수빈씨 어머니
박태월씨 이야기

박태월씨와는 벚꽃이 흩날리는 계절에 처음 만났다. 그는 두툼한 모자를 쓴 채였다. 석달 전 용산 대통령집무실 앞 차디찬 거리에서 파랗게 밀어낸 머리카락이 이제 겨우 손가락 두마디쯤 자라 모자 아래로 삐쭉 고개를 내밀었다. 자라난 머리카락은 그의 몸에 여전히 심장이 뛰고 더운 피가 돈다는 증거였다. 그러나 그는 자신이 살아 있는지 꿈을 꾸는지 모를 지경이었다. 세상에 단 하나뿐인 자식의 몸이 온기를 잃던 날, 박태월씨는 사람의 영혼에도 심장이 뛴다는 걸 알아버렸다. 사람이 지닌 두개의 심장 중 하나가 멈춰도 삶은 이어졌다. 반쯤 죽은 채 견딜 수 없는 통증을 고스란히 느껴야 하는 형벌 같은 시간이 끝을 모른 채로 흘러갔다.

첫 만남에서 박태월씨는 세시간가량 이어진 대화 내내 많이 울었다. 눈물이 아니라, 몸 안의 어떤 것들이 쏟아져 내렸다. 잠시 쉬거나 인터뷰를 중

단해도 된다고 말했지만, 그는 괜찮다며 말을 계속 이어갔다. 가만히 있기보다 뭐라도 하는 게 낫다는 그의 말은 진심처럼 보였다. 그는 딸의 마음을 생각했고, 그 안에 단단히 뭉친 억울함을 어루만지며 아프기보다 부끄러웠다. 그러니 뭐라도 하지 않고는 견딜 수 없다. 이 '말하기'는 그에게 투쟁이고, 그는 그렇게 세상과 싸우면서 겨우 힘을 냈다.

박태월씨는 자기에게 가장 소중한 것을 빼앗아간 이 세상이 도대체 어떻게 그런 짓을 벌인 것인지 알고 싶다. 원망할 사람이 있다면 원망하고, 바꿔야 할 구조가 있다면 바꾸고 싶다. 그 물음을 손에 꼭 쥔 채 뜨겁게 달궈진 아스팔트에 온몸을 던지고 차디찬 눈밭 위에 절을 했다. 그 참혹한 길 끝에 박태월씨가 마주한 것은 믿을 수 없이 거대하고 단단한 벽이다. 그의 깊은 통곡조차 가뿐히 튕겨내는 벽. 사람들의 소중한 생명이 아니라 내 자리가 다칠까봐 겁이 나 잔뜩 몸을 웅크린 이들이 오래 굳어 이룬 벽.

자그마한 박태월씨의 몸을 사뿐히 짓누르는 거대한 콘크리트 덩어리 같은 이 세계의 질서 아래 그는 그만 아픔과 서러움이 터진다. 이 통곡은 박태월씨의 비명이자 안간힘이다. 그는 터지는 슬픔을 악물고 반쯤 살아남은 몸을 일으킨다. 그날의 진실을 찾기 위해 남은 힘을 모두 그러모은다. 그의 영혼에서 심장이 뛰고 더운 피가 돌게 하던 딸 서수빈씨에게 들려줄 말을 찾기 위해.

작가기록단 **박희정**

수빈이는 1996년 12월 11일, 겨울에 태어났어요. 갓 태어난 아이를 딱 보는데, 얼굴이 똘망똘망했어요. 눈도 똘망똘망했고. 정말 예뻤어요.

　자식은 수빈이 하나뿐이에요. 결혼하고 12년 만에야 수빈이를 만났어요. 스물세살에 결혼했는데 10년이 돼가도록 아이 소식이 없었거든요. 그쯤 되니 포기하게 되더라고요. 우리한테는 아기가 없구나. 그냥 이게 내 삶이구나. 속상하지만 받아들였어요. 그러다 수빈이가 우리 곁에 왔다는 소식을 알았을 때 눈물이 말도 못했죠. 병원에서 집으로 버스 타고 오는 내내 눈물이 났어요, 계속.

　감격했어요. 세상을 다 안은 느낌이었어요. 나도 엄마가 될 수 있네! 부자가 된 거 같았어요. 사는 게 힘들 때였는데도 마냥 기쁘고 감사했어요. 돈이 없으면 어때? 그냥 우리 아기 있으면 되지. 눈에 보이는 모든 게 다 좋아 보였어요. 세상일에 크게 욕심도 안 나고 하루하루가 너무 즐거웠어요. 행복했던 것 같아, 행복.

　수빈이는 제가 살아가는 이유였어요. 그저 제 모든 것. 우리 딸이 있을 때는 라면을 끓여 먹어도 너무 맛있고 행복했는데 지금은 고기를 먹어도 맛이 없어요. 지금은… 삶이 아무 의미가 없어요. 그냥 숨을 쉬니까 살아있나보다 하는 거지. 밤에 잠도 거의 안

자요. 새벽에 잠깐 깜빡깜빡. 그러다 아침 해가 뜨면 또 하루가 오는구나….

다행이야, 40분은 안아줄 수 있어서

그날이 토요일이었잖아요. 수빈이가 아침에 건강검진을 예약해둔 날이었어요. 우리 딸이 어딜 가도 대충 가질 않아요. 그날도 잘 차려입고 저한테 물어봤어요. "엄마 나 괜찮아?" "어, 우리 딸 이쁘네." 그리고 저는 일을 하러 갔어요. 나중에 애기 아빠한테 들으니까 수빈이가 건강검진 하고 샌드위치를 사왔대요. "아빠 반, 나 반 먹자"라면서 샌드위치를 반씩 나눠 먹고는 오후 3시쯤 친구 만나러 간다며 나가더래요. 쌀쌀할 때잖아요. 아빠가 옷 따뜻하게 입고 늦지 말라고 당부했대요.

"잘 갔다 와."

"응, 알겠어."

그리고 나갔는데 우리 딸이 밤이 늦도록 안 오는 거예요, 집에 올 시간이 넘었는데. 모처럼 친구 만나러 간 거라 전화를 안 했어요. 근데 늦어도 너무 늦는 거예요. 밤 11시가 다 돼가도록 아무 연락이 없길래 이건 아니라는 생각이 들었어요. 아빠가 전화를 계속해도 통화가 안 됐어요. 새벽 1시가 지나고 2시가 지나도 전화는 안 받고, 미치겠는 거예요. 새벽 3시 넘어서 다시 전화하니까 어떤 남자가 받았어요. 순간 우리 딸이 납치됐나 싶어 아빠는 너무 놀란 거죠. 그런데 용산경찰서라고 하더라고.

용산경찰서에 도착했을 때가 새벽 4시 정도 됐을 거예요. 경찰관처럼 보이는 어떤 남자분이 아빠만 따라오라고 그랬어요. 나도 엄마라면서 같이 갔어요. 그랬더니 자세한 설명도 안 해주고 한남동주민센터 가서 실종신고를 하라는 거예요. 걱정은 됐지만 그때만 해도 '우리 딸이 그냥 어디 있겠지' 이 생각만 들었죠. 저는 핼러윈 축제 그런 거 잘 몰라요. 우리 딸이 이태원에 간 줄도 몰랐어요. 그러고서 한남동주민센터에 갔는데 거기 가는 순간, 지옥. 진짜 거기는 지옥이었어요.

우리처럼 실종신고를 한 가족들이 거기 있었는데, 사망자 명단이 한꺼번에 다 오는 게 아니라 확인되는 대로 나눠서 왔어요. 명단이 오면 처음에는 우리 딸 이름 부를까봐 겁이 났어요. 이름 부르면 어디 장례식장에 있다고 가르쳐주는 거니까. 120명 정도 불렀을 때까지 우리 수빈이는 명단에 안 들었어요. 이름 불린 사람들한테는 미안하지만 그때는 우리 딸 이름 안 불러서 너무 좋다고 그랬어요. 남은 사람 중에 외국 사람들이 많이 있었어요. 그중에 우리 수빈이는 없을 거야, 아마 어디 좀 다쳐서 병원에 있을 거야, 간절히 바랐어요. 새벽 4시쯤에 실종신고를 했는데 한참 지나 오후 2시쯤이었나 우리 딸이 사망했다는 연락을 받았어요. 성남에 있는 병원에 있다고….

병원에 도착해서 아이를 확인하러 영안실에 들어갔는데, 너무 무서웠어요. 우리 딸이, 옷이 다 벗겨진 채로 거기 싸늘하게 누워 있는데 너무 무서워서… 아이를 만지지도 못했어요. 여기 누워 있는 사람이 우리 딸이라고 다들 말하는데… 나는 우리 딸이라고 말하는 게 무서운 거예요. 이렇게 봤을 때는 분명 우리 딸이에요. 근데 아니라고, 이건 우리 딸이 아니라고 말하고 싶었어요. 이건 우리 수빈이가 아니야! 그때 안아줄걸… 안아줄걸….

장례고 뭐고 안 하고 싶었어요. 수빈이의 죽음을 받아들일 수 없었으니까. 그냥 나도 죽었으면 좋겠다는 생각만 들었어요. 내가 정신을 놓고 있으니까 애기 아빠가 나서서 장례를 준비했어요. 저희가 시어머니를 모시고 살거든요. 연세가 많으세요. 어머니 돌아가실 때 쓰려고 상조보험을 들어뒀어요. 그걸 우리 딸을 보낼 때 쓰게 되더라고요.

성남 병원에서 일산 장례식장까지 상조회사에서 불러준 차로 가는데, 차 안에 타보니 우리 딸이 붕대 같은 걸로 감겨서 있는 거예요. 너무 끔찍해… 그 상황이…. 차 안에 있는 40분 동안 우리 딸을 계속 안고 왔어요. 다행이다. 그래도 우리 딸 40분은 안을 수 있어서 너무 다행이다….

그 모든 게 아무 일 없듯

우리 딸은 스물일곱이었어요. 대학 졸업하고 직장 다닌 지 2년

쯤 됐을 때 그 일이 난 거예요. 10월 3일에 대리 달고 엄청나게 좋아했거든요. 그러고 10월 29일에 그렇게…. 아이를 보내는 게 너무 싫어서 5일장을 했어요. 있을 수만 있다면 더 있고 싶었어요.

수빈이 회사 직원들이 장례를 도와줬어요, 5일 내내. 우리 딸이 굉장히 살가웠거든요. 빼빼로데이가 오면 30~40명씩 되는 회사 직원들 걸 다 챙겼어요. 과자를 집으로 잔뜩 배달시켜서 하나씩 포장을 해요. 다음 날 아침에 출근해서 그걸 직원들 책상에 일일이 놔준대요. 회사에서 아침 일찍 회의 있는 날은 새벽부터 바빠요. 사람 수만큼 커피를 주문해서 출근하는 길에 찾아가는 거예요. 제가 뭐 하러 힘들게 그런 걸 하냐 그러면 수빈이는 야무지게 말했어요. "엄마, 사람이 이 정도는 기본이야." 그런 마음이 예쁘잖아요. 그러니 회사에서도 엄청난 충격이었죠. 직원들이 다 일을 멈추고 5일씩 장례 치러주는 게 쉬운 게 아니래요. 근데 수빈이니까 한 거래요. 수빈이는 이거보다 회사에 더 많은 걸 해주고 갔다고. 다 아쉬워했어요.

애가 또릿또릿했어요. 혼자 알바 해서 유럽 여행도 다녀왔어요, 난 돈 한푼 안 줬는데. 제가 젊을 때는 호텔에서 객실 정리하는 일을 오래 했어요. 나이 들고 나서는 마트에서 짬짬이 일했고. 부부가 둘이 같이 일해야지만 생활이 가능했으니까. 사는 게 아주 힘들지는 않았는데, 부모가 다 일을 하다보니까 수빈이는 자기 일은 스스로 해야 된다는 생각이 더 확실했던 것 같아요.

우리 수빈이는 친구들도 많았어요. 그날 이태원에는 초등학교

친구랑 같이 갔어요. 걔는 살아 돌아왔어요. 장례식장에 왔는데 우리 앞에 무릎을 꿇더라고. 너무 놀랐죠. 그래서 고맙다고, 너라도 살아서 고맙다고 말했어요. 마지막에 수빈이가 어떻게 간 거니? 물어보니까 수빈이랑 손을 잡고 갔는데 놓쳤대. 수빈이가 넘어졌는데 심폐소생술을 했는데도 안 됐다고.

내가 또 물어봤어요. 너랑 같이 축제에 있을 때 수빈이 어땠니? 수빈이가 행복했니? 그 애 말이 우리 수빈이가 너무너무 즐거워했대요. 사람들하고 같이 놀고 이것저것 구경하고 이런 거 좋아하거든요. 너무너무 행복해했대. 내 생각에도 우리 딸은 엄청 좋아했을 거야. 그렇게 좋아하다가 갑자기 엄청난 일이 생겼다고 생각했겠죠. 마지막에, 그 짧은 시간에, 이 야무진 아이로서도 감당 안 되는 너무 큰 일이 벌어진 거야. 왜 하필 수빈이가… 왜 하필 우리 딸일까… 어떻게 서울 한복판에서, 사람이 다니라고 만들어 놓은 길 위에서 이런 일이 생기나. 머릿속에 이 생각이 계속 드는 거예요.

인파관리만 했어도 다 살 수 있는 애들을 이렇게 해놓고 주민센터에서도 우리를 그 긴 시간 동안 공포에 떨게 했잖아요. 한두 시간도 아니고 그다음 날 오후 2시까지. 우리는 수빈이가 몇시에 그렇게 됐고 성남에 있는 병원에는 어떻게 갔는지도 모르잖아요. 알고 싶거든요. 내 자식 마지막 가는 상황이잖아요. 수빈이는 내 목숨이고 심장이에요. 저뿐만 아니라 159명 희생자 부모님들이 다 그렇겠죠. 우리가 이걸 다 아무 일 없듯이 받아들여야 된다는 게 나를 진짜 미치게 만드는 것 같아요.

아이가 어찌 갔는지 알 수만 있다면

수빈이를 보내고 두달은 밥을 안 먹었어요. 그때는… 그때는…
그냥 미쳐서 날뛰었던 것 같아. 잠이라는 걸 모르고 그냥 울기만
한 것 같아. 정신이 좀 들 무렵에 텔레비전에 지한이(고 이지한씨)
엄마인가 아빠가 인터뷰한 걸 보고 그때 연락해서 유가족협의회
(10·29 이태원 참사 유가족협의회)를 만나게 됐어요. 아마 참사 나고 해
를 넘겼을 때인 거 같은데 정확히 기억은 안 나요. 다른 유가족들
을 만나면 뭐 좀 알 수 있을까 싶어서 연락했어요. 그날 사고 난
거, 우리 애기가 그렇게 됐으니 나한테는 너무 큰일이잖아요. 근데
우리는 아무것도 모르잖아요. 그냥 얼떨결에 장례 치렀어요. 어디
가서 물어볼 수도 없고 누가 말해주는 사람도 없었어요. 유가족들
을 만나면 내가 몰랐던 거, 알아야 될 거를 알 수 있지 않을까.
　유가족들 만났을 때는 그냥 가족 만난 느낌이 들었어요. 무슨
얘기든 할 수 있는 사람들. 녹사평역에 분향소 차렸을 때였는데,
유가족들을 만난 건 좋았지만 그때는 분향소에 거의 못 갔어요.
몸이 너무 아파서 움직이는 게 힘들었어요. 그리고… 내가 우리
딸 분향소에 간다는 걸 받아들일 수가 없었어요. 우리 딸이 거기
있다는 게…. 지금도 저는 우리 딸 있는 추모공원에 안 가거든요.

여전히 못 가요. 제가 우리 딸을 보러 거기 간다는 게 너무 싫고 믿기지도 않아요.

시청으로 분향소를 옮기면서는 자주 갔어요. 그때는 제가 몸도 조금 나아졌고, 여기는 내가 가야겠다는 생각이 들었어요. 이 분향소를 지켜내야만 하니까. 분향소를 지키는 건 내 일이잖아요. 그래도 여전히 분향소에 향도 꽂지 않고 우리 딸 사진도 잘 보지 못했어요. 딸의 죽음이 인정은 안 되지만, 우리 유가족분들이 많이 오시니까 간 거예요. 그냥 내 일이다 하고 간 거예요. 열심히 활동하시는 분들이 많으신데 저는 그만큼은 못했어요. 그래도 꼭 가야 되겠다 하는 자리에는 가려고 노력했어요. 유가족들이 주말마다 행진을 했었어요. 행진할 때는 제가 신이 났어요. 저 행진은 다 했어요. 오체투지도 하고 삼보일배도 하고 삭발도 하고.•

그런 거 할 때는 몸이 가라앉았다가도 나도 모르게 갑자기 힘이 나는 것 같아. 이렇게 해야지 내가 수빈이에게 일어난 일이 뭔지 알 수 있게 될 것 같은 생각에. 어떤 분들은 오체투지며 삼보일배가 얼마나 힘든데 그걸 했느냐고 놀라는데 우리한테 그런 건 아무것도 아니었어. 겨울에 살이 얼 정도로 추울 때도 아무렇지 않았어요. 그거는 그냥 아무것도 아닌 거야. 더한 것도 할 수 있었

• 유가족들은 2023년 6월 '10·29이태원참사 피해자 권리보장과 진상규명 및 재발방지를 위한 특별법(안)'이 국회 행정안전위원회에서 통과되기를 바라며 국회 앞 농성과 159킬로미터 릴레이 행진을 진행했다. 그해 겨울 12월 18일에는 특별법 본회의 통과를 촉구하며 국회 둘레를 오체투지로 휘감았다. 이듬해 1월 18일에는 국민의힘이 대통령에게 특별법에 대해 거부권 행사를 건의했다는 소식에 유가족 10인이 삭발로 저항했고, 이때 박태월씨도 함께했다.

어. 우리 딸이, 이태원 그 골목에 있던 애들이 다 힘들게 갔을 거라고 생각하니까… 힘든 투쟁일수록 더 많이 힘이 났어요.

유가족들이 그렇게 힘들게 싸워서 특별법(10·29이태원참사 피해자 권리보장과 진상규명 및 재발방지를 위한 특별법)이 겨우 국회에서 통과됐잖아요.(2024년 1월 9일) 그때만 해도 저는 이렇게 힘들지 않았어요. 그때만 해도 기대라는 게 있었어요. 이제 알 거야, 알 거야. 우리 딸 그날 몇시에 어떻게 돼서 병원에 갔는지. 그런데 대통령이 거부권을 행사해버렸잖아요. 허탈하다 그럴까, 무기력이 와버리더라고요. 제가 무너져버린 느낌이 들었어요. 큰일 났다. 이제 우리 애들 소식을 모른다. 이걸 어떡하면 좋나. 혼자 자꾸 반문하는 거예요. 이거 어떡하면 좋나, 어떡하면 좋나.

봄이 오면 꽃은 피는데

대통령이 거부권 행사하고 나서부터 제 몸이 너무 안 좋아졌어요. 유가족들 만나고 조금 나아진 것 같다가도 또 힘들어졌어요. 절망감, 무력감, 그냥 미칠 것 같은 마음. 관련된 사람을 죽일 수만 있다면 죽이고 나도 죽고 싶은 생각까지 들었어요. 그런 마음을 가지는 것도 괴로운 거지. 사람이 사람을 미워하는 게 얼마나 힘든 일이에요. 기운이 빠져버려. 대통령의 거부권에 기운이 이렇게 빠져버렸다니까. 마음이 갈수록 힘든 것 같아요. 총선(2024년 4

월 10일)을 앞두고도 불안한 마음뿐이었어요. 가장 기대했던 순간에 가장 큰 절망감을 맛봤잖아요. 국회에서 특별법을 통과시켜도 대통령이 또 거부하면 그걸 막을 수 있는 권한이 우리한테 없잖아요.

요 근래 눈물을 많이 흘려요. 어저께(2024년 4월 17일)… 우리 딸 꿈을 꿨거든요. 그러고 나서 아… 내가 한이 맺힌 울음을, 복받치는 울음을 오전 내내 흘렸어요. 복받치는 울음이 이거구나… 밖에 나가보면 개나리도 활짝 피고 날씨가 화창해요. 수빈이가 있던 봄과 모든 게 다 똑같아요. 근데 우리 수빈이만 없어요. 우리 딸은 바깥으로 나가는 걸 좋아했어요. 친구 만나는 걸 엄청 좋아했거든요. "엄마, 나는 집에 있으면 스트레스를 받아. 나갔다 오는 게 힐링이야." 항상 그렇게 말했어요. 아… 이렇게 날씨도 좋고 꽃도 피면 우리 딸이 얼마나 좋아했을까. 잘 다닐 텐데, 친구도 많이 만날 텐데.

참사 나고 초기에는 우리 딸 생각이 머릿속에 24시간 계속 났어요. 우리 딸이랑 같이 있으면 얼마나 좋을까. 그 생각을 많이 했어요. 그렇다고 내가 내 목숨을 끊을 수는 없잖아요. 혼자 남을 애기 아빠 생각도 하게 되더라고요. 애기 아빠도 아주 힘들어해요. 수빈이 어릴 때 제가 주말에도 일을 했어요. 그래서 아빠가 수빈이를 보살폈어요. 필요한 게 있으면 챙겨주고 데리고 놀러 다니고. 소소한 추억은 저보다 애기 아빠가 더 많죠. 우리 딸은 스무살이 넘어서도 아빠 앞에서 스스럼이 없었어.

수빈이가 직장을 잡았을 때 마침 남편이 정년퇴직을 했어요. 매일 수빈이 출근길을 데려다줬어요. 집에서 수빈이 직장까지 차로는 금방인데 대중교통으로 가면 1시간씩 걸리거든요. 아침에 애가 피곤하니까 늦잠을 잘 때가 많잖아요. 애기 아빠가 항상 깨워서 데리고 나갔죠. 지금 아빠는 운전하고 가다 울 때가 많아요. 운전을 하고 있으면 수빈이 출근시켜주던 게 생각난다는 거예요. 옆에서 부지런히 화장하던 모습이….

우리 애기 아빠가 그래요. 하루아침에 우리 집이 망했다고. 우리 집이 지옥이 됐다고. 세상에 하나뿐인 딸이 사라져서 그냥 지옥 같아. 부부가 서로 말도 하지 않아요. 집도 그냥 내버려둬요. 수빈이가 없는데 말해야 뭐 하나, 집은 청소해 뭐 하나, 저 화분을 관리해 꽃이 피면 뭐 하나. 모든 게 다 의미 없어요. 그냥 삶이… 전부 멈춘 것 같아. 누가 위로해 준다고 해도 가슴이 안 채워져요.

수빈이 없는 삶을 어떻게든 견뎌보려고 이렇게도 생각했다 저렇게도 생각했다 그래요. 우리 딸이 주말에는 친구들 만나러 잘 놀러 가니까 주말이 오면 이렇게 생각하는 거예요. 우리 수빈이 또 놀러 갔네, 놀러 가서 오늘 늦게 오겠네. 3일 연휴가 오면, 아이고 우리 수빈이 또 친구들하고 캠핑 가네. 수빈이 잘 놀다 와, 잘 놀다 와. 혼자 중얼거려요. 그러다가 갑자기 '아, 이건 현실이 아니지. 수빈이가 못 오지'라는 생각이 들면 머리가 아득해져요.

그냥… 답답해요. 눈앞에 높고 두꺼운 콘크리트 벽이 서 있는 것 같아. 이 벽이 없어질까? 언제 없어질까? 스스로 반문을 해요.

세월이 좀 지나면 달라질까? 5년이 지나고 10년이 오면 이런 마음이 조금 사라질까? 반문할수록 마음이 힘들어져요.

"나에게도 엄마는 가장 소중한 존재야"

집에 시어머님이 함께 계신다고 했잖아요. 아흔세살이신데, 수빈이 일을 모르세요. 그일 나고 한달 정도는 딸네 집에 가 계시게 했어요. 어머님도 집안 분위기가 이상해진 걸 느끼시죠. 너희들 서로 아무 말도 안 하고 왜 그러냐. 수빈이는 외국 갔다면서 어떻게 한번도 오지도 않고 나한테 전화 한통도 없냐.

한동안 제가 아무것도 할 수 없어서 언니들이 우리 집에 와 있었어요. 제가 딸 넷 중에 막내거든요. 언니들은 아들만 있지 딸이 없어요. 우리 수빈이를 딸처럼 생각했어요. 언니들도 충격이 엄청 컸죠. 언니들이 저를 위로하려고 그런 말을 해요. 자식에게 너처럼 사랑을 준 엄마는 없을 거라고, 평생 줄 거 다 줬다고. 저도 비록 우리 딸이 지금 없지만 내가 더 잘해줄걸, 못 해줘서 후회되고 가슴 아프다는 마음은 없어요. 다만 그냥 우리 딸이 계속 있었으면, 내가…(긴 침묵)

결혼하면 애기도 키워줄 거고… 김치도 담아줄 거고… 맛있는 거 해놓고 먹으러 오라고 해야 되는데 그걸 해줄 수 없다는 게 너무 가슴이 아파. 그게 제일 크게 가슴이 아파. 좋아하는 거 못 해주니까. 우리 딸이 골뱅이무침을 참 좋아하거든요. 내가 골뱅이무침을 해주면 우리 딸이 맛있게 먹고 "엄마 너무 맛있어"라고 좋아했어요. 그런 거, 그냥 별거 아닌 그런 거, 그걸 못 해주는 게….

제가 그렇게 수빈이를 목숨처럼 생각하고 살아가는 거를 우리 딸이 알아챘는지, 대학교 졸업할 무렵부터 3년 정도를 저한테 엄청나게 잘해줬어요. 뭐든지 딸이 다 챙겨줬어요. 학교 다니면서 마트에서 알바해가지고 조금씩 모아둔 돈으로 엄마 아빠 제주도 여행도 보내주고. 내가 뭐 좀 필요하다 싶으면 혼자 눈치채고 탁 사서 갖다주고. 든든했어요.

수빈이가 그렇게 가기 일주일 전이었어요. "엄마 이 책 읽어봐"라고 하면서 나한테 책을 하나 주는 거예요. 저는 밖에 나가 일하고 집에 와서 살림도 하니까 좀 피곤했어요. 그래서 받기만 하고는 못 읽었어요. 얼마 있다가 수빈이가 "엄마 그 책 읽었어?" 물어보는 거예요. "수빈아, 엄마 힘들어서 못 읽었어. 미안해. 엄마가 조금 여유로울 때 읽을게" 그랬죠. 수빈이 보내고는 책이 눈에 들어오지도 않았어요. 그러던 어느 날 문득 '우리 딸이 읽어보라고 준 책이네' 그러면서 열어본 거예요. 『엄마가 늘 여기 있을게』(권경인, 북하우스 2018)라는 책이거든요. 부모와 아이에 대한 책이더라고요. 그런데… 우리 딸이 나한테 그걸 읽어보라는 뜻이 있었던 거야. 책장에 수빈이가 이렇게 메모를 해놓은 거예요.

'나에게도 엄마는 가장 소중한 존재야.'

커다란 하트를 거기 그려놨더라고. 내가 처음으로 우리 딸한테 받아본 거예요. 그리고 별 다섯개를 나한테 주고 갔어요.

난 진짜 가정만 보고 살았거든요. 오로지 가정. 내가 시어머니 건사하고 가족이랑 살아보려고 틈나는 대로 일하러 다니니까 우리 딸이 마음이 쓰였나봐요. 하루는 그런 말을 했어요.

"엄마 일 그만해. 나 이제 직장 자리 잡았으니까 내가 엄마 용돈 줄게."

"아니야, 엄마는 할 수 있는 날까지 일할 거야."

그게 다 우리 딸을 위해서였거든요. 우리 딸한테 뭐든지 하나라도 더 해주고 싶었으니까. 열심히 살아서 내가 우리 딸한테 도움이 돼야 한다고 생각했어요. 내색은 안 했지만, 수빈이가 그런 마음을 갖고 있었나봐요. 나는 그것도 모르고… 내가 그 책을 안 읽고 우리 딸이 갔어…. 수빈아 고마워, 엄마 그렇게 생각해줘서 고마워. 수빈아 너무 사랑해. 그 말을 못 해준 게 너무 미안해.

왜 이제야 옵니까

수빈이 물건은 지금 다 그대로 있어요. 아직은 손을 댈 수가 없어요. 처음에는 우리 딸 방에 매일 들어갔어요. 우리 딸 온기가 남아 있으니까. 침대에 가만히 앉아서 그 흔적을 느끼고 나오고는 했는데, 어느 날부터인가 들어갔다 나오면 수빈이가 없다는 게 실감이 나는 거예요. 그게 너무 싫어서 한달도 안 들어간 적이 있어요. 요새도 별로 안 들어가요. 들어가고야 싶죠. 마음 같아서야 당장이라도 들어가고 싶은데, 문을 닫고 나올 때가 무서워요. 우리 딸이 없구나… 그걸 느끼는 순간이. 이상하게 수빈이 컸을 때보다 어릴 때 생각이 많이 나요. 유치원 다닐 때, 초등학교 다닐 때. 우리 딸은 학원 가고 저는 일 갔다 오면 저녁에야 만났거든요. 그때 간식도 안 챙겨준 게 마음에 걸리는 것 같아요.

유가족들이 도보행진을 할 때 자주 뵙는 어떤 시민분이 제게 그런 말씀을 하셨어요.

"어머니, 오늘 선크림 바르고 오셨어요?"

"나 선크림 그런 거 안 발라."

그랬더니 내 마음속에 있는 말을 딱 해주시더라고요.

"어머니, 선크림 바르는 것도 사치라고 느껴지시죠?"

맞아요. 다 사치라고 느껴져. 하나뿐인 자식을 잃고 살아가는 힘이 다 없어져버렸어요. 참사 나고 정신과 약을 1년 넘게 계속 먹었어요. 얼마 전부터 약을 끊었어요. 약을 먹으면 일상생활을 할 수가 없는 거예요. 잠은 오는데 너무 무기력해지는 거예요. 그래도 처음엔 밥도 못 했는데 지금은 간혹 밥 할 때도 있어요. 혼자가 아니어서, 애기 아빠가 있으니까 이나마 하는 거죠. 그날의 진실을 알 수 있다는 희망이 있다면, 지금보다는 정신적으로나 육체적으로나 많이 좋아질 것 같아요.

총선 끝나고 여당과 야당이 합의해서 특별법이 다시 통과됐지만, 마음이 희망으로만 차 있지는 않아요. 대통령이 거부권을 행사했을 때 받은 무력감과 절망감이 너무 컸나봐요. 이런 세상에서 모든 게 제 마음처럼 쉽게 되지 않을 거 같아요. 그래도 특조위(이태원 참사 특별조사위원회)가 시작된다니 다행이다라는 마음이 들어요. 엄청난 일이, 그렇지만 막을 수 있었던 일이 일어났잖아요. 우리 딸이 지금 말은 못하지만 억울할 거라는 생각이 들어요. 우리만 이렇게 고통스럽고 이 일에 관련된 책임자들은 멀쩡히 있다는 게 너무 화가 나요. 특조위가 이 억울함을 조금이라도 풀어준다면 좋겠어요.

무력감과 절망감이 커서 그랬는지 한동안 몸과 마음이 힘들었어요. 서울시청 앞 분향소에도 한참 가지 않다가 분향소를 정리한다고 해서 가봤어요.[•] 많이 슬펐어요. 그날은 다른 때 같지 않게 눈물이 많이 났어요. 우리 딸이 사라진 이 현실을 내가 이제 받아들여야 하는구나 생각이 드니까. 외면할 수 없이 자꾸 다가오니까. 우리 딸이 자꾸 멀어져만 가는 느낌에 슬픔이 점점 더 크게 몰려왔어요. 그날 오세훈 시장이 왔더라고요. 서울시장 얼굴을 보자마자 나도 모르게 분이 머리끝까지 치밀어 올랐어요. 처음이었어, 그런 마음은. 복받치는 울음과 함께 이런 말이 튀어나왔어요. 왜 이제 오냐고, 왜 이제야 오냐고. 여기가 어디 저 멀리 떨어진 외딴곳도 아닌데. 엎어지면 코 닿을 이곳에서 우리가 울고 있었는데, 왜 이제야 오느냐고.

• 2024년 6월 16일 시청 분향소를 정리하고 10·29 이태원 참사 기억·소통공간 '별들의 집'(이하 별들의 집)으로 이전했다.

우리 아들이 분향소에서
나를 기다리고 있으니까

이동민씨 아버지
이성기씨 이야기

2024년 1월 윤석열 대통령이 이태원 참사 특별법에 대한 거부권을 행사한 이후 유가족들은 서울 도심을 자주 행진했다. 행진이 끝난 뒤 시청 앞 광장의 분향소는 항상 사람들로 북적였고, 분향소 창고는 행진 물품들로 가득했다. 그러나 '어지럽다'는 단어는 분향소에 어울리지 않았다. 행진이 끝난 지 10분이 채 지나지 않았는데도 행진에 사용했던 현수막과 피켓 들은 원래 자기 자리를 찾아 깔끔하게 정리되어 있었다. 한 남자가 묵묵히 짐을 옮기고 창고를 치웠다. 그 모습이 동민 아버지와의 첫 만남이었다.

동민 아버지는 녹사평역에 이태원 참사 분향소가 설치된 그날부터 줄곧 분향소로 출퇴근을 해왔다. 누군가의 제안도, 부탁도 없었다. 그저 영정사진 속 동민씨를 보기 위해 분향소를 오갔던 게 오랜 출퇴근의 시작이었다. 그해 겨울은 어느 때보다 추웠다. 조문객을 위한 국화꽃이 얼어붙을 정도의 추위였다. 그러나 녹사평 분향소에 동민씨가 있었기에 동민 아버지는 꼬박꼬박 분향소에 나갈 수밖에 없었다.

이태원 참사 100일을 앞두고 분향소는 서울시청 앞으로 이동했다. 원래는 참사 100일 시민추모대회를 마무리하며 광화문광장에 임시 분향소를 설치하려고 했던 것인데 광화문에 도착하기도 전에 동민 아버지가 마주친 것은 분향소 설치를 막기 위해 동원된 수많은 경찰과 공무원이었다. 그러나 그들에 맞서 유가족과 함께 싸워주는 수많은 시민들 또한 그곳에 있었다. 유가족과 시민은 힘을 합쳐 경찰을 밀어내고 서울시청 앞에 분향소를 설치하는 데 성공했다. 동민 아버지는 마치 자신의 일인 것처럼 최선을 다해 함께해주는 시민들을 보며 희생자와 유가족의 슬픔에 연대해주는 이들이 많다는 사실을 깨달았다. 그렇기에 시청 분향소로의 출퇴근은 의미가 더욱 남달랐다. 이후 동민 아버지는 분향소에서 많은 사람들을 만났고 분향소를 통해 치유의 시간을 가졌다.

이태원 참사 특별법이 통과된 뒤 분향소가 또다시 이전했다. 녹사평과 시청 앞을 거친 분향소는 이번엔 서울시청에서 그리 멀지 않은 부림빌딩 1층 기억·소통공간으로 터를 옮겼다. 그 공간의 이름은 이제 '별들의 집'이다. 희생자들이 드디어 실내로 들어간다는 안도감과 시청 분향소를 떠나야 한다는 아쉬움은 동민 아버지의 마음을 복잡하게 흔들었다. 그렇기에 별들의 집으로 출퇴근하는 일은 동민 아버지에게 커다란 고민이었다. 하지만 "내가 할 수 있는 일이 있다면 끝까지 해야지"라는 생각에 동민 아버지는 별들의 집으로 출퇴근을 이어오고 있다.

누군가 이 글을 읽을 때면 별들의 집이 이사를 했을 수도 있다. 동민 아버지의 출퇴근도 끝이 났을 수 있다. 하지만 지난 시간 동안, 159명의 별들이 머무는 곳에는 언제나 동민 아버지가 있었다. 그의 묵묵한 출퇴근길을 가만히 뒤따라본다.

작가기록단 **라이언**

　아침에 사람들은 저마다 다른 이유로 바쁘고, 그 바쁨이 모여 지하철역은 사람들로 가득하다. 곧 지하철이 진입한다는 안내방송이 나오자 아직 개찰구를 통과하지 못한 사람들은 지하철을 타기 위해 서둘러 카드를 찍고 계단을 뛰어서 내려간다. 출입문이 닫히는 그 순간까지 긴장을 놓지 않는 발걸음들로 아침 지하철역은 항상 혼잡하다. 잠시도 멈추지 않고 정신없이 움직이는 사람들 속에 다른 이와 부딪히지 않도록 천천히 그리고 조심히 계단을 내려오는 한 사람이 있다. 이태원 참사 시민분향소가 설치된 지 600일이 넘는 날들 동안 단 하루도 빠짐없이 분향소로 출근하는 이동민씨의 아버지, 이성기씨이다. 사람이 붐비는 시간대를 최대한 피하려고 하지만 아침의 지하철역은 언제나 바글거린다.

　녹사평 분향소에서 시청 분향소를 거쳐 이제는 별들의 집으로 출퇴근하는 그의 모습을 기록하기 위해 동행을 제안했을 때 동민 아버지는 "싫어. 안 할래. 그냥 왔다 갔다 하는 건디 뭐 하러 같이 다녀"라며 거절했다. 그저 지하철을 타고 별들의 집에 가서 가만 히 앉아 있을 뿐 특별히 하는 일이 없다는 게 이유였다. 몇번의 만 남과 수차례의 제안 끝에 "대신 지하철 중간에서 만나고, 이동할 때 절대 질문하지 말어. 딱 함께 이동하기만 하는 거여"라는 말과 함께 동행을 허락받았다.

투쟁의 시간 동안 동민 아버지는 언제나 분향소로 출근했지만, 출근지는 여러번 바뀌었다. 처음엔 녹사평역 인근의 분향소였다. 유난히 추웠던 겨울, 다른 유가족을 돌보고 분향소를 지키기 위 해 녹사평으로 출퇴근을 시작했다. 이후 시민들에게 이태원 참사 를 더 적극적으로 알려야 한다는 유가족의 뜻에 따라 분향소는 시청 앞 광장으로 옮겨졌고 동민 아버지의 출근지도 달라졌다. 그리고 특별법이 통과되면서 마침내 분향소는 야외가 아닌 실내 로, 별들의 집으로 이사를 했다.

동민 아버지가 별들의 집까지 가는 길은 순탄치 않다. 집에서 버스를 타고 태평역에 가서 수인분당선 지하철을 탄 뒤 환승을 한차례 더 하고 나서야 별들의 집에 도착한다. 두번의 환승을 해 야 하고 왕복 세시간이 넘는 거리이지만 동민씨를 보기 위해, 어 렵게 얻어낸 공간을 지키기 위해 그 모든 번거로움과 힘듦에도 불구하고 매일 혼잡한 지하철에 몸을 싣는다.

아침에 일찍 나오면 9시, 늦게 나오면 10시 20분쯤이야. 퇴근은 오후 3시 반에 하거나 아니면 아예 7시 넘어서 집에 가. 왜냐하면 남들 퇴근하는 시간에 지하철 타면 사람이 너무 많고 복잡해가지고 견딜 수가 없어. 그러니까 집에 아예 일찍 가든가 아니면 저녁 늦게 가든가 둘 중 하나야.

3-3에서 만나

동행 취재를 제안했을 당시, 동민 아버지는 지하철역 입구나 개찰구 앞이 아닌 '3-3' 승강장에서 만나자고 말했다.

9시 15분까지 태평역 3-3에서 만나. 자네도 어차피 태평역까지 지하철 타고 올 테니까 개찰구에 카드 찍고 나오지 말고 승강장 3-3에서 만나.

왜 '3-3'일까. 3-3은 빠른 환승이 가능한 객차도, 가장 빠르게 개찰구로 나갈 수 있는 객차도 아니다. 그곳은 출입구가 계단에 가려져 태평역에서 사람들이 제일 적게 타는 객차다.

빨리 환승하려면 4-4로 가야 하는데, 거기는 사람이 너무 많아. 그래서 여기서 타는 거야. 사람 많은 지하철은 안 타. 몸 부딪히는 게 싫어. 이렇게 딱 지하철을 타잖아? 양쪽에서 자꾸 부딪히면 겁나게 짜증이 나. 말은 못해도 막 화가 나. 우리 아들이 사람들 사이에 끼어서 괴로웠을 생각이 나서 그런지 나도 모르게 몸이 움찔거려. 그러면 주위 사람들이 피하기도 하고. 그래서 중간에 내렸다가 뒤차 탈 때도 있지. 이상하게 그런 강박증이 생겼더라고 내가.

사람들이 그나마 없는 객차를 찾아 타도 오전 9시의 지하철은 빽빽하다. 사람들과 부딪힐 때마다 흠칫 놀라는 마음을 가라앉히려고, 잠시나마 피곤함을 달래려고 동민 아버지는 중간중간 손잡이를 잡고 눈을 감는다. 운이 좋으면 타자마자 바로 자리에 앉을 수도 있지만 대체로는 시청역에 도착하기 직전에야 앉는다. 지하철을 탈 때마다 몸이 지치고 마음이 불안해도 아들 동민이를 보겠다는 일념으로 출근을 한다.

그 겨울이 얼마나 추웠는지 알아?

2022년 12월 한겨울, 녹사평역 광장에 시민분향소가 설치되었다. 윤석열 정부가 설치한 영정도 위패도 없는 분향소와 다르게 희생자의 영정이 안치된 분향소였다. 녹사평 분향소가 설치되자 동민 아버지는 '유가족들끼리 서로 지켜줘야 한다'는 생각으로 분향소로 출근하기 시작했다. 엉성하게 지어진 분향소는 차가운 겨울바람을 못 버티고 쉽게 찢어지고 벗겨졌다. 그 누구도 시키지 않았지만 동민 아버지는 부실한 분향소를 보수하고 비닐 위에 쌓은 눈을 끄집어내고 분향소 내부를 깨끗이 청소하는 데 열심이었다.

> 녹사평역에 분향소 설치할 때부터 뭔가 시원찮았어. 공사도 겁나게 더뎠는데 다 해놓은 거 보니까 천막을 통째로 덮은 게 아니라 비닐 쪼가리들을 씌워놔서 바람 불면 다 벗겨지고 난리도 아니었어. 그러면 그걸 끈으로 묶고 테이프로 붙여서 고정시키고, 그 위에 눈 쌓이면 다 끄집어내고 치우고… 그걸 다 내가 한 거 아니여. 그런데 우리 유가족들이 내가 유가족인 줄을 몰랐더라고. 이야기해보니까 자원봉사자가 와서 도와주는 줄 알았대. 얘기할 기회도 없었고 얘기하기도 쉽지 않았으니까…. 우리 아들이 여기 있다고, 어떤 애가 우리 아들이라고 말도 않고 그 정도… 그 정도였어….

참사가 없었다면 평생 서로 모르고 살았을 사람들이 분향소라는 공간에 처음 모였다. 의자 몇개, 난로 한개 놓으면 사람이 더 들어갈 수 없을 만큼 조그마한 공간이었다. 그곳을 가득 메운 정적을 때때로 누군가의 울음소리만이 깨뜨렸다. 그해 겨울은 유가족들에게 유난히 모질었다.

그 겨울은 추웠어. 실제로 기온이 어땠는가 몰라도 우리한테는 최고 추운 겨울이었어. 마음까지 얼얼하고 시리더라고. 모든 게 비어 있었으니까. 누구 말처럼 그 당시에는 뜨신 밥도 못 먹고 간신히 연명만 했을 때니까. 그냥 빈속으로 분향소 와갖고 커피나 먹고 가고 그럴 때였으니까 더 추웠지.

그 겨울이 얼마나 추웠는지 알아? 국화를 딱 들고 있으면 그새 얼어갖고 모가지가 툭툭 떨어졌어. 저녁에 퇴근할 적에 국화꽃을 담요로 덮고 또 덮고 퇴근했지. 아침에 나오면 꽃대가 얼어 있었어. 오래돼서가 아니라 얼어서 버리는 국화꽃이 더 많았어. 그러니까 그때 국화 값이 겁나게 들어갔지. 그런 겨울은 앞으로는 없을 거야. 없어야지….

매일 밤 새워가며 지켜낸 분향소

참사 이후 100일, 추운 겨울 내내 해가 들지 않는 분향소를 지키던 유가족들은 시민들에게 이태원 참사를 알리겠다는 결심으로 광화문광장을 향해 행진을 시작했지만, 그 행진 끝에 목도한 것은 광장을 가로막은 수많은 경찰들과 차벽이었다.

그날에 대해서 이야기하자면… 참 어이가 없지. 그 추운 날 광화문에다가 분향소를 설치하려고 도로를 걷고 있는데 갑자기 '광화문은 안 된다'는 얘기를 들으니까 기가 막힐 노릇이지. 이제 광화문 한복판에서 우리 아이들 억울한 죽음을 알린다고 생각하고 출발을 했는데, '광화문이 차단됐다'는 말을 들으니까 얼마나 어이가 없어. 그날에 관한 건 안 물어보면 안 돼? 생각하니까 눈물이 나서…. 나는 행진 중간에 그 소식을 들었어. 모르는 사람도 있었겠지만 나는 광화문으로 못 간다는 걸 알았어. 광화문이 이미 막혔으니 어쩔 수 없다고. 대신 우리는 시청 앞으로 들어간다고.

그때 생각하면 우리를 도와줬던 시민들이 참 고마워…. 그 사람들 덕분에 우리가 분향소를 세웠지. 우리랑 같이 팔짱 끼고 경찰 막아준 그 사람들 없었으면 우리 시청 광장에 못 들어왔지. 그때는 진짜… 몰라… 경찰들이랑 막 부딪치는데 다른 유가족들은 어떻게 버텼는지 몰라. 그런데 나는 죽기 살기로 막았어. 우리 아들도 길거리에서 죽었는데 내가… 진짜 내가 여기서 죽어도 괜찮다, 그런 심정으로 악착같이 버텼어.

그날의 기억은 지금까지도 동민 아버지의 마음을 아프게 울린다. 하지만 분향소를 설치한다고 끝나는 일이 아니었다. 시청 분향소가 혹시나 철거되지는 않을까 유가족들은 하루하루를 긴장 속에서 보냈다.

광장에 들어온 다음부터는 매일 철야하면서 분향소를 지켰어. 초창기에는 정말 힘들었지. 거짓말 안 하고 집에 거의 안 들어갔어. 그때는 퇴근을 해도 밤 10시 반이나 11시에 막차 타고 집에 갔지. 밤새서 분향소 지킬 사람이 필요하니까 서로 번갈아가면서 가끔씩만 집에 다녀왔어. 그러다가 분향소 부순다는 이상한 정보가 들어오면 한밤중에 부모들 다 택시 타고 집결도 하고 그랬어.

동민 아버지는 분향소가 불시에 철거될 수 있다는 압박 때문에 분향소를 쉽게 비울 수가 없었다. 지방에 살아 분향소에 쉽게 올 수 없는 유가족을 대신해 지하철 막차를 타고 집에 돌아가거나 분향소에서 밤을 새는 것이 금세 당연해졌다. 유가족이 서로를 지키기 위해 시작한 분향소 출퇴근은 어느 순간부터 분향소를 지키기 위한 출퇴근이 되었다.

우리 애들이 지저분한 데 있으면 안 되잖아

시청 분향소 주변은 항상 깨끗했다. 가을이면 낙엽이 한 곳에 치워져 있고, 겨울이면 바닥에 눈이 쓸려 있었다. 녹사평 분향소에서부터 매일 청소를 하던 동민 아버지의 작품이었다. 철거 압박이 한풀 꺾이고 동민 아버지는 아이들이 있는 분향소는 깨끗해야 한다며 출근하자마자 매일 청소를 했다. 퇴근 직전까지 분향소 안에 정리가 안 되어 있는 물품들은 없는지, 쓰레기는 없는지, 향로는 깨끗한지 하나하나 확인했다.

> 분향소를 지키는 것도 중요한데, 우리 애들이 지저분한 데 있으면 안 되잖아. 여기는 청소해주는 사람이 없어. 낙엽 떨어질 때는 하루만 안 치워도 낙엽이 산처럼 쌓여 있어. 그리고 가끔 시위할 때 사람들이 여기 근처에서 담배를 피워버려. 그러면 아침에 담배꽁초가 여기저기 널려 있고, 어느 때는 여기다가 오줌 싸불고 그래. 그거 냄시 나서 어떻게 있냐고. 누군가는 치워야 될 거 아니여. 그런다고 시청에서 치워주는 것도 아니잖아. 우리가 이렇게 들어앉았는데 치워주겠어? 안 치워주지. 그러니까 우리가 해야 돼. 기자님들 여기 와보면 먼지 한톨 없잖아. 항시 깨끗하잖아. 우리가 맨날 청소하기 때문인 거여.

야외 분향소는 하루만 청소를 안 해도 티가 난다. 향이 다 타고 남은 재는 향로를 금방 채우고 희생자들의 영정사진 위로 꽃가루가, 먼지가 쌓인다. 이런 분향소를 동민 아버지는 매일 나와 정리했다. 동민 아버지에게 분향소로의 출퇴근은 아빠로서 아들을 위하는 일이자 함께하는 유가족에게 힘을 보태는 자신만의 방식이었다.

이거 청소 않고 지저분하게 써봐. 시청에서 '이거 불난다' '위험해서 안 된다' 트집 잡힐까봐 치우는 거여. 트집은 안 잡혀야지. 괜히 그런 이유로 트집 잡혀갖고 쫓겨나고 말썽이 생겨서는 안 되니까. 그래서 하는 거지.

아이들이 지저분한 데 있으면 안 된다는 이유로 청소를 한다고 했지만, 동민 아버지의 청소는 곧 분향소를 지키기 위한 노력이기도 했다.

치유를 받는 공간, 위로를 주는 공간

이태원 참사를 알리기 위해 녹사평역보다 비교적 사람들이 많이 다니는 시청 앞으로 분향소를 옮겼지만 마냥 좋은 일만 있었던 것은 아니다. 지나가는 행인들의 막말에 상처받고, 마음을 간신히 진정시킨 지 얼마 되지 않아 다시금 상처받는 날들의 연속이었다.

정신적인 게 최고로 힘들지. 분향소 바로 옆에서 노인네들이 우리한테 혐오스러운 발언을 하는 경우도 있어. 며칠 전에도 아줌마들이 지나가면서 우리 애들이 술 먹고 옷 벗고 놀다가

시청 분향소 시청 앞 광장 서울도서관 건물 귀퉁이에 설치되어 있던 이태원 참사 희생자 합동
시민분향소의 모습. 한해가 넘도록 야외에 노출된 채 있었지만 분향소와 그 부근은 늘 정결했다.

죽었다는 소리를 하는겨. 우리 애들 욕하고 탓하는 소리 들을 때 최고 스트레스 받지. 그날 저녁에 잠을 한숨도 못 잤어. 그런 못된 소리 듣는 거, 그게 최고 힘들어.

그럼에도 분향소는 언제나 동민 아버지와 유가족들이 아픔을 털어놓을 수 있고 슬픔을 위로받을 수 있는 치유의 공간이었다. 상처를 주는 사람보다 참사의 아픔에 깊이 공감하고 함께 분향소를 지키려는 시민들이 더 많았다. 얼굴도, 이름도 모르는 지나가는 사람들에게서 받은 상처를 마찬가지로 처음 만나는 사람을 통해 회복했다.

생각지도 못한 사람들이 와갖고 위로를 많이 해주지. 생각보다 많아. 자기 일처럼 도와주고 울고… 참 내가 그만 울라고 달래주고 싶을 정도야. 그런 분들이 많이 와. 덕분에 내가 힘이 생겨서 여기 계속 있으면서 엄마들 힘들 때 위로해줄 수 있어서 좋아. '어제 무슨 일이 있어서 누구 엄마가 울었다' 그러면 같이 그 엄마 이야기하면서 울고, 눈물 그치면 웃고. 내가 상담사가 다 돼가.

분향소 소장님 그리고 참새 아빠

동민 아버지는 어떤 분이냐고 유가족들에게 질문할 때마다 "분향소 소장님이지" "참새 아빠야" 하는 대답이 돌아왔다. 분향소 소장은 유가족협의회나 시민대책회의(10·29 이태원 참사 시민대책회의)에는 없는 직함이다. 언제부터인지는 알 수 없지만 매일매일 분향소로 출퇴근하는 동민 아버지에게 자연스럽게 '분향소 소장님'이라는 직함이 붙었다. 소장님이라는 이름에 어울리게 동민 아버지는 분향소의 유가족과 활동가 들이 필요한 게 있으면 가장 먼저 찾는 사람이었다. 사람들이 분향소에서 자신을 찾는 것이 동민 아버지에게는 소소한 행복이었다.

나는 날마다 분향소에 나오다보니까 발전기에 기름 넣고 전기 켜고 이런 거에는 빠삭해. 다른 가족들은 어떻게 하는지 잘 모르니까 내가 이렇게 저렇게 하는 거라고 가르쳐주고 그래. 사람들한테 도움이 됐을 때 '아, 역시 한 사람 한 사람이 다 여기 필요한 거구나' 하면서 보람도 더 느끼지.

동민 아버지는 '참새 아빠'로도 불린다. 시청 분향소에서 동민 아버지는 틈날 때마다 참새들에게 쌀을 뿌려주었다. "심심해서 그랬었지." 긴 시간 분향소에 있으면서 할 일을 찾다가 무심코 시작한 일이었다. 그러자 점점 참새들이 동민 아버지를 따랐고, 동민 아버지도 참새들을 위해 집에서 쌀을 챙겨오고 비둘기를 쫓아내주었다. 그렇게 '참새 아빠'라는 별명이 붙었다. 그래서일까, 시청 분향소가 문을 닫던 날 동민 아버지 주변에 참새들이 하나둘 모여들었다. 겁이 많아 사람을 잘 따르지 않는다고 알려진 참새지만 동민 아버지 곁에 오래 머물렀다. 동민 아버지는 참새들에게 마지막으로 쌀을 뿌려주었다. 이후 다시 찾은 그 자리에 더 이상 참새들은 없었다.

시청 분향소 있던 자리에 갔는데 참새들이 이제 없더라고. 이 건물(부림빌딩) 앞에 있는 참새들은 다른 애들이야.

시청 분향소는 철거되었지만 동민 아버지는 분향소가 있던 곳을 가끔씩 찾아갔다. 분향소가 철거된 바로 다음 날, 그 자리에는 수십개의 화분들이 놓여 있었다. 그곳에 분향소가 있었다는 어떠한 흔적도 보이지 않았다. 화분을 바라보는 동민 아버지의 속은 이루 말할 수 없는 감정으로 가득 찼다.

시청 분향소 있던 자리 가봤어? 식물들을 겁나게 채워놨더라고. 진짜 화분 보면서 그렇게 화나는 건 처음이야. 누가 거기가 분향소 있던 자리라고 생각하겠어. 거기 갔다가 어떻게 별들의 집까지 알고 오겠어.

동민 아버지는 별들의 집으로 출근한 이래 수차례 시청 분향소 자리를 찾아갔다. 몇번째 찾아갔을까, 동민 아버지가 줄기차게 만들어달라고 요구했던 안내판이 생겼다. 분향소가 바로 근처의 부림빌딩 1층, 임시 기억·소통공간으로 이전했음을 알려주는 안내판이었다.

안내판을 나무 뒤에 세워놔서 내가 앞으로 빼놨잖아.

안내판 위치가 마음에 안 들어서 잘 보이는 쪽으로 옮겨두었다고 말하는 동민 아버지의 눈가에 미소가 가득했다.

분향소가 건물 안으로 들어가면
누가 우리 애들을 보러 오겠어

시청 분향소가 문 닫고 실내로 옮겨간다는 소식을 듣고 동민 아버지를 만나러 갔을 때 동민 아버지는 접근성을 가장 걱정했다.

분향소가 건물 안으로 들어가면 누가 우리 애들을 보러 오겠어. 누가 일부러 건물 안까지 보러 오겠어, 안 오지. 밖에 안내판도 없고 밖에서 안이 보이는 것도 아니고…. 사람들한테 잊혀질까봐 걱정되고 불안해. 지금은(분향소 이전 전) 지나가는 사람들이 가끔씩 '아직도 이렇게 힘들게 계시네요'라고 말도 걸고, '지금까지 있어요?' 궁금해하기도 하고, '고생 참 많으세요' 하고 격려도 해줘. 시비 거는 사람도 물론 있고. 어쨌든 거리 오고 가면서 여기를 봐주는 사람들이 있는 거여. 그런데 우리가 그리 들어가버리면 누가 우리를, 우리 애들을 봐주냐는 말이야.

더 많은 사람들에게 이태원 참사를 알리기 위해 시청 분향소로 이동했는데 이제 사람들에게 보이지 않는 건물 속으로 들어가버리면 도리어 영영 잊혀지는 것이 아닐까 두려웠다. 참사 이후 매일 분향소로 출근했던 동민 아버지는 분향소가 별들의 집으로 이전한 후에도 계속 출근을 해야 할지 고민이 많았다.

분향소 이사하고도 내가 할 일이 있으면 할 거지만 없으면 굳이 나올 필요 없지. 인자 나설 힘도 없는데 뭣 하러 나와 있어. 혼자 거기서 뭘 해…. 여기야 이렇게 지나가는 사람이 있고 조문하는 사람도 있고 그러니까, 그리고 바깥으로 확 터져 있으니까 마음이 덜 답답한데 거기는 딱 갇혀 있는 거잖아. 나 이렇게 되기 전에도 산을 오르든 자전거를 타든 방구석에 박혀 있는 사람은 아니었는데… 내가 거기 있을 수 있을지 모르겠어. 인자 이사해봐야 알지. 지금이야 내가 필요하다면은 힘 닿는 데까지 해볼 건데, 건물 안으로 옮기고 계속 출근할지는 나도 몰라. 모르겠어.

예전보다는 많이 안 와…

자신이 할 수 있는 일을 함으로써 유가족에게 힘이 되기 위해 동민 아버지는 오늘도 별들의 집으로 향한다. 별들의 집 지킴이의 출근 시간은 아침 10시 30분이지만 다른 유가족이 오기 전에 청소를 마쳐두어야 마음이 편하기에 동민 아버지는 항상 지킴이보다 먼저 출근한다. 동민 아버지가 돌리던 청소기가 멈추면 별들의 집은 고요해지고 텔레비전 소리만 흘러나온다.

사람들이 예전보다는 많이 안 와. 포스트잇도 대부분 가족이나 공식 일정으로 방문한 사람들이 써준 거야. 예전에는 분향소에 앉아 있으면 함께 대화할 사람들도 많았는데, 이제는 가족들도 잘 안 와….
출입구 쪽에 거울을 설치해야 할까봐. 여기로 들어오는 사람은 텔레비전 소리 때문에 운영한다는 걸 아는데, 우리는 여기 있으면 누가 오는지 잘 안 보여. 그렇다고 밖에서 기다릴 수도 없고. 밖에서 안이 한눈에 들어오게 벽이 뚫려 있으면 얼마나 좋았을까 싶어. 지나가는 누구나 볼 수 있는 공간이어야지. 밖에서는 건물 로비랑 경비 아저씨뿐이 안 보이잖

아. 우리는 더 안으로 들어와서 문을 열어야만 보이고.

　동민 아버지와 함께 별들의 집에 있는 동안 유가족과 활동가들을 제외하고는 방문객이 거의 없었다. "우리 성기 형님 여기서 심심하지 않게 식물이라도 둬야 할까봐요." 한 아버지의 말씀처럼 야외 분향소와는 달리 별들의 집에서는 동민 아버지가 할 일도 줄어들었다. 야외 분향소에서는 매일 향을 피웠다. 그러다보니 향이 다 타고 남은 재로 더럽혀진 테이블과 향로를 닦아야 했다. 쌀을 두는 그릇도 시간이 지나면 한번씩 닦고 교체해줘야 했다. 이 모든 것이 동민 아버지의 '일'이었다. 출근과 동시에 천막을 쳐서 분향소를 열고, 시민들에게는 보이지 않는 분향소 뒤쪽을 청소하고, 분향소 앞 쓰레기들을 정리하고, 향을 피웠다. 영정에 먼지가 쌓이면 하나하나 닦아냈다. 날이 좋으면 분향소 앞에 테이블을 펼치고 시민들과 리본 만들기도 진행했다. 가만히 있어도 유가족들이 찾아왔고 지나가는 시민들이 들렀고 할 일이 넘쳐났다.

　별들의 집으로 들어온 지금, 아침에 텔레비전을 켜고 추모 영상을 틀고 청소기와 걸레로 바닥을 정리하고 희생자들의 액자를 닦으면 동민 아버지의 일은 모두 끝이 난다. 출근한 지 30분도 되지 않아 일을 마친 동민 아버지는 지킴이 자리에 앉아 방문객을 기다린다.

언제나 내 마음 속에 있지 동민이는… 살아 있지

동민 아버지는 아침 10시에 별들의 집에 도착해 오후 3시 30분에 별들의 집을 나선다. 퇴근할 때는 시청역에서 바로 지하철을 타거나 동대문역사문화공원역까지 좀더 걸어가서 지하철을 탄다. 퇴근 방법을 고르는 기준은 당연하게도 그날의 컨디션이다. 몸이 찌뿌둥하면 조금 걷는 걸 선택한다. 동민 아버지와 함께 동대문역사문화공원역까지 걸어 퇴근하던 날, 같이 있던 다른 아버지가 나에게 "거의 다 왔어. 노란 기둥 보이면 끝나"라고 말했다. 그 말에 동민 아버지는 웃으면서 "노란 기둥 찾아봐. 금방 도착해"라며 맞장구쳤다. '금방'이라는 말과 다르게 15분이 지나서야 노란 기둥이 보였다. 두 사람이 노란 기둥이라고 부른 것은 동대문역사문화공원역의 지하철 기둥이었다. '노란 기둥'은 동민 아버지와 함께 걸어서 퇴근하는 유가족들이 '얼마나 남았냐'고 물어볼 때마다 동민 아버지가 알려주는 목적지였다.

3시 반에 나가야 지하철이 한가해. 남들 퇴근할 때 집에 가려면 시청역에서 왕십리역까지, 왕십리역에서 우리 집까지 1시간 반을 서서 가야 해. 서서 갈 수도 있는데 사람이 많으니까 몸이 자꾸 닿잖아. 그러니까 사람 없는 3시 반쯤에 퇴근하는 거야. 사실 일찍 퇴근해봤자 별거 없어. 그냥 내일 다시 나오기 위해서 퇴근을 하는 거지. 퇴근을 하면서도 뭔 일 없을까

막 걱정도 되고, 집에 가도 유튜브 틀어놓거나 불안해서 여기저기 전화해보고 그래. 시청 분향소에 있을 때는 저녁 8시나 밤 10시에 들어갔지. 그때도 퇴근 시간이랑 안 겹치려고 늦게 들어간 건데, 그렇게 늦어도 힘든 줄을 몰랐어. 근데 요즘은 힘들더라고. 내가 힘들어서 일찍 들어가는 거야.

출근할 때와 마찬가지로 동민 아버지는 사람들을 피해 퇴근한다. 출근길과 다르게 퇴근길은 그래도 사람들이 조금은 적다. 하지만 퇴근을 하는 동민 아버지의 얼굴은 여전히 어둡다.

올 때는 그래도 '오늘도 우리 아들 보겠구나' 하면서 힘내서 오지 부지런히…. 근데 갈 때는 '오늘도 아들 놔두고 가는구나. 내일 올게' 하면서… 항상 마음속으로 '집에 같이 가자'고 말하지. 집에 가서는 이제 아들 방에 가서 '아버지 왔다' 인사하고… 언제나 내 마음속에 있지 동민이는, 살아있지.

동민 아버지의 퇴근길은 동민씨에게서 멀어지는 길이 아니다. 또다시 동민씨에게로 돌아가는 에움길이다. 녹사평역에서 시청 앞으로 그리고 별들의 집으로 출퇴근을 하는 동안 많은 것이 바뀌었다. 공간이 변하고, 들르는 사람들이 바뀌고, 동민 아버지가 하는 일도 달라졌다. 하지만 유일하게 변하지 않은 것은 동민씨가 분향소의 작은 액자 속에 있다는 사실이다. 그렇기에 동민 아버지는 내일도 아들 동민씨를 보기 위해, 동민씨가 있는 곳을 지키기 위해 길을 나설 것이다.

아무것도 하지 않으면
아무도 봐주지 않아요

**이주영씨 아버지
이정민씨 이야기**

딸 주영씨의 장례를 마친 후, 아버지 이정민씨는 집으로 돌아가는 일조차 무서웠다. 딸이 없는 집에 들어가자마자 그는 무너졌다. 이정민씨는 아내와 아들과 함께 며칠 동안 주영씨에 대한 이야기를 하며 시간을 보냈다. 슬퍼질까봐, 울음이 터질까봐 두려워 이야기하기를 주저하는 대신 슬픔을 피하지 않고 가족들과 몇날 며칠 몇시간 내내 딸 주영씨에 대해 말하고 또 말했다고 한다.

딸을 보낸 후, 그의 시간의 결은 달라지기 시작했다. 마음이 무너져내렸던 시간들의 자리에 이정민씨는 거리에서 싸우는 시간들을 채워넣어갔다. 그의 이름 앞에는 '10·29 이태원참사 유가족협의회 운영위원장'이라는 직함이 붙었다. 수백명의 유가족을 대표하는 위치에 서다보니 한 아버지, 한 사람으로서의 의견을 말할 기회는 점차 줄어들었다. 언론과의 인터뷰에서도 딸 주영씨에 대해 이야기하기보단 유가족들의 입장을 대변해야 했다. 그의 어깨가 무거워지기 시작했다.

슬픔을 피하지 말자고 스스로 다짐했었지만, 아버지로서 주영씨에 관해 입을 떼는 것은 여전히 이정민씨의 가슴을 부여잡게 했다. 그러던 그에게 그간 유가족협의회가 싸워왔던 시간들에 대해 이야기해달라고 하자, 눈을 반짝였다.

작가기록단 **권은비**

밤이었어요. 저랑 아내, 아들은 집에 있고, 주영이는 남자친구● 만나러 나갔어요. 몇 시간 뒤 주영이 남자친구한테 전화가 왔어요. "이태원으로, 그냥 이태원으로 오세요."

아이 남자친구 목소리가 굉장히 다급했어요. 계속 울먹이며 이태원으로 오라는 말만 하더라고요. 집에 함께 있던 아들이 빨리 가자면서 앞장섰어요. 현장에 도착하니 폴리스라인이 쳐 있고, 경찰들과 소방대원들, 119차량과 앰뷸런스가 막 서 있고, 기자들이

● 이주영씨는 참사 당일 남자친구와 함께 이태원에 있었다. 이주영씨의 연인이자 참사의 생존자인 서병우씨의 이야기는 이태원 참사 1주기 기록집 『우리 지금 이태원이야』에 담겨 있다.

엄청나게 몰려 있었어요. 혼란 그 자체였어요. 다른 부모들도 와 있었는데, 시신들이 누워 있는 걸 하나씩 확인하면서 자기 아이들을 찾고 있었어요. 지옥이었어요.

그 골목으로 가니까 경찰들이 막더라고요. 내 딸이 저기 있다고 저는 밀치고 들어갔어요. 딸 남자친구 부모님도 거기에 와 계셨어요. 우리 아이 어디 있냐고 하니까 그 골목 바로 옆 1층 상가 쪽에 있다고 하더라고요. 1층 상가 건물이 통유리로 돼 있는데 보니까 다들 누워 있는 거예요. 쫙… 그렇게 다 있더라고….

그날 이후 세상 이야기는 아예 다 끊었었어요. 뉴스도 안 보고 텔레비전 자체를 켜지 않았어요. 아들이랑 아내랑 술 먹으면서 주영이 이야기만 했어요. 그런데 며칠 지나고 나니까 다른 유가족들을 만나보고 싶었어요. 다른 분들은 어떤 식으로 슬픔을 극복하고 있을지도 궁금했어요. 근데 연락할 방법이 없었죠.

근데 아들이 인터넷을 보다가 민변(민주사회를 위한 변호사모임) 사무실에서 유가족들이 간담회를 한다는 걸 본 거죠. 아들이 한번 가보시겠냐고 묻더라고요. 저는 처음에는 반대했어요. 가면 뻔하지 않겠냐, 당연히 소송 이야기할 텐데… 난 싫다고 했었는데 아들이 그래도 다른 유가족들이 올 테니까 가보는 게 어떻겠냐고 하더라고요. 그래, 그럼 한번 가보자. 민변 사무실에.

#1 민변 사무실
낯선 사람들과 가족이 될 때

민변 사무실에서 다른 유가족들을 처음 만났을 때, 자기소개하고 희생자 소개하면서 엄청나게 울었던 기억이 나요. 거기 모인 가족들이 전부 다 너무 많이 울었어요. 제가 낯선 사람들 있는 곳에서는 울지 않는 편인데 그날은 주체할 수 없을 만큼 울음이 나오더라고요. 처음 보는 사람들과 같이 울고, 같이 손을 잡고, 서로 위로해주고, 위안을 건네는 게 가슴에 많이 남았어요. 집에 돌아오는 길에도 '이렇게 처음 보는 사람들하고 울면서 손잡고 위로해주는 게 가능한 일인가?'라는 생각이 들었어요. 참사가 일어나고 난 뒤, 집에서 계속 힘든 채로만 있다가 처음 밖에 나가서 유가족들을 만나고 집에 돌아왔는데 희한하게 그게 위로가 되더라고요. 너무 신기했어요. '이게 왜 위로가 되지?' 그래서 다시 민변에서 간담회를 한다고 했을 때, 그때는 식구들한테 막 같이 가자고 하면서 달려왔어요.

제 아이의 남자친구가 저희한테 직접 말은 하지 못하고 그때의 현장 상황을 글로 적어서 보내왔어요. 그날 이태원 현장에서 어떻게 그렇게 됐는지 상황들을 읽어보면서 굉장히 충격을 받았어요. 사람이 많이 몰린 현장에서 누군가 넘어져 사고가 난 거라 생각하고 있었는데, 실제로는 그냥 다… 서 있는 채로… 그렇게 됐다는 이야기를 듣고 너무 큰 충격이었어요. 상상도 못한 이야기였어요. 그래서 다른 희생자 가족들과 만난 날, 제가 그 이야기를 했죠. "그때 사람들이 넘어져서 그런 게 아니고 다 서 있는 상태서 혼절하고… 그렇게 된 거다"라고. 그리 전했더니 여기저기에서 비명이 들려왔어요. 다른 가족들도 상상 못했던 거죠, 전혀.

유가족들이 모여서 이야기하다보니 모든 게 의문투성이었어요. 이 참사가 왜 벌어졌는지 알아야 했어요. 우리가 함께 유가족협의회를 만들어야 참사에 대한 진상규명을 할 수 있을 거라고 의견이 모아졌어요. 그렇게 10·29 이태원 참사 유가족협의회를 처음 결성하게 된 거죠. 그리고 첫 기자회견을 했어요. 태어나서 그렇게 많은 카메라와 기자들을 본 건 처음이었어요. 희한하게 그 앞에서 긴장이 하나도 안 되는 거예요. 이상하더라고요. 왜 긴장이 안 되지? 왜 안 떨리지? 지나서 생각해보니 우리 아이를 위한 일이니까 안 떨린 거죠. 나를 드러내고자 하는 일이었다면 떨렸겠죠. 분노가 가슴 한곳에 크게 자리하고 있다보니 오히려 더 당당하게 이야기하고 싶은 마음이 컸어요.

#2 국회 국정조사
묻혀버린 피해자들의 이야기

유가족협의회가 결성되고, 처음 한 일이 국정조사를 추진하는 거였어요. 참사 초기에는 태어나서 처음으로 정치권에 모든 기대를 다 걸고 있었어요. 국회의원들이 밝혀줄 거라고 생각했어요. 그만큼 우리가 무지했던 거죠. 정부가 우리 가족들에게 뭔가 브리핑을 해주겠지, 이 사안에 대해서 설명해줄 거야, 국회가 나서서 조사하면 사실이 밝혀지겠지. 저희는 국가와 정부가 당연히 그렇게 해줄 거라고 생각했어요. 그렇게 안 해준다는 게 더 이상했죠. 안 해줄 이유가 없잖아요? 국정조사를 위해 국회도 난생처음 갔어요. 그 후로 국회를 얼마나 매일 뻔질나게 다녔는지…. 국회의원들에게 국정조사 해달라고 몇번이고 요청하고 하소연하고 간담회 열고, 안 받아들여주면 다시 울면서 호소하고… 이 과정을 반복하니 분노가 차오르더군요.

결국 국정조사를 열었는데 국회의원들이 이 핑계 저 핑계 대면서 자기들끼리 정쟁하다가 조사기간 절반을 다 날려버렸잖아요.• 겨우 절반 남은 기간으로 국정조사가 시작되었을 때 참 암담했어요. 국조위(국정조사특별위원회) 위원들은 유가족과 참사 피해자들의 목소리를 듣고 참사 당시 상황을 되짚어보면서 국정조사용 질문을 만들어야 해요. 그래야 정확한 질문을 하고, 그에 대한 답변이 잘못되지는 않았는지 살펴볼 수 있으니까요. 하지만 위원들은 그런 공부도 안 하고, 조사도 안 하고, 피해자 목소리도 들으려 하지 않았어요. 그럼 도대체 뭘 묻겠다는 거죠?

• 2022년 11월 23일 여야는 예산안 처리 후 11월 24일부터 45일간 국정조사를 실시하기로 합의했다. 하지만 국민의힘 불참으로 예산안 처리가 늦어지면서 12월 19일에서야 국회 국정조사특별위원회 첫 회의가 야당 단독으로 열렸다.

국정조사 끝날 때쯤 되어서야 피해자들이 참여하는 자리*가 만들어졌어요. 생존자부터 유가족까지 여러 사람이 이야기했는데, 그 단 하루 동안 이뤄진 피해자들의 발언이 국정조사 기간 내내 국회가 했던 것보다 국민한테 주는 메시지가 훨씬 컸다고 생각해요. 참사 당일 그곳에 있었던 생존자들의 생생한 증언을 그대로 들으면서, 그제야 당시 현장 상황을 확인할 수 있었어요.

생존자와 유가족 들이 이야기할 때 국회의원들도 모두 울었어요. 울음바다가 됐어요. 여당 의원들조차요. 정치적 논리를 떠나서 인간이라면 눈물을 흘릴 수밖에 없는 시간이었어요. 국정조사는 피해자들의 이야기부터 듣는 것으로 시작했어야 하는 거예요.

그런데 국정조사 결과보고서를 채택하는 날, 여당 의원들이 동의 못한다고 다 나가버렸어요. 야당 단독으로 채택했죠. 그때는 사실 특별법이라는 건 생각도 못하고 있었어요. '그냥 이걸로 끝나는구나, 아무것도 밝혀낸 것 없이 이렇게 끝나버리는구나'라고 느끼면서 참 허무하다는 생각이 들었어요.

● 2023년 1월 12일에 열린 국회 국정조사 2차 공청회를 말한다. 이로부터 5일 뒤인 1월 17일 국정조사특별위원회 활동이 종료되었다.

#3 시청 분향소
뜨겁게 실감한 시민들의 힘

100일 추모제를 앞둔 때였어요. 아직도 기억이 생생해요. 녹사평 분향소에 있으면서 워낙 힘들었잖아요. 안 그래도 아파하고 있는 유가족들인데, 공격하는 사람들이 바로 옆에서 모욕 주고 소금 뿌리면서 못 살게 들들 볶더라고요. 이래서는 도저히 안 되겠다 싶어 가족들과 상의하다가 유동인구가 많은 광화문으로 나가자고 제안했어요. 계속 토론한 결과, '이렇게 고립된 상태로 녹사평에 있는 것은 아니다'라는 결론이 났어요.

그래서 시민대책회의 사람들하고 후보지를 물색하러 갔어요. 처음 결정한 곳은 세종문화회관 앞이었어요. 아주 마음에 들었죠. 매일 공격받는 녹사평 분향소에 있다가 그곳에 가니까 '평화' 그 자체였거든요. 그런데 서울시에 얘기했더니 절대 안 된다는 거예요. 벌써 우리가 가고자 했던 공간에 화분을 다 갖다 놓고 차벽까지 쳐놨더라고요. •

그러면서 서울시에서 유가족들에게 녹사평역 지하 4층을 제안했던 거죠. 지하 4층이라뇨. 그건 그냥 이 참사를 조용히 묻어버

• 세월호 참사 이후 정부는 '사회재난 구호 및 복구비용 부담기준 운영지침'을 만들어 대규모 인명피해가 발생해 국가 차원의 조문과 분향이 필요한 경우 분향소의 위치, 운영 규모와 시간, 비용정산 등을 중앙사고수습본부 주관으로 관련 중앙부처와 지방자치단체 및 피해자 유족 등이 협의하여 결정하도록 했다. 그러나 이태원 참사 직후 정부는 일방적으로 국가애도기간을 선포하고 영정과 위패도 없는 분향소를 운영했으며, 이후 서울시는 유가족협의회가 설치한 시청 분향소에 대해 지속적으로 철거 압박을 가했다.

리겠다는 것과 다름없는 제안이었어요. 지하 4층에서 어떻게 시민들을 만나겠어요? 그래서 그곳은 못 간다 했더니 어느 개인 소유 빌딩의 사무실을 제안하더라고요. 이걸 MBC에서 처음 보도하면서 세상에 알려지게 됐죠. 저도 뉴스로 서울시가 제안했던 공간들을 봤어요. 몇평도 안 되는 곳도 있고, 지하공간도 있고, 어떤 빌딩의 사무실도 하나 있었어요. MBC에서 그 빌딩 건물주분을 인터뷰하는데 그분이 펄쩍 뛰는 거예요. '무슨 소리를 하고 있느냐! 난 들은 적도 없다. 절대 안 된다. 다른 입주자들 다 다 내쫓으라는 말이냐'고 하셨어요. 영상을 보면서 저도 너무 어처구니가 없더라고요.

2023년 2월 4일, 10·29 이태원 참사 100일 시민추모대회가 진행된 날 녹사평에서부터 광화문까지 행진을 시작했어요. 우리가 광화문 쪽으로 영정을 들고 가면 녹사평으로 다시 돌아올 수는 없으니 '우리 행진하면서 상황을 보자, 수시로 연락하면서 우리가 갈 수 있을 만한 곳으로 가서 분향소를 차리자' 이렇게 계획했어요.

광화문 옆에 100일 추모제를 열 무대도 다 설치해놨었어요. 그런데 경찰들이 광화문 일대를 철통같이 막고 있는 거예요. 이미 모든 경찰들을 다 집중시킨 거죠. 가족들과 같이 녹사평부터 영정 들고 행진하던 길에 그 소식을 들으니 절망감이 확 오더군요. 이거 어떡하지, 다 막히면 대체 우리는 어떻게 해야 하나.

행진하다가 서울역에 도착해서 김밥을 먹는데 전화가 왔어요.

"시청은 잘만 하면 될 수도 있을 것 같아요"라는 소식이었어요. 제가 "가능성이 있어 보입니까?" 물으니 "미미한 가능성은 있어 보입니다. 불가능한 건 아닌 것 같습니다"라고 하길래 "가능성만 있다면 합시다, 무조건. 선택의 여지가 없으니 합시다." 그 순간 우리 분향소가 시청으로 이전하는 게 결정된 거죠. 서울역에서 다시 광화문 쪽으로 행진하며 출발하는데 너무너무 긴장되는 거 예요. 결정은 했지만 '이게 될까, 성공할까?' 불안해 죽을 것 같았어요.

행진하다보면 중간중간 쉬는 시간이 있잖아요. 시청 앞에서도 마찬가지로 쉬는 시간을 가지자고 하니 행진하는 사람들은 다들 쉬는 줄로만 알고 있었죠. 그런데 그때 맨 앞, 행진구호 방송차량에 있던 시민대책회의 이미현 실장이 갑자기 "우리가 시청 앞에 분향소를 설치할 예정이니 시민 여러분 다들 도와주십시오!"라고 안내방송을 했단 말이에요. 다들 얼떨떨해서 이게 무슨 소리인지 감을 못 잡았어요. 혼란스러운 눈치였죠. 저는 그 순간 유가족들을 방송차량 앞으로 다 부르면서 가족들은 모여 있어야 한다고 주위에 전했어요. 혹시라도 분향소 설치하다가 경찰과의 대치에 휘말려서 유가족들이 다치면 안 되니까요. 그래서 가족들한테 "빨리 차 앞으로 다 오세요!" 하고 외치니까 몇 가족은 오고 몇 가족은 어떻게 해야 할지 몰라 우왕좌왕하고. 그러다 갑자기 분향소로 사용할 천막 텐트가 막 내려오는 순간 다시 이미현 실장이 시민들에게 청했어요.

"시민 여러분, 도와주십시오! 지금 빨리 분향소를 설치해야 하니 도와주십시오!"

그때서야 시민분들이 막 몰려오셔서 경찰들을 막아주기 시작했단 말이에요. 그러면서 유가족들도 함께 시민들하고 같이 몰려간 거예요.

막 밀어붙이면서 옆을 봤는데, 정말이지 진짜… 우리 유가족들의 모습이 죽기 살기의 마음, 결사 항쟁의 마음이었어요. 그 순간 어떤 상황인지 정확히 인지하고 있는 사람은 없었을 거예요. 그저 '분향소를 설치해야 해, 하지 않으면 안 돼'라는 마음에 밀어붙인 거죠. 그때 경찰들이 갑자기 당황해 막 몰려와서 막고, 밀고 이랬단 말이에요. 그때 우리 유가족 중에 한분이 이런 이야기를 했어요.

"우리가 애들을 이런 상태로 잃었는데 자식 같은 너희들을 이렇게 다치게 하고 싶지 않다. 그러니 이제 좀 물러나 주면 안 되겠니?"

그렇게 이야기하니까 대치하던 경찰관 몇명은 눈물을 보이기도 했어요. 그때 그 모습을 보면서 '참… 대한민국이 왜 이런가. 이 경찰 청년들이 무슨 죄가 있나' 하는 생각도 들고 회의감이 많이 들었어요. 경찰들이 보기에도 자신들한테 호소하는 유가족들의 눈빛이 너무나 진지하니까 그 진심이 느껴졌나봐요. 경찰들도 막다가 어느 한 경찰관이 "야, 이건 안 돼. 우리가 도저히 할 수가 없어. 막을 수가 없어" 이렇게 말하면서 물러나버리더라고요. 경찰들도 유가족들의 눈빛을 보고는 도저히 막아서는 안 되는 거라고 여긴 거죠.

경찰들이 한발짝 물러나고, 우리는 공간을 확보하고, 시민분들이 인간 벽을 세워주시고, 천막 텐트를 설치했어요. 그러고 나니 이번에는 시청 쪽 용역들이 등장하기 시작하는 거예요. 광화문 쪽에 있던 경찰들까지도 전부 다 불렀더라고요. 그때 가족 중에 몇명이 텐트 안에 영정사진을 놔버렸어요. 그 영정을 올려두는 순간, 끝나버린 거예요. 경찰들도 더 이상 어떻게 할 수 없는 상황이 되어버린 거죠.

우리 가족들은 지금도 그때의 감동이나 감정들이 잊혀지지 않아요. 다들 태어나서 처음으로 공권력과 싸워서 얻어낸 결과였잖아요. 그리고 그때 그 많은 시민들! 우리와 영정을 따라오던 그 많은 시민들의 힘을 목격했잖아요. 대단히 큰 감동을 받았죠. 그때 '연대의 힘이 이렇게 크구나'라는 걸 처음으로 느꼈어요. 실은 그날이 제 생일이었습니다. 시청 분향소 설치가 값진 생일 선물처럼 느껴졌어요.

녹사평에 있을 때는 지치고 힘들고 압박을 받으면서 매 순간 힘겨웠는데, 시청 앞에서 그 모든 순간들을 지나 우리 힘으로 이겨내는 걸 보면서 가족들의 에너지가 확 불타오르기 시작했어요. 드디어 우리가 세상 밖으로 나온 거잖아요. 우리를 지켜주려고 하는 사람들이 이렇게 많다는 걸 경험하니까 녹사평 분향소에서 받았던 압박감과 서러움이 확 풀리더군요. 거기서 굉장히 힘을 많이

시청 분향소 설치 순간 2023년 2월 4일 시청 앞 광장에 분향소를 설치하고 영정사진을 올리고 있다. 분향소로 사용될 천막 텐트 주위를 둘러 시민들이 몸소 겹겹이 벽을 쌓았다.

얻었어요. 그게 다시 우리가 싸울 수 있는 동력이 되어주었어요.

#4 아스팔트 위에서
봄 진실버스, 여름 단식농성과 삼보일배, 그리고 다시 가을

시청에 분향소 설치하고, 봄에는 시민분들께 이태원 참사 특별법 국민동의청원을 위한 서명도 받고, 진실버스로 전국을 다니면서 흩어져 있는 유가족들과 시민들을 만났어요. 여름에는 이태원 참사 특별법 신속처리안건(패스트트랙) 촉구를 위해서 단식농성을 시작했어요. 지금 생각해보면 제가 단식에 대해 아무런 지식도 없이 무작정 시작했더라고요. 그때는 다른 거 생각할 겨를도 없이 그냥 결심한 거죠.

한여름에 국회 앞에 텐트 치고 단식을 하는데 국회의원들이 오더라고요. '자신들을 믿어달라, 그러니 단식을 멈춰라' 하는데 한편으로는 목숨을 걸고 싸워야만 국회의원들이 움직인다는 게 너무 화가 나는 거예요. 정치인들에겐 참사의 피해자들이 자신들의 정치적 입지를 만드는 방편인가 싶기도 했어요. 그런 정치인들이 미웠지만, 특별법을 통과시키기 위해서는 계속 국회의원들을 만나는 수밖에 없었어요. 2023년 6월 30일에 특별법이 신속처리안건으로 지정되었고 단식은 11일 정도 하고 마쳤어요.

8월에 가족들과 삼보일배를 하기로 했을 때 저는 굉장히 걱정

을 많이 했어요. 그 한여름에 아스팔트가 얼마나 뜨거워요. 게다가 삼보일배라는 걸 처음 해보잖아요. 그냥 앉아서 108배를 하는 게 아니고 삼보일배를 하면서 국회까지 가야 하는데, 이걸 정말 할 수 있나 싶었죠. 가족들도 걱정이 태산이었어요. 고민하다가 궁여지책으로 짜낸 게 '가족들이 로테이션으로 교대해가며 삼보일배를 하자'는 거였어요.

그런데 막상 삼보일배 행진을 시작하니까 아무도 포기를 안 하는 거죠. 그만두고 일어나는 사람 하나 없이 계속하는 거예요. 중간에 휴식할 때 제가 가족들한테 "아니, 힘들면 로테이션해가며 이어가면 됩니다"라고 몇번을 이야기했는데도 가족들이 포기를 안 하더라고요. 놀랐어요. 저야 위원장이니까 앞에서 해야 하는 거고, 나도 사실 '보통 힘든 게 아닌데 어떻게 다들 이렇게 하지?' 생각했어요. 그래서 다른 가족들한테 무리하지 마시고 로테이션 하시라고 또 이야기했더니 가족들이 이거라도 하지 않으면 안 될 것 같다는 거예요. 우리 아이들이 저렇게 됐는데, 이 억울한 심정으로 내가 이거라도 하지 않으면 부모로서 면목이 안 선다고 하더라고요. 부모들의 힘을 느끼기 시작했어요. 자식에 대한 사랑이 가득하면 이렇게까지 할 수가 있구나. 가족들한테 마음으로 참 고맙더라고요.

한편으로, 삼보일배하면서 아스팔트의 열기가 얼굴로 훅훅 올라올 때는 정말 정신이 혼미해요. 속으로 '제발 제발 비 좀 와라!' 생각했는데 진짜 폭우가 막 쏟아졌어요. 이 빗물이 너무 좋은 거

예요. 폭우가 쏟아지고 빗물이 아스팔트 위로 철철 흘러넘치는데도 우리는 너무 좋았어요.(웃음)

다시 가을이 오고 1주기가 되는 10월, 그 한달이 너무 힘들었어요. 유가족 활동 전체를 통틀어서 가장 힘들 때였어요. 1주기 때 사람들이 많이 안 오면 어떡하나 하는 걱정이 엄청 들었어요. 시청 광장은 넓고, 매스컴에서 중계도 많이 나오는데 '사람들이 별로 안 와서 가족들이 실망하면 더 싸울 의지가 생길까'라는 걱정이 참 많이 되더라고요.

1주기 날, 이태원역 1번 출구의 10·29 기억과 안전의 길에서부터 행진해 서울역 지나서 뒤를 돌아보니 사람들이 많이 붙어났더라고요. '다행이다!' 시청 광장에 딱 들어왔을 때는 사람들이 엄청 많은 거예요. 그 사람들을 보고 울음을 터뜨린 가족들이 많아요. 그때가 두번째 감동이었을 거예요. 사람들이 광장에 어마어마하게 모이고, 광장 공간이 모자라 저 뒤에도 사람들이 서 있고. 상상 이상으로 가슴이 벅찼습니다. 그 넓은 시청 광장에 사람들이 꽉 차니까 1주기가 외롭지 않았어요.

#5 다시 국회 앞
외롭지 않은 싸움을 할 거야

제가 실은 굉장히 건강한 편이에요. 살면서 한번도 입원해본 적이 없어요. 그런데 몸이 망가져가는 게 느껴지기 시작하더라고요. 몸에 반점들이 막 나타나는 거예요. 제 자신을 돌볼 틈이 없었어요. 만약 우리 활동이 어그러지고 가족들이 다들 다운돼버리면 특별법이든 뭐든 다 망가진다는 생각이 들었어요. 다 수포로 돌아가버리는 그 허무감은 아마 나를 견딜 수 없게 만들었을 거예요. 내가 내 아이한테 지키고자 하는 약속도 있었고. 혼자 힘만으로는 할 수 없기 때문에, 결국 가족들이 다 같은 마음을 가지고 움직여줘야 되는 거라서 계속 가족들을 독려할 수밖에 없었죠.

1주기 때 그 많은 사람들을 보면서 용기가 생겼어요. 몸을 던져도 힘든 줄 모르겠더라고요. 그때부터 특별법을 위한 본격적인 싸움을 다시 시작했죠. '이렇게 많은 사람들이 우리와 연대해주니 이제 외롭지 않은 싸움을 할 수 있을 거야.' 그때부터 국회 농성을 시작했어요.

겨울이어서 안 그래도 엄청 추운데 국회 앞 천막은 정말 유독 춥고 힘들었어요. 국회에서 농성을 하고 있으면 한편으로는 마음이 불편해요. 국회 앞에 세워진 다른 농성장에 있는 분들도 모두 힘든 사람들이니…. 거기 있으면서 제일 마음 아팠던 게 전세 사기 피해자분들이었어요. 그쪽 영정사진을 보는데 다 젊은이예요. 도대체 이 나라는 왜 이렇게 젊은이들을 못 살게 하고 힘들게 하는가, 이런 분노가 치밀어 오르더라고요. 그 사람들이 잘못한 게 아니고 제도와 시스템이 잘못한 건데, 기성세대들이 뼈저리게 반성하고 부끄러워해야 할 일인데, 왜 젊은이들을 코너에 몰아넣고 스스로 삶을 이어가지 못하게 만드는가. 정말 끝까지 싸워야겠다는 의지가 불타오르더라고요.

겨울의 하이라이트는 역시 12월의 오체투지였죠. 우리가 오체투지라는 걸 해봤겠어요? 아뇨, 한번도. 오체투지라는 말도 들어보지 못했고 방법조차 몰랐어요. 전날 영상 보면서 배웠어요. 여름에 엄청난 폭우 속에서 삼보일배를 해봤잖아요. 그 경험이 있으니 이걸 못 하겠냐 하는 마음으로 했죠. 그때 특별법을 본회의에 상정시키기 위해 정치인들한테 메시지를 던져줄 필요가 있었어요. 한편으로는 '오체투지를 한다고 그 사람들 마음을 흔들 수 있을까?'라는 물음표도 있었고요.

오체투지는 완전히 바닥에 엎드려야 하는데, 아스팔트가 너무 딱딱해서 힘들었어요. 온몸이 막 배기더라고요. 그런데 갑자기 눈이 펑펑 내리기 시작했어요. 쌓인 눈이 쿠션처럼 되더군요. 눈밭에서 하니까 너무 좋은 거예요.(웃음) 가족들도 전부 다 아스팔트 맨바닥보다 눈이 훨씬 낫다고 좋아했어요. 뉴스로 본 사람들에게는 그 눈 속의 장면이 처절하게 보였던가 봐요. 근데 우린 너무 좋았어요, 하하.

참, 아이러니해요. 제가 그때 뭘 느꼈느냐면요, '대한민국은 피해자가 몸을 던지지 않으면 아무것도 얻어낼 수 없다.' 그렇게 몸을 던졌을 때와 하지 않았을 때의 반응은 무척 달라요. 내 몸을 던지지 않으면 쳐다보질 않아요. 이게 현실입니다, 정말 가슴 아픈 현실. 피해자들이 아무것도 하지 않으면 아무것도 이루어지지 않는 거예요. 이게 제가 이태원 참사를 겪으면서 깨달은 교훈입니다, 이 대한민국에서.

#6 용산 대통령실 앞
대통령 거부권에 맞선 부모들의 삭발

'무조건 특별법을 통과시켜야 해!'라는 간절한 마음으로 어떻게든 여당과 야당 간 협상을 통해 풀고자 노력했었는데 가족들 사이에는 불만도 많이 있었어요. 그때는 하… 참 너무 힘들었어요. 위원장으로서 여야 협상을 해서 어떻게든 타결시켜야 한다는 마음과 가족들을 설득해야 한다는 마음, 이 두가지를 병행하는 게 너무 힘들더군요.

특히 여당의 거센 반대에 부딪혔던 게 '동행명령권'이었어요. 동행명령권은 피조사인이 자료 제출을 부실하게 하면 동행해서 강제로 조사할 수 있는 것이거든요. 이것 말고도 여당에서 빼달라고 했던 것들이 여러가지 있었어요. '특조위원장 추천권'을 누가 가지는지도 핵심 쟁점이었어요. 우리는 국회의장이 추천 권한을 가지는 것으로 하자, 여당에서는 대한변호사협회가 추천하는 것으로 하자, 두 주장이 팽팽하게 맞서 있었습니다. 근데 마지막에 여당에서 특조위원장을 대한변협 추천인으로 하면 지금까지 배제했던 다른 조항들을 다 넣어주겠다는 거예요. 우리는 절대 안 된다고 했죠. 그래서 결렬돼버렸어요. 결국 국회 본회의에서 야당 단독으로 통과시키게 됐죠.

국회 본회의장에서 특별법이 통과되려고 하는데, 그때 여당 의원들이 다 퇴장해버리는 거예요.● 법안을 통과시킨 게 반갑지 않은 거죠. 분노가 일었어요. 완전히 무시당하고 외면당하는 느낌이었어요. 국회의원이 자기 소신에 따라 어떤 법에 반대할 수 있죠. 그럼 반대표를 던지면 되잖아요. 그게 국회의원의 역할이잖아요. 근데 아무것도 하지 않고 외면한 채 나가버리는 것, 적어도 이번 특별법은 그렇게 해선 안 됐어요. 그때 박탈감을 많이 느꼈어요.

여당 의원들이 퇴장한 채 통과된 법은 굉장히 불안했죠. 그래도 다른 가족들한테 내색할 수는 없었어요. 통과된 법안을 인쇄하고 분향소로 가져와 아이들에게 올리면서도 두가지 마음이 공존했어요. 뿌듯하기도 했지만, 한편으로는 미완성된 법안이기 때문에 아이들한테 미안했죠. 그래도 우리가 힘들게 싸워서 통과한 법 아니냐, 아이들한테 부끄러워하지 않아도 된다, 부모로서 할 수 있는 최선을 다했다, 충분히 자부심을 가져도 된다고 가족들한테 계속 이야기했어요. 그저 다독일 수밖에 없는 상황이었어요. 가족들이 그 추운 겨울에 온몸을 던져가면서 얻어낸 결과였으니까요.

그런데 곧 여당에서 대통령 거부권을 건의했어요. 그때 절망감

● 2024년 1월 9일, 10·29이태원참사 피해자 권리보장과 진상규명 및 재발방지를 위한 특별법이 야당 단독으로 국회 본회의에서 통과되었다. 표결 전 여당 국민의힘은 단체 퇴장 후 규탄대회를 열었다.

은 진짜 말로 다 할 수가 없었습니다. '안 되겠구나, 이 싸움이 무의미하구나' 절망감과 무력감이 오더라고요. '우리가 무엇을 하든지 저 사람들은 눈썹 하나 까딱 안 할 텐데, 그럼 우리가 할 수 있는 게 뭐지?'라는 질문이 들었어요. 이 절망감을 저만 가졌겠어요? 시간이 점점 지나고 아무것도 이루어지지 않는 상황들이 쌓이면, 가족들이 하나둘씩 집으로 돌아가버릴 거라는… 그게 제일 두려웠거든요. 더 이상은 안 된다며 한두명씩 포기해버리면 이 싸움은 끝나는 거니까요.

"다시 우리가 싸워야 해요"라고 말은 했지만, 그때는 가족들을 설득할 방법이 떠오르지 않았어요. 아무 대책이 안 섰죠. 그러다 용산 대통령실 앞에 가서 거부권 행사하지 말라는 의미로 삭발을 하기로 했어요. 나는 대표로서 무조건 삭발한다는 마음이었는데, 어머니들 중에도 삭발하겠다는 분들이 엄청 많은 거예요. 깜짝 놀랐어요. 어머니들의 타는 마음과 의지가 느껴지면서도 한편으로는 엄청 마음이 아팠습니다. 그날 다른 어머니들 삭발하는 걸 못 보겠더라고요. 안 봤어요. 그때 울음바다가 됐죠.

다음 날 삭발한 가족들을 만났어요. 다 삭발해서 모자 쓴 모습이 참 마음 아팠는데요, 일부러 마음 안 아프려고 계속 농담했어요. '어느 절에서 나왔느냐' '정말 스님 같다, 잘 어울린다' 막 농담하고. 또 어떤 가족들은 남대문시장에서 모자를 사 와 선물해주기도 했어요. 삭발이 가족들의 마음을 하나로 모으는 계기가 됐다 싶어요. 요즘은 그냥 지나가는 에피소드처럼 이야기해요. 이제는

다 원상복구!(머리를 만지며 웃음) 우리가 아이들을 위해 무언가를
했다는 자부심, 이 마음 하나로 지금까지 오지 않았나 싶어요.

#7 집에서 전해 들은 특별법 합의
끝이 아닌 또 다른 시작

갑자기 특별법을 여야가 합의하고 난 뒤에 통과시킨 건 정말
아무런 준비 없이 들이닥친 상황이었어요. 여야간 협의가 안 되
는 상황들을 수차례 겪다보니 특별법 합의는 정말 1퍼센트 가능
성조차 상상도 못했어요. 갑자기 통과되는 바람에 사실 우리 가
족들한테 질타도 많이 받았죠.

그날 제가 집에 있었어요. 갑자기 전화가 온 거예요. 지금 여야
가 특별법을 합의하기 위해 협상하려고 한다고. '어? 웬일로 갑자
기 협상한다고 그래?' 좀 의아했어요. 그전에도 협상하다가 결렬
된 적이 여러번 있으니까 믿을 수도 없었고요.

사실 여야 영수회담에서 이태원 특별법에 대해 이재명 대표가
이야기했었고 윤석열 대통령이 '압수수색에 관한 영장청구권'
이 위법하기 때문에 그 조항만 수정하면 특별법을 전향적으로 받
아들일 수 있겠다고 이야기했잖아요.* 저는 깜짝 놀랐어요. 정말

---

* 유가족들은 2024년 4월 29일 윤석열 대통령과 이재명 더불어민주당 대표의 첫 영수회
  담에서 이태원 특별법을 회담 의제로 논의해줄 것을 요구한다. 영수회담에서 윤석열

로? 그 조항만 조정하면 특별법을 받아준다고? 너무 이해가 안 돼서 그게 사실이냐고 계속 물어봤었어요. 그 뒤에 여야가 갑자기 협상한다고 한 거예요. 너무 뜬금없었죠.

다시 전화가 와서 받으니 '여당에서 제안해왔다'더군요. '영장청구권'과 '불송치 사건 및 수사중지 사건 자료 조사가능' 두가지 조항을 삭제하고, '특조위원장 추천권'을 '여야 합의'로 결정하며, 특조위 위원 활동기간을 '1년 후 3개월 연장'에서 '9개월 후 3개월 연장'하는 것으로 수정안을 제안했다는 거예요. 뭔가 좀 쎄한 느낌이 들었어요.

한번 따져보기로 했어요. 윤석열 대통령이 이야기했던 '영장청구권'은 세월호 특별법에도 있었는데 한번도 사용 못했다고 해요. 그다음 '불송치 사건 및 수사중지 사건 자료 조사가능'은 고위관료들에 대한 수사를 실상 거의 안 했기 때문에 볼 기록서 자체가 없었고요. 그러니까 둘 다 큰 의미 없는 권한인 거예요.

대신에 '특조위원장 추천'을 '여야 합의'로 하는 것은 안 된다고 판단했어요. 만약에 합의가 안 되면 계속 시간만 잡아먹으며 아무것도 안 할 테니까요. 그래서 '여야 합의'가 아닌 '여야 협의'로 하자고 했어요. 협의는 제한시간이 다 되면 의장이 결정할 수 있으니까요. 특조위 기간도 상징성이 있는 것이니 1년을 절대 양보할 수 없었어요. 무조건 1년을 지켜야 한다고 전화를 되돌렸죠.

대통령은 특별조사위원회에 영장청구권이 있는 점이 문제라고 했지만, 정작 조사위원회에는 영장청구권이 아닌 영장청구의뢰권만이 있었다.

근데 여당이 그걸 받았다는 거예요. 너무 이해가 안 되는 거죠. "받았대? 그거를? 국회에서? 진짜로 그걸 받았대?"라고 몇번을 되물어도 합의를 했다는 거예요. 그러면서 "여야 수석 부대표들이 기자회견을 준비하고 있다, 그래서 유가족만 'OK' 하면 바로 합의하고 기자회견 한 뒤 공표할 거다"라는 거예요. 그런데 답해야 하는 시한까지 20~30분밖에 없었어요. 그 안에 결정해야 했어요. 진짜 너무 고민스럽더라고요. 과연 우리 아이를 위해서 어떻게 하는 게 현명한 판단일까….

고민 끝에 "돌을 맞더라도 내가 다 맞을 테니까 결정하자"고 전화했어요. 그렇게 동의하기로 결정하고, 바로 여야가 기자회견하면서 이태원 특별법을 수정합의 하게 된 것이죠.● 그 뒤에 몇몇 언론에서 '유가족들이 직권조사를 포기하기로 했다'고 오보를 하는 바람에 가족들 사이에서 막 소용돌이가 쳤어요. 아니, 직권조사를 포기하다니! 특별법을 통해 구성하기로 한 특조위 존재 자체가 직권조사를 하기 위함인데, 그걸 포기한다는 보도가 나니까 가족들이 '이게 무슨 소리야? 특조위 안 하겠다는 이야기야?' 이렇게 돼버린 거죠. 그래서 언론사에다 정정보도 하라고 연락하고 난리도 아니었어요.

이 모든 게 하루도 아니고 겨우 몇시간 안에 벌어진 일이었어

● 2024년 5월 1일 여야는 특별법의 일부 조항을 수정해 합의했다는 기자회견을 연다. 그리하여 10·29이태원참사 진상규명과 재발방지 및 피해자 권리보장을 위한 특별법은 참사 이후 1년 6개월 만인 5월 2일 본회의에서 통과되었다. 정부는 5월 14일 특별법을 공포했다.

요. 우리가 그렇게 특별법 통과시켜달라고 호소할 때는 거부권 행사하고 꿈쩍도 안 하더니 갑자기 이러니까 나로서도 믿기지가 않는 거예요. 그렇게 합의가 되고 결정을 하고 기자회견을 한 걸 내 눈으로 보면서도 믿어지지가 않는 거죠. '이게 대체 무슨 일이지? 이게 정말 사실인가?' 언론을 통해 소식을 접한 다른 가족들도 마찬가지였을 거예요.

#8 희생자들의 공간
진상규명만이 전부가 아니다

특별법 중에서 피해자 권리 보장에 관한 조항들도 중요했어요. 가장 핵심은 추모공원과 추모 공간의 조성이에요. 우리가 죽더라도 그곳에 우리 아이들의 이야기가 남고, 있어서는 안 됐을 죽음에 대해 모두에게 알려주는 역할을 하는 곳이죠. 추모 공간이 만들어진다는 것은 정부가 잘못했다는 걸 인정하는 것과 같아요.

추모제 개최 조항도 중요하죠. 국가가 공식적으로 시행하는 추모제로서 2주기든 3주기든 더 이상 가족들이 길거리를 방황해가며 추모제를 하지 않아도 된다는 것, 이게 얼마나 의미 있는지…. 이런 부분들을 쭉 설명했더니 그제야 가족들 마음이 풀어진 거예요. '아, 다행이다' 하면서 비로소 가족들 얼굴에 웃음기가 돌더라고요.

물론 1년 6개월 동안 힘들게 싸워온 것들도 있고, 아무리 요구해도 안 되던 특별법이 하루아침에 갑자기 돼버리니까 가족들 사이에 여러 감정이 있는 것 같아요. 허탈감도 있고 믿겨지지 않는면도 있고, 약간의 불신도 있고…. 계속해서 '이게 끝이 아니다, 다시 시작이다'라는 이야기를 끊임없이 던지긴 하는데 쉽지가 않네요. 시간이 좀 걸릴 것 같아요.

그사이에 또 시청 분향소 이전 문제가 터져버리니까 엎친 데 덮친 격으로 정신을 못 차리겠는 거예요.• 특조위가 발족되고 나면 다시 달라지겠죠. 그런데 그동안에는 우리가 어떻게 해야 할까, 이런 고민을 하고 있어요. 지금까지의 과정들 중 정말 예측할 수 있는 건 하나도 없었거든요. 한치 앞도 알 수 없는 상황에서 그냥 몸으로 부딪쳐 뚫고 들어가며 왔기 때문에 앞으로 어떤 결과가 도래할지 모르겠어요. 우리 바람대로 잘될지 아니면 또 어떤 걸림돌이 우리를 막을지 판단하기 힘들어요.

만약에 특조위가 제대로 된 조사를 못하고 실패하면 '대한민국에서 어떤 참사가 생기든 밝혀낼 수 있는 건 없을 것이다'라는 무용론이 나올 거예요. 세월호도 이태원 참사도 특조위까지 했는데 밝혀낸 바가 없다면, 다른 참사가 또 일어나도 할 수 있는 게

• 시청 분향소가 설치된 뒤 서울시는 매일 43만원의 변상금을 부과했고 분향소 설치 기간이 길어지면서 변상금 금액은 1억원을 넘겼다. 유가족협의회와 시민대책회의는 참사 이후 1년 6개월의 싸움 끝에 특별법이 공포되고 특별조사위원회를 구성 중인 상황에서, 진상규명에 보다 집중하기 위해 시청 분향소 설치 499일 만인 2024년 6월 16일 서울시와 협의하여 별들의 집으로 희생자들의 영정을 이전했다.

없을 것이라는 회의론이 고개를 들겠죠. 그 때문에 나름 막중한 책임감을 가지고 있어요. 이태원 특조위를 꼭 성공시키고 싶어요. 그래야 다음에 어떤 일이 생겨도 이태원 특조위가 억울한 사람들의 앞길이 될 수 있을 테니까요.

#9 병실에서
아직도 고통과 싸우고 있는 생존자와 그 가족들

지금도 생사의 기로에 놓인 이태원 참사의 피해자이자 생존자인 분이 있어요. 이런 사실을 사람들이 알았으면 해요. 사람들은 아직까지도 버티고 있는 생존자가 있다는 건 모를 거예요. 물론 저도 그분의 이름은 잘 몰라요. 알려고 하지 않아요. 나도 그 마음을 알기 때문에…. 언론에 노출되는 것이 저도 굉장히 불편했고 힘들었기에 그 가족분들의 의견이 무엇보다 존중되어야 한다고 생각해요.

그분은 지금 퇴원해서 집에서 치료받고 있어요. 의사들 말로는 지금까지 살아계실 수 있는 것 자체가 설명 안 될 만큼 미스터리라고 하더군요. 제가 생각할 때는 그 생존자가 지금 가기에는 너무 억울한 게 있어 계속 버티고 있는 게 아닌가 싶기도 해요. 참 마음이 많이 아파요.

처음에 그분들과 연결된 계기는 병원비 때문이었어요. 그분이 오랫동안 입원해 있었는데 정부가 병원비 지원을 끊겠다고 해서 우리가 엄청 화를 냈었죠. 행안부에 항의도 많이 하고요. 한편으로는 그 가족분들에게 조금이나마 보탬이 될 수 있게끔 유가족들이 모금도 했어요. 모금을 전달하려는데 그 어머님이 만나기를 거부하시더라고요. 어머님이 거부한다면 기다리자. 계속 기다렸어요. 전화만 한번씩 하면서 우리 생각을 전달했죠.

그러던 어느 날, 그 어머님이 만날 수 있다고 연락하셨어요. 당장 병원을 찾아갔죠. 응급실에 일반인은 못 들어가니 병원 복도에서 만나뵙고 인사했어요. '크게 보탬은 못 되어도 우리 유가족들의 마음이다. 마음으로 받아달라' 하며 모금을 전달드렸죠. 어머님도 굉장히 감사하게 생각한다면서 뉴스를 통해 많이 보고 있다고 하시더라고요. 그러면서 갑자기 말문이 트이시더니 처음 본 우리를 붙잡고 막 이야기를 쏟아내셨어요. 깜짝 놀라면서도 마음 한편으로 이 어머님이 정말 어딘가에 이야기하고 싶으셨구나… 누구한테 이야기할 수도 없이 병원에서 24시간 아이 옆에 붙어 있으니 얼마나 답답했겠어요. 우리와 똑같은 마음이라는 느낌이 들더라고요.

우리도 초기에 지인이나 친척들한테 이야기 못했어요. 대화 자체를 하기가 싫어요. 말해봐야 공감이 안 되니까. 속만 더 답답하지. 어떤 사람들은 그 어머님한테 '그래도 당신 아이가 살아 있어서 다행 아니냐. 살아 있다는 것 자체로도 감사하게 생각해야지' 이런 식으로 말하더래요. 그 어머님은 그런 말을 들으면 너무너무 화가 난다고 하더라고요. '당신이 여기 와서 한달만 해보라. 그런 말이 입에서 나오나' 하는 심정이라고. 참 솔직한 심정이잖아요. 내가 아무리 부모지만 그렇게 간병하는 게 쉬운 일 아니거든요. 너무너무 힘들죠. 아이가 식물인간처럼 있는 모습을 매일매일 본다는 것, 그렇게 1년도 넘게 24시간 병실에서 버틴다는 것, 그분의 고통이 고스란히 느껴지더라고요.

　다행히 그 어머님도 우리에게 말하니까 속이 시원해졌는가 봐요. 아이 한번 보고 가겠느냐고 하시더라고요. 간호사 가면 잠시 아이 보고 가시라고…. 그분을 뵈었는데… 눈을 뜨고 있었어요. 침대에 누워 허공만 쳐다보고 있는데, 아이가 너무 고운 거예요. 어머니가 얼마나 매일 닦고 돌보셨는지 느껴지더라고요. 너무 고운 아이를 병실에서 매일 쳐다만 봐야 하는 어머니의 심정이라는 게, 그 고통이라는 게 참 얼마나 힘들까. 그 어머니는 어머니대로 자식을 먼저 보낸 우리를 위로하고, 오히려 더 우리한테 죄송하다고… 참, 이게 서로서로가…. 답답하고 갑갑하더라고요. 그 뒤에 소식을 들어보니 병원에서 퇴원하고 집으로 갔다고, 자가호흡을 한다고 하더라고요. 그 아이는 아직 버티고 있고, 정말 간절하게 우리는 그 아이가 깨어나줬으면 좋겠어요. 진짜 기적처럼 일어나줬으면 좋겠어요.

#10 이태원
다시 오지 않을 수 없는 단 하나의 이유

이태원 유가족들을 바라보면서 많은 사람들이 이구동성으로 하는 이야기가 '그래도 오래 버틴다'고 해요. 어떻게 보면 유가족들은 만나서 치유하고, 같이 이야기하면서 공감하고, 서로 부둥켜안고 울고, 마음을 해소할 수 있는 딱 그 역할만 했으면 좋겠어요. 유가족끼리 만나서 서로 아픈 마음 이야기하는 것도 많은 위로가 되거든요. 딱 그 치유까지만 유가족끼리 할 수 있으면 좋겠어요.

그런데 투쟁을 해야 하고, 싸워야 하고… 이렇게까지 가면 안 된다고 생각해요. 이게 유가족들을 정말 고통스럽게 하는 거더라고요. 진상규명 같은 것은 정치권의 역할이어야 하고, 단지 유가족들은 서로 치유할 수 있게만 하면 돼요. 근데 우리나라는 그게 아니잖아요. 가족들이 나와서 싸워야 해요, 아주 치열하게. 그러니까 더 아프고 갈등이 생기고 더 힘들어지고… 치유는커녕 고통만 야기하는 상황이잖아요. 공감력이 없는 정치인들이 너무 많더라고요. 아파해줄 줄 모르는 사람들이 과연 정치를 하는 게 맞나 싶어요. 정치가 뭡니까? 세상을 살아가는 사람들의 마음을 위로하고, 보듬고, 토닥거려가며 삶을 살아가도록 하는 게 정치죠. 우리 정치는 그 역할을 완전히 외면해버리고 외따로 있으니 참 불행한 거죠.

저는 원래 이렇게까지 나설 생각은 없었어요, 전혀. 그냥 뒤에서 조용히 서포트만 하려고 했죠. 저희 어머님도 아직 우리 아이 소식을 모르고 있기 때문에 매스컴에 노출되는 게 굉장히 부담이었어요. 그런데 일을 하다보니… 내 의지로 되는 게 아니에요. 어떤 사람들은 제게 다른 유가족들을 위해 봉사하는 마음으로 해줘서 고맙다고 이야기해요. 그런 말을 들으면 나는 굉장히 화를 내요. '봉사하는 마음 같은 거 단 1퍼센트도 없다, 그건 오히려 모욕감을 느끼게 하는 말이다.' 내가 그렇게 품이 넓은 사람이 아니에요. 봉사하는 마음으로 나온 거라면 벌써 그만두고 돌아갔을 거예요. 아직도 내가 버티고 있는 이유는, 오로지 내 아이의 일이기 때문이에요.

다만 지금은 제 개인의 마음으로 슬퍼하거나 아파할 시점이 아닐 뿐이죠. 저도 많이 무너져요. 지금도 이태원에 가면 무척 아파요. 왜냐하면 저는 그곳에 우리 아이가 누워 있는 걸 직접 눈으로 봤기 때문에… 가면 굉장히… 그날 생각이 나서 힘들고 아픈데…. 근데 언제까지 아프다고 외면할 거예요. 피하고만 있을 수 없잖아요. 그런 마음으로는 싸울 수가 없어요. 정부라는 이 거대한 권력과, 그런 마음을 가지고는 싸울 수가 없는 거예요, 절대.

그러니까 저는 내 마음을 다그치고 이겨내야 해요. 이 싸움에서 제대로 승리하기 위해서는 이겨내야 한다고, 계속 내 마음에 채찍질하고 있어요.

놀러 간 아이는
길에서 죽어도 되는 건가요

김산하씨 어머니
신지현씨 이야기

이태원 참사 후 6개월이 채 지나지 않았을 때 작가기록단에서 산하 엄마를 인터뷰한 적이 있었다. 당시 산하 엄마는 기록자를 향해 이렇게 말했다.

"우리 산하는 이태원에 놀러 간 게 맞아요. 그게 왜요?"

2024년 6월, 나는 그 한마디를 다시 듣기 위해 산하 엄마를 만나러 부산으로 갔다. 인터뷰 장소는 산하 엄마의 중개사무소였다. 내가 사무소에 들어서자 산하 엄마는 아이스 아메리카노를 내어주고 산하에 대한 기억이 흐릿하다는 염려와 함께 선풍기를 내 쪽으로 돌려주었다. 그러고는 자리에 앉자마자, 내가 노트를 펴기도 전에 이야기를 시작했다. 산하에 대한 기억은 그후 한참이 지나서야 산하 엄마에게서 풀려나왔다.

산하 엄마는 산하를 낳고 키운 지역에서 여전히 살고 있다. 아침에 집을 나서면 어린 산하와 손잡고 걷던 산책로가 나온다. 엄마는 산하가 다니던 유치원을 지나, 산하가 좋아하던 빵집을 지나, 산하가 아르바이트하던 식당을 지나 일터로 출근한다. 엄마는 하루 종일 다섯살 산하를 만나고, 초등학생 산하를 만나고, 중학생, 고등학생, 대학생 산하를 만난다. 엄마는 이 모든 산하를 기억하고 싶지만 동시에 기억하고 싶지 않다. 기억이라는 것이 산하를 이 비겁한 세상에 붙잡아두려는 엄마의 욕심만 같기 때문이다.

산하 엄마는 산하에 대한 이야기를 하다가 자주 말을 멈추었다. 그때마다 엄마는 자신의 감정을 헤아리고, 산하의 마음을 깨달았다. 잠깐의 침묵이 눈물로, 흐느낌으로 이어졌다. 산하 엄마의 이야기는 산하가 엄마를 얼마나 사랑했는지에 대한 발견이자 산하에게 미처 다 주지 못한 사랑을 꾹꾹 눌러 담아 전하는 고백이다.

작가기록단 홍세미

무슨 말을 해야 할까요? 저는 산하가 지금도 어디선가 자기만의 생활을 누리고 있을 것 같아요. 우리 아이가 참사 전에 "엄마, 나 요즘 새벽 수영을 다니는데 이제 접영을 배워"라고 했었거든요. 제가 최근에 수영을 시작했는데, 수영장에서 산하 또래 아이를 보면 우리 아이도 접영을 다 익혀서 어디선가 하고 있을 것만 같아요. 병원 침대에 누워 있던 아이를 내 눈으로 봤고 사망 처리도 했으니까 아이가 세상에 없다는 걸 머리로는 아는데, 아침에 눈을 뜨면 오늘도 어디엔가 산하가 있을 것 같아요. 우리 아이의 시간은 이제 끝났는데… 저의 시간은 계속 이어지고 있네요.

결국 나를 원망하게 돼요

이태원 참사 다음 날 아침 10시에 산하 아빠한테 전화가 왔어요. 산하가 연락이 안 된다고 혹시 산하가 이태원에 간 거 아니냐고 걱정하더라고요. 저는 그럴 리 없다고 대답했어요. 전날 이태원에서 사고가 났다는 뉴스를 보면서도 산하가 거기 있을 거라고는 상상도 못했으니까요. 그런데 몇분 후에 산하 아빠한테 다시 전화가 왔어요. 산하 전화를 용산경찰서에서 받았다고요. 남편이 당장 서울에 가야 한다고 하길래 잠시만 기다리라고 하고, 산하에게 주려고 사둔 밥솥이랑 서큘레이터를 찾았어요. 서울에서 자취하는 산하가 필요하다고 한 것들이었어요. 남편이 도대체 뭐 하는 거냐고 화를 냈죠. 나는 산하가 어디 살짝 긁혀서 병원에 있을 거라고만 생각했어요. 서울로 올라가는 고속도로에서 산하 친구들 한명 한명에게 다 연락을 해봤어요. 산하의 친한 친구가 산하와 같이 이태원에 갔다는 친구와 연락이 닿았고, 그제야 산하가 그날 이태원에 있었다는 걸 확실하게 알게 되었어요. 오후 1시 15분쯤, 서울에 거의 도착했을 때 경찰서에서 전화가 왔어요. 산하가 사망했고 병원에 있다고요. 바로 순천향대병원으로 갔더니 경찰이 한 침대로 안내하더라고요. 같이 간 산하 친구가 침대 옆의 옷가지를 살펴보더니 산하가 맞다고, 가방이랑 옷이 산하 것이 맞다고 하더라고요. 가방을 열어보니 산하 소지품하고 신분증이 나왔어요. 산하 얼굴만 보고는 산하인지 모르겠더라고요. 얼굴이 너무 많이 부어서 우리 딸이 아닌 것 같더라고요.(눈물)

　장례를 치르고 산하 자취방을 정리하려고 갔는데요. 산하가 아끼는 검정 가방이 없는 거예요. 그날이 마침 유류품을 찾아가는 마지막 날이었어요. 오후 늦게 체육관(원효로다목적체육관)에 전화를 해봤어요. 김산하 가방을 찾고 있다고 이러이러한 가방이 있느냐고요. 전화 끊은 지 5분이 채 안 되어서 가방을 찾았다고 연락이 왔어요. 산하가 가방을 두개 가지고 나갔던 거예요. 전화를 끊자마자 가방을 찾은 걸 보면 사망자별로 유류품을 정리해둔 것 같았어요. 바로 가방을 가져와 확인해보니까 가방 안에 신분증도 있고 신용카드도 있었어요. 신용카드만 조회해도 개인정보가 다 나오잖아요. 참사 초기에 정부는 사망자 분류가 안 됐다면서 유가족들에게 다른 유가족의 정보도 안 주고 그랬는데, 내부적으로는 정보가 다 정리된 것 같았어요. 유가족에게 유류품을 바로 인계할 수도 있었을 텐데 연락이 온 사람한테만 전달한 거잖아요. 어떻게든 빨리 폐기해버리고 싶었던 것 같아요. 산하 가방을 찾고 나서 이태원 참사 현장에 갔어요. 현장에 가보고 싶었어요. 우리 아이가 아직 그곳에 머물러 있을 것만 같았어요. 엄마가 왔다

고, 늦었지만 엄마가 왔다고 알려주고 싶었어요.(눈물)

아이가 그렇게 되고 주변 사람을 원망하게 되더라고요. 돌아가신 친정아버지를 제일 먼저 원망했어요. 산하 안 지키고 도대체 뭐 했느냐고 속으로 얼마나 탓했는지 몰라요. 나중에는 우리 딸을 원망해요. 엄마를 두고 어떻게 그렇게 갈 수 있냐고. 그러다가 산하가 사는 게 너무 즐겁다고, 서울이 재밌다고 환하게 웃으며 했던 말들이 떠올라요. 그 아이에게 무슨 죄가 있겠어요. 결국에는 나를 원망해요. 산하 네가 내 배 속에서 나와서 이런 일을 당하는가보다 하면서.

놀러 갔으면 그렇게 죽어도 되는 건가요

저는 '놀러 가서 죽었다'는 말이 너무 화가 나요. 놀러 갔으면 길에서 그렇게 죽어도 되는 건가요? 우리 모두 일상에서 놀러 가잖아요. 꽃놀이도 가고 유원지에도 놀러 가잖아요. 놀러 가서 죽었다는 건 상황을 왜곡하는 말일 뿐이에요. 그날 이태원에 놀러 간 사람들 모두 살 수 있었어요. 인파 때문에 압사당할 것 같다고, 살려달라고 경찰에 수차례 연락했는데 그때 경찰은 뭐 하고 있었나요? 밤 9시 10분에 사람들이 살려고 골목에서 빠져나왔는데 경찰이 차도 확보한다는 이유로 다시 골목으로 밀어 넣었죠.* 그게 국가 책임 아닌가요? 그때 사람들을 인도로 올리라고 명령한 책임자를 너무 알고 싶어요. 그때 차도 하나만 터줬어도 다 살았을 거예요. 그런 일은 없었을 거라고요. 다 떠나서 실내도 아니고 길에서 압사하는 게 말이 돼요? 건물이 무너진 것도 아니고 땅이 꺼진 것도 아니고 위에서 뭐가 떨어진 것도 아니고 그 좁은 골목에 사람이 얼마나 많았으면… 압사가 말이 되냐고요.

병원에 우리 아이 확인하러 갔을 때 아이 몸 위로 흰 천이 덮여 있었거든요. 천에 피가 묻어 있었어요. 침대 바로 옆에 남자 경찰이 두명 있었는데, 아이 얼굴을 확인하고 아이 몸도 살펴보고 싶어서 천을 젖히려고 하니까 막더라고요.

"보시면 뭐 하시겠어요? 마음만 아프지."

"우리 아이한테 피가 났는데요?"

"눌려서 피가 난 겁니다."

정말 젖히고 싶었는데 무서워서 젖히질 못했어요. 그때 그 천을 못 젖힌 게 너무너무 후회돼요. 어떤 아이한테는 칼자국이 있었다잖아요. 우리 아이한테도 그런 상처가 있을 수도 있었는데 확인을 못 했어요. 그때는 그래야 하는 건 줄 알았어요. 그렇게 산 하를 보낸 게 많이 후회가 돼요. 우리 아이 다 훑어볼걸. 엄마가 멍청하지.(큰 소리로 울면서) 엄마가 너무 미련해서 사람들이 지켜보는 데서만 애를 볼 수 있는 건 줄 알았어요. 우리 애도 성인이니까

● 참사 당일 용산경찰서 112 무전망 기록에 따르면, 당시 경찰은 인파가 급격히 불어난 현장 상황을 인지하고도 골목길 압사에 대비해 통로를 만들어내기보다는 해밀톤 호텔 앞 차도로 나오는 인파를 인도로 다시 올리는 데에 집중했다.

성인 남자들 앞에서 천을 젖히는 게 아이에게 모욕적이라고 생각했어요. 엄마가 멍청해가지고, 엄마가 왜 이렇게 멍청해가지고. 엄마가 우리 산하 얼마나 보고 싶었는데, 죽은 아이에게 모욕을 준다 싶어서 내가 그 천 하나를 못 젖히고….

(작은 목소리로) 우리 산하가 한번씩 제 꿈에 와줘요. 정말 예쁜 모습으로 와요. 제가 알고 있는 가장 사랑스러운 모습으로요. 그런데요, 꿈에서 저는 아이가 죽은 걸 알고 있어요. 애한테 말 한번을 못 걸어요. 숨어서 애를 지켜보고만 있어요. '왜 왔지? 너는 이제 세상에 없는데' 하면서요. 그런 의식 없이 산하를 만나고 싶어요. 아이한테 잘 지내냐고 물어보고 싶은데 아이가 더는 이세상 사람이 아니라는 걸 내가 너무 잘 알아. 꿈속에서라도 "엄마, 나 왔어" 그 소리가 듣고 싶은데 입이 안 떨어져요. 꿈속에서 나는 아이의 표정을 살피기만 해요. 산하가 자기가 죽은 걸 알고 있을까봐.(눈물)

이제는 엄마 꿈에 오지 말라고 할까봐요. 보고 싶은 건 내 욕심이지. 우리 딸이 더 좋은 엄마 아빠 밑에 다시 태어나서 넘치게 사랑받고 있을 거라 생각해요. 옛날에 그런 말 있잖아요. 누가 꿈에 나오면 그 사람에게 안 좋은 거라고. 보고 싶은 건 내 욕심이니까, 우리 딸이 새 인생을 얻었다면 아무 고민도 걱정도 하지 말고 뒤돌아보지 말고 잘 떠났으면 좋겠어요.

산하한테 미안해서 어떡해요

장례 치르는 동안 산하 아빠는 상주실에 박혀서 핸드폰만 봤어요. 산하에게 도대체 무슨 일이 일어난 건지 계속 알아보는 것 같았는데, 아마 산하 아빠는 그때부터 산하를 위해 싸워야겠다고 결심했을 거예요. 장례 치르고 일주일 정도 지나서 산하 아빠가 서울에 가겠다고, 민변에서 유가족 소식을 모으고 있다고 이야기하더라고요. 저는 정치라고는 하나도 몰랐거든요. 그래서 어떤 일이 벌어질지 알지도 못하면서 무작정 가지 말라고 말렸어요. 국가를 상대하는 일이다, 이길 수 없는 싸움이다, 하면서요. 산하 아빠도 처음부터 대단한 정의를 기대한 건 아닐 거예요. 다만 목소리를 내고 싶어서였겠죠. 저는 질 걸 알고 시작하는 전쟁이라고 생각했어요. 결국 우리 가족만 피폐해지고 말 거라고요.

산하는 아기 때부터 참 순했어요. 어릴 때 엄마가 동생하고만 잔다고, 자기도 엄마랑 자고 싶다고 잠투정처럼 말했던 게 아직도 기억이 나요. 떼를 쓰거나 짜증을 내는 법이 없었죠. 산하에게 네살 차이 나는 남동생이 있어요. 둘째는 어릴 때부터 기침을 심하게 하고 폐가 안 좋았어요. 병원에 가면 천식이라고 했다가 폐렴이라고 했다가… 뭐가 됐든 잘 낫지 않았어요. 입원도 수시로 하고요. 지금 생각하면 가습기 살균제 때문이었던 것 같아요. 가습기를 안 쓰면서부터 상태가 많이 좋아졌거든요. 둘째가 항상 아프고 자주 입원하니까 조마조마하면서 키우느라 산하한테 신경을 많이 못 썼어요. 맨날 산하한테 '너는 누나잖아. 네가 나이가 더 많잖아. 동생한테 양보해' 이렇게만 말했던 것 같아요. 산하가 또래보다 몸집이 작았거든요. 그 조그마한 애가 혼자 초등학교에 가는 뒷모습도 기억이 나고…. 그렇게 작디작은 애한테 '너는 누나다, 누나다' 했던 게 너무 미안해요. 다그치기만 하지 말고 시도 때도 없이 안아주고 더 자주 들여다보고 요즘은 어디를 가고 뭘 좋아하는지 더 많이 물어볼걸 그랬어요. 산하를 떠올리려고 하면 내가 그 아이를 잘 모른다는 생각만 드니까 괴로워요.

산하 아빠가 처음 유가족 모임을 하러 서울에 갈 때 저한테 같이 가자고 했어요. 제가 안 간다고 했더니 아들을 데리고 다녀왔어요. 참사 무렵에 둘째가 막 제대했었거든요. 저는 아들이 스물한 살밖에 안 됐는데 나라에 대한 불신으로 인생이 송두리째 흔들릴까봐 겁이 났어요. 그래서 안 되겠다 싶어서 그 다음부터는 제가 산하 아빠와 같이 서울에 오갔어요. 산하를 위해서가 아니라 아들을 보호하려는 마음으로 한 일이죠. 아들은 힘들고 모진 걸 안 봤으면 싶었어요. 세상이 얼마나 잔인한지 모르고 철없이 살았으면 좋겠다고 생각했어요. 이런 고통과 슬픔은 부모의 몫이지 그 애의 몫은 아니니까요. 아, 저는 그때마저도 우리 딸보다는 남아 있는 둘째 생각을 했었네요.(가슴을 치며) 제가 그때 그랬었던 걸 지금 말하면서 알았어요. 저 산하한테 미안해서 어떡해요.(눈물)

이제 우리는 10·29 엄마들

어느 날은 내가 지금 투쟁 덕분에 살아 있나 하는 생각도 들어요. 슬픔으로 뭉쳐 있던 시간들이 유가족들을 만나고 길거리에서 집회와 투쟁을 하면서 조금씩 풀려갔어요. 유가족 중에서 누가 그러더라고요. 당연히 힘들겠지만 자기 자신을 방치하지 말라고요. 그 말이 굉장히 와닿았어요. 해야 할 일이 있었기에 스스로를 방치하지 않을 수 있었어요. 어제는 간담회 가고 오늘은 기자회견 가야 하고 내일은 여의도에서 행진해야 하고… 투쟁하면서 스스로를 챙기게 된 것 같아요.

2023년 여름에는 도보행진(10·29 이태원 참사 유가족들과 함께하는 릴레이 걷기)에 참여하기 위해 다른 유가족들과 광주광역시에 두번 다녀왔어요. 당시 광주에서 매주 시민들이 이태원 참사를 알리는 피켓을 들고 도보행진을 하고 있었어요. 그곳에 갈 때마다 가로수 나뭇잎 색이 달라져 있어서 곧 있으면 가을이 오겠구나 싶었죠. 광주에서 5·18 희생자 가족도 만났어요. 30년 동안 유가족 운동을 하신 분들이더라고요. 국가를 상대로 진실을 밝히는 일이 얼마나 길고 긴 싸움인지 새삼 알게 된 계기였고, 우리도 할머니가 될 때까지 싸워야 하겠구나 싶었어요. 그분들도 정부에게 사과를 받기까지 굉장히 오래 걸렸고, 광주민주화운동이라는 역사적 진실을 인정받았는데도 아직까지 5·18 희생자를 모욕하고 매도하는 사람들이 있잖아요. 5·18 유가족들의 이야기를 듣는데 숨이 딱 골라지면서 머릿속이 분명해졌어요. 5·18 유가족처럼 이제 나도 10·29 엄마구나, 투쟁을 피할 수 없겠구나 깨달았죠. 그래서 유가족협의회 언니들한테도 "언니, 이제 우리는 10·29 엄마들이 야"라고 우스갯소리처럼 이야기했어요.

광주학동 참사 유가족들이 힘들다는 이야기도 들었어요. 유가족 수도, 연대하는 시민도 적다고 하더라고요. 밧줄이 온몸을 칭칭 동여맨 것처럼 가슴이 답답하고 숨이 잘 안 쉬어질 때도 유가족끼리 만나서 거리를 걷고 욕도 하다보면 밧줄이 잠시 느슨해지면서 숨통이 트이고 견딜 만해지거든요. 광주학동 참사 유가족들도 너무나 억울한 일을 당했는데 그 힘듦이 얼마나 깊겠어요. 너무 안쓰러워요.

참사 직후에 유가족협의회를 만드는 과정에서 다른 엄마들과 대화를 나누는데, 다들 아이와의 추억도 많고 아이에 대한 깊고 애틋한 마음을 곧잘 이야기하더라고요. 저는 그때까지만 해도 우리 산하에 대한 특별한 기억이 떠오르지 않았어요. 우리 아이에 대해 깔끔하게 정리해서 이야기하지도 못했고요. 사람들 앞에서 말하는 것 자체가 어려웠죠. 몇 글자 써보려고 해도 다 표현이 안 되더라고요. 언어가 모자란 느낌이었어요. '내가 머릿속에 든 게 없어서 언어로 표현이 안 되는 건가?' 하는 생각도 들었어요. 다른 분들은 어떻게 저렇게 정돈된 말로 이야기를 잘하시나 부럽기도 했죠. 그래도 시간이 지나면서 말할 기회가 생기면 그냥 생각나는 대로 다 말했어요. 아주 쉽고 단순한 말로요. '그래, 나 평범한 동네 아줌마인 거 인정하고 나 같은 동네 아줌마들이 알아듣기 쉽게 말해야겠다'라는 생각으로 그랬어요.

그러니까 주저하던 다른 엄마들도 조금씩 변하더라고요. 한명씩 용기를 내서 단상에 올라가요. 엄마들 발언하는 모습을 보면 가슴이 벅차요. 우리의 투쟁이 곧 아이의 억울함을 세상에 알리는 일이니까 아이를 위해 뭐라도 해주고 있다는 느낌이 들어요. 참사 이후에 항상 속이 너무 뜨거웠어요. 용광로처럼 끓어올랐어요. 끓어 넘치는 슬픔과 분노를 어떻게 전해야 하나, 일어나서는 안 되는 일로 우리 아이가 세상을 떠나버리게 되었는데 이 일을 어떻게 알려야 하나 많이 고민했어요. 그 감정들을 잊지 않으려고 무진 애썼던 것 같아요.

그렇다고 유가족끼리 만나 매일 투쟁만 하는 건 아니에요. 부산 유가족끼리는 두달에 한번씩 모여 서로 잘 지내는지 안부나 묻고 얼굴 보고 웃으면서 이야기해요. 별 얘기는 안 해요. 그냥 이웃 만나듯 수다 떨다가 와요. 참사 유가족에게는 이런 관계가 가장 중요한 것 같아요. 우리가 겪은 일은 다른 누구한테 털어놓기에는 너무 무거운 얘기거든요. 웃으면서 얘기해도 결국 눈물이 맺히거든요. 우리끼리는 누가 울어도 울든가 말든가 "또 우네?" 이러면서 막 놀리고 말아요.

제가 처음에는 유가족 운동을 안 하고 싶었다고 했잖아요. 그런데 추모제 하고 행진하고 집회하고 투쟁하면서 우리 산하에 대한 죄책감이 조금씩 덜어지니까 생각이 점차 바뀐 것 같아요. 산하한테 조금은 당당해지고, '엄마 오늘도 열심히 했어. 잠깐만 동생 보고 올게. 엄마가 죽으면 그때는 오롯이 너의 엄마 할게. 그러니까 지금은 네가 좀 이해해줘' 혼자 이런 생각을 하죠. 제가 발이 안 좋거든요. 잘 못 걸어요. 절도 잘 못 해요. 그래도 그런 자리에서 같이 목소리를 내고 싶어요. 힘을 보태는 게 아니고 같이 힘을 내는 거예요.

빈 영정 뒤에도 희생자가 있어요

올해 6월 천안 아리셀 화재 참사 때 뉴스를 보는데 뭔가 이상하다는 느낌이 들었어요. 처음에는 무엇 때문에 그런 느낌이 드는지 몰랐는데 보다보니 알겠더라고요. 화재 참사 분향소 제단이 비어 있었어요. 희생자 영정사진도 위패도 하나 없이 국화꽃만 늘어놓은 제단이었어요. 이태원 참사 때도 국가가 만든 분향소 제단에 국화꽃만 있었잖아요. 이태원 참사가 그런 식으로 희생자를 감춰버리는 분향소의 전례가 되어버린 건가 싶었어요. 하지만 이태원 참사 때 유가족과 시민은 국가가 만든 분향소를 거부하고 서울시청에 따로 분향소를 설치하고 영정사진과 위패를 두었죠. 희생자 가족과 연락이 닿지 않거나 가족의 동의를 얻지 못한 희생자를 위해서는 사진 대신 국화꽃을 그린 액자를 올려두었어요. 사진은 없어도 희생자가 있다는 의미였죠. 희생자의 수만큼 영정과 위패를 세우고 우리는 기억해야 해요. 그 영정과 위패 하나하나에 구체적인 사람과 삶이 깃들어 있다는 걸요. 그런데 윤석열이라는 사람이 또 제단을 비워버렸잖아요. 이태원 참사를 전례로 만들어버렸잖아요.

2022년 11월 22일에 유가족 기자회견을 처음 했었거든요. 유가족협의회가 만들어지기 전이에요. 저는 그런 자리가 처음이기도 하고 원래 어디 가서 말을 잘 못하는 사람인데 그날은 말을 안 할 수가 없었어요. 정부에서 처음 만든 분향소, 영정사진도 없이 꽃만 둔 그 분향소에 대해서요. 누가 그렇게 해달라고 했어요? 그게 뭐야? 자기네들 드라마 세트장이잖아요. 기자회견장에서 아무도 그 분향소 얘기를 안 하더라고요. 마이크 잡고 제가 이야기를 했어요. 대통령이라는 사람이 허연 꽃밭만 차려놓고 자기네들끼리 무슨 국가애도기간이라면서 입막음하고 단순 사고로 묻어버리려고 하고…. 누가 그렇게 해달라고 했냐고, 똑바로 하라고 이야기했어요.

유가족협의회 창단식을 그 다음 주에 했는데요. 그사이 언론과 정치인들이 이태원에 놀러 간 청년들이 잘못했다는 분위기를 만들었죠. 창단식에서 유가족들이 자기 아이가 얼마나 바른 아이였는지 죄인처럼 변명을 해요. 저는 그게 너무 싫었어요. 우리 아이는 이태원에 일하러 간 거다, 공부도 정말 잘했다, 성실한 아이였다, 그런 걸 증명하는데… 그렇게 얘기하는 엄마들이 너무 안 됐고 그 상황을 견딜 수가 없었어요. 그때 저는 우리 아이는 하고 싶은 게 굉장히 많은 아이라고 이야기했어요. 산하는 왜 이렇게 집에 늦게 들어왔냐고 물어보면 "엄마, 꼭 해보고 싶은 것들을 하고 왔지"라고 대답해주던 아이예요. 코로나가 한창 유행일 때 마스크 꼭 쓰고 다니라고 하면 "엄마, 서울 너무 재밌어. 나는 하고 싶은 게 많아서 빨리 허망하게 안 죽어. 걱정하지 마"라고 이야기해주던 애란 말이에요. 자기가 하고 싶은 거라면 꼭 하고야 마는 아이. 그게 생각이 나가지고 우리 딸은 하고 싶은 거 많고 도전하는 거 좋아하는 아이라고, 허망하게 죽진 않을 거라고 말하던 아이라고 이야기했어요. 설사 아이가 문제아여도 내 새끼니까 나한테는 보석인 거예요. 나한테는 존재만으로도 행복이고 귀한 거라고요. 그렇게 소중한 아이들을 어처구니없이 떠나보낸 것도 억울한데, 왜 아이들 탓을 하며 또 상처를 줘요? 왜 희생자와 유가족이 변명을 하고 움츠러들게 만들어요? 어떤 아이들이든 안전하게 살아갈 수 있도록 하는 게 국가가 하는 일 아닌가요?

참사마저 비교하는 사회

첫번째 유가족 모임에는 산하 아빠랑 아들이 갔고 두번째 모임부터는 제가 일주일마다 산하 아빠랑 같이 갔어요. 갈 때마다 듣게 되는 아이들의 죽음이 다 달랐어요. 저는 우리 아이가 어떻게 떠났는지 몰라요. 다른 유가족 얘기를 듣고 집으로 돌아오면 우리 아이의 마지막도 그랬을까 하는 생각에 일주일 동안 마음이 너무 안 좋아요. 그다음 주에 가면 또 다른 증언이 나오고, 가슴이 다시 철렁 내려앉죠.

원인 없는 죽음이 없잖아요. 사고면 사고, 기저질환이면 기저질환, 다 원인이 있잖아요. 그런데 이태원 참사는 밝혀진 원인이 없어요. 모임에 갈 때마다 억울함이 계속 불어나서 더 열심히 가게 됐어요. 그렇게 부산과 서울을 오가며 한주 한주 보내다가 투쟁에 확 들어가게 됐죠. 카메라 앞에서는 울면서 사퇴하겠다고 해놓고 국정조사 때는 거짓말했던 책임자들, 국회의원들의 막말에 더 오기가 생겼어요. 너희들을 이길 수 없겠지만 난 꿈틀이라도 해야겠다고, 아프다고 소리는 질러야겠다고 생각했죠.

민주당이 비공개로 진행했던 유족 간담회 때를 잊을 수 없어요. 당시 어느 민주당 국회의원이 한 말이 정말로 큰 상처였어요. 그 사람에게는 별말 아니었겠지만, 저는 그 한마디가 가슴에 탁 박혀서 화장실에서 혼자 엄청 울었거든요. 그 사람이 그랬어요. "이태원 참사 유가족들도 더 노력을 하셔야 됩니다." 그 비슷한 말을 기자들한테도 들었어요. "세월호 엄마들하고는 다른 것 같아요. 덜 억울한가 봐요." 시민들도 세월호 참사랑 비교해서 이야기할 때가 있어요. "세월호 때처럼 해봐요" 하고요. 우리와 연대하는 시민들도 답답하니까 그런 말을 하는 거겠죠. 나쁜 의도로 하는 말이 아니라는 건 알아요. 그런데 세월호 참사와는 상황이 다르잖아요. 세월호 참사는 처음부터 온 국민의 관심 속에 있었지만 이태원 참사는 참사 당일부터 정부가 국민들이 참사에 대해 알 수 없게 만들었어요.

변명처럼 들리겠지만 우리는 세월호 참사 때처럼 할 수가 없어요. 우리는 외부에 알려지지 못했어요. 참사가 일어나자마자 정부는 참사가 아니라 사고라면서 책임을 회피하고 희생자들을 '놀러 가서 죽었다'는 비난 속에 방치했잖아요. 유가족협의회를 꾸릴 즈음엔 정부의 방치와 방해, 거짓말로 유가족이 할 수 있는 일이 많지 않았어요. 바깥에서 우리를 보는 시민들은 유가족이 아무것도 안 하고 있다고 생각하실 수 있어요. 우리끼리는 이태원 엄마 아빠들이 세월호 엄마 아빠들이 투쟁할 당시보다 나이가 많아서 힘이 부족한 거라고 농담 반 진담 반으로 얘기하기도 해요. 하지만 우리는 할 수 있는 모든 최선을 다 하고 있어요.

우리나라는 참사마저 비교를 해요. 국회의원이라는 사람이 유가족에게 좀더 열심히 투쟁하세요, 아이들을 위해 노력하세요, 이런 뉘앙스로 얘기하는데 미치겠더라고요. 당사자들만 이렇게 괴롭고 막막하고 아픈 거구나라는 생각도 들고요. 시간이 갈수록 우리끼리 더 단단히 뭉쳐야만 한다는 걸 깨달았어요. 부부 사이도 싸우기 귀찮아서, 안 바뀔 것 같으니까 모른 척 지나쳐온 문제들 때문에 결국 제자리걸음을 하잖아요. 사회도 마찬가지예요. 정말 사회가 변하기를 원하면 스스로 문제에 부딪치고 변화를 위해 움직여야 해요. 바뀌지 않을 거라고 체념하고 아무것도 하지 않으면 당연히 변화는 오지 않아요. 그리고 그건 자신의 선택인 거죠. 그런 선택이 쌓이고 쌓여 또 다른 참사가 일어나고 이 나라를 무책임하게 만든 거잖아요. 소리라도 질러야 해요. 유가족협의회에서 다른 유가족과 함께 투쟁하면서 이렇게 생각이 바뀌었어요. 당신들이 알든 모르든 나는 목소리를 내겠다고요.

예전에 저는 뉴스에서 일기예보나 사회면 정도만 확인하는 사람이었어요. 이제는 무슨 상황인지 정확히는 몰라도 정치 뉴스를 꼭 챙겨 봐요. 그리고 이태원 참사 유가족 신분으로 여러 집회에 연대하면서 우리나라에 시민단체가 다 세기 어려울 정도로 많다는 것도 알게 됐어요. 2023년 여성의 날 집회에 갔을 때는 여러 시민단체와 만나며 억울한 사람들이 이렇게나 많다는 거에 놀랐어요. 정치인들이 책임감 있게 나라를 돌봤으면 그 많은 사람들이 거리에 나와 고생할 이유가 없잖아요. 참사 유가족뿐만 아니라 각자의 이유로 외롭고 아프고 괴로운 사람들의 이야기를 들으며 약한 사람들끼리 연대해야 한다고 생각하게 됐어요. 각자가 속한 단체보다 더 큰 단체가 될 수 있잖아요. 그럼 더 큰 영향력과 힘을 발휘할 수 있잖아요.

이제 저는 투쟁과 연대가 일상이에요. 이런 일을 피하면 안 되겠더라고요. 용기를 내서 조금씩 앞으로 나아가다보면 시간이 걸리더라도 우리의 목소리는 누군가에게 닿고 언젠가는 사회가 달라질 거라고 생각해요. 그러니 많은 사람들이 이태원 참사 유가족들이 해나가는 일을 관심 있게 지켜봐줬으면 좋겠어요. 이렇게 말하고 싶지 않지만, 참사는 또 일어나겠죠. 그때 반드시 우리가 쓰일 거예요. 지금 우리가 하는 노력이 훗날 누군가에게 길잡이가 될 거라고 믿어요. 우리가 세월호 참사 유가족을 보고 배우는 것처럼요. 물론 그런 참사가 다시는 일어나지 않는다면 가장 좋겠지만요.

자랑스러운 내 딸에게 전하지 못한 한마디

참사 1주기 전 여름부터 마음이 무거워지기 시작했어요. 가로수 잎에서 초록이 빠지는 게 보일 때부터 덜컥 겁이 나더라고요. 산하 생일이 11월 20일이거든요. 1주기 보내고 나서 산하 생일 때는 정말 많이 힘들었어요. 마음을 다잡으려고 노력했죠. 우리 딸이 이미 좋은 데 가 있는데 울 필요 없다고 생각하면서. 미역국 맛있게 끓여서 딸이 좋아하는 고기랑 같이 가족들이랑 먹었어요. 우리 산하가 좋은 곳에 가 있을 거라고 말은 하지만, 사실 산하를 잊어버릴까봐 겁이 나요. 잊어버릴까봐, 잊혀질까봐 무서워요.(눈물) 나한테 그렇게 고운 딸이 있었는데, 그걸 잊을까봐.

산하에 대한 이야기를 할수록 내가 산하를 사랑했던 것보다 산하가 나를 더 사랑했던 것 같아요. 산하가 고등학생 때 엄마는 꿈이 뭐냐고 물어봤어요. 그때 내가 대답을 제대로 못했거든요. 그런 거 생각 안 해보고 살았으니까. 애들 키우면서 내 꿈이 뭔지 고민해본 적 없으니까. 지금 생각해보면 산하가 그렇게 물었던 건 엄마가 꿈을 가지고 살아줬으면 좋겠다는 응원이었던 것 같아요. 어디서 이런 말을 들었어요. 아이들이 엄마 아빠를 선택해서 오는 거라고요. 혹시라도 산하가 다음 생에도 나한테 와서 똑같은 일을 당할까봐 너무너무 무서워요. 사는 게 정말 재밌다고, 앞으로 할 게 정말 많다고 하던 애가 다음 생에는 자기가 하고 싶은 거 다 해봐야 될 텐데 나한테 또 와서 이번처럼 다시 억울한 일을 당하면 어쩌지, 이런 걱정을 많이 해요.

우리 산하가 어떤 아이였냐고 물으셨잖아요. 이 질문에 답하는 게 참 어려워요. 우리 아이와 함께한 시간은 당연한 일상이었어요. 산하는 유별나게 속 썩이는 일 없이 자란 평범한 아이였기 때문에 특별히 기억나는 일이 많이 없어요. 산하는 자기 할 일은 늘 스스로 똑바로 잘해서 부모가 이래라 저래라 할 게 없었어요. 다른 집은 아이들이 사춘기 때 화장이나 옷 입는 거 가지고 다툼이 많았다고 하던데 저랑 산하는 한번도 그런 일로 싸운 적 없어요. 내 새끼니까 예뻤어요. 뭘 하든 다 예뻤어요.

산하가 어릴 때부터 하고 싶은 대로 하게 됐던 것 같아요. 학원도 아이가 가고 싶다고 하면 보냈어요. 어디든 한번 다니기 시작하면 꾸준히 다니는 아이였어요. 산하가 고등학교 1학년 때 학교를 그만두고 프랑스에 공부하러 가고 싶다고 한 적이 있어요. 산하가 프랑스 영화를 좋아했거든요. "엄마, 나 학교 그만두고 프랑스로 유학 가고 싶어. 고등학교 자퇴하고 방송통신고등학교에서 공부하면서 검정고시로 졸업하고 프랑스문화원에서 프랑스어 공부하면서 준비하면 될 것 같아." 딱 이렇게 말하는데, 이미 자신의 진로를 진지하게 고민한 게 보이더라고요. 우리 딸한테 믿음이 가기 시작한 게 그때부터였어요. 어디 내놔도 뭘 해도 자기 자신 하나는 지킬 수 있겠구나, 산하가 심지가 있구나 생각했어요. 그 뒤로 저는 산하를 믿고 그 아이가 하는 결정에 크게 토를 단 적이 없어요.

산하는 늘 저의 자랑이었어요. 우리 산하한테 믿음이 차곡차곡 쌓였어요. 속이 단단하게 잘 크고 있다는 걸 항상 증명해준 아이 였으니까요. 산하는 경제적으로 독립하고 싶다고 대학에 입학하 자마자 아르바이트를 했어요. 동네 샤브샤브 집에서 서빙을 했었 죠. 그런데 일한 지 얼마 되지 않았을 때 손님이 산하에게 크게 컴 플레인을 한 거예요. 왜 손님 보는 앞에서 잔반을 쓸어 담느냐고. 그게 식당 방침이라고 이야기해도 산하에게 큰소리로 윽박을 질 렀나봐요. 산하가 집에 와서 엉엉 울면서 그 이야기를 하는데, 저 는 애가 내일부터 식당에 안 나갈 거라고 생각했단 말이에요. 그 런데 다음 날 딱 시간 맞춰 나가더라고요. 그때 우리 산하를 다시 봤어요. 애한테 언제 이런 책임감이 생긴 건지 신기했어요. 퇴근 한 산하한테 오늘은 괜찮았냐고 따로 묻지 않았는데, 며칠 지나 고 나서 산하가 웃으면서 얘기해줬어요. "엄마, 점장님이랑 언니 오빠들이 나 그만둘 줄 알았는데 출근했다고 반가워해줬어"라고.

그런데 그때 제가 산하에게 무슨 말을 해줬는지 기억이 안 나 요. '우리 산하 정말 책임감 있구나. 멋지구나'라고 칭찬해줬어야 했는데…. 저 그런 말 한마디를 안 해준 것 같아요.(눈물) 속으로 생각만 하고 입 밖으로 꺼내지 않은 것 같아요. 그 말을 산하에게 직접 해줬어야 했는데, 그럼 우리 산하 어깨가 더 으쓱했을 텐데. 제가 산하에게 칭찬을 제때 많이 못 해준 게 아직도 마음에 걸려요. 매번 그랬던 것 같아요. 중학교 때도, 고등학교 때도 늘 우리 산하는 제 눈에 가장 예뻤는데, 칭찬 많이 하면 버릇 나빠질까봐 그랬어요. 바보같이 왜 그랬을까요? 그때그때 느껴지는 대로 충분히 이야기해주고 다독여줬어야 했는데. 더 예뻐해주고, 더 보듬어주고, 더 특별하게 생각해줬어야 했는데. 지금이라도 산하를 꽉 안아주며 이야기해주고 싶어요.

"산하야, 엄마도 너 바로 그만둘 줄 알았어. 그런데 다음 날 씩씩하게 나가는 모습 보고 우리 산하가 정말 책임감 있는 사람이구나 싶어서 얼마나 자랑스러웠는지 몰라. 우리 딸 정말 멋지다."

침묵하는 세상의 밤에
우리는 별을 건다

김의진씨 어머니
임현주씨 이야기

처음 만나는 사람 앞에서 자신의 아픔을 이야기하는 것은 쉽지 않은 일이다. 사람들 앞에 나와 참사의 아픔을, 떠나간 이의 삶을 말하기까지는 시간이 필요하다.

"처음에는 피했어요." 의진 어머니도 처음부터 사람들 앞에서 의진씨 이야기를 한 것은 아니었다. 갑작스러운 이별을 받아들일 준비가 되지 않았기에 참사 희생자라고 말하는 것조차 조심스러웠다. 참사의 진실을 밝히고 책임자를 처벌해야 한다는 마음으로 유가족협의회에 함께했지만, 언론사와 방송사의 인터뷰 제안이 올 때면 고민 끝에 거절했다.

"놀다가 죽은 사람이잖아." 그러나 자기 삶에 충실하며 성실하게 직장생활을 하던 의진씨를 대하는 정부와 사회의 태도에 의진 어머니는 더 이상 가만있을 수 없었다. 의진씨가 탑승한 구급차를 수색해 구급일지를 요구하고, 참사 당일을 찍은 수많은 영상을 직접 확인하며 의진씨의 마지막 순간을 찾았다.

거리에서 마주친 현실은 비참했다. 약자에 편에 서서 함께하라는 하나님의 말씀처럼 아픔에 공감하고 투쟁에 함께해줄 것이라 믿었던 교회는 너무나 조용했다. 수십년의 시간을 믿음과 신앙으로 기도했지만, 돌아오는 것은 침묵과 냉대였다. 의진 어머니는 아들이 마지막 순간에 올렸을 기도마저 무의미하게 사라져버리지는 않을지 애타는 시름 속에서 하루하루를 보낸다.

그래서 의진 어머니는 언론과 교회에서 인터뷰 및 발언 요청이 오면 더는 거절하지 않는다. 같은 믿음 아래 참사의 진실을 제대로 알리고 의진씨의 삶을 공유하고 아픔을 나누기 위해 이제는 앞으로 나선다.

작가기록단 **박희정, 라이언**

의진이는 용산에서 태어났고, 아버지 직장을 따라 고등학교 3년간은 해운대에 살았어요. 광활한 바다와 고층빌딩을 보면서 미래에 대한 꿈을 그렸어요. 근처 백화점에 있는 대형서점에 다녀와서는 그 서점이 다 자기 것이었으면 좋겠다고 할 정도로 책을 사랑했어요. 경기도 신도시에 집을 얻어 디지털단지로 출근하던 길에는 지하철 가득한 인파를 뚫고 고층빌딩으로 들어서면서 홀

륭한 CEO가 될 날을 꿈꾼 청년이었어요. 성공해서도 겸손하게 살 거라고 다짐하곤 했죠. 우리 가족은 사랑이 참 많은 화목한 가정이었어요. 매월 첫째 주 일요일은 가족 산행의 날이었어요. 서울 근교의 유명한 산에 오르거나 한강을 자전거로 달렸어요. 의진이는 그때마다 대장처럼 가족을 이끌었어요. 마냥 행복했죠.

2022년은 저희 부부가 결혼한 지 30년이 된 해였어요. 기념 여행을 9월에 계획했다가 네 식구가 다 바빠서 11월로 연기해놓은 상태였어요. 함께할 여행을 얼마 남겨두지 않은 10월 29일에 의진이는 아침 일찍 일어났어요. 전날 회식이 있어서 늦잠을 잘 만도 했는데, 제가 차려준 아침 식사를 맛있게 먹었어요. 그날은 대전에 사시는 의진이 친할머니 생신이었어요. 그래서 남편하고 저는 오후에 대전으로 갔어요. 보통은 저희 네 식구가 다 같이 가는데 그날 의진이 대학 친구 결혼식이 있어서 의진이는 함께 갈 수 없었어요. 의진이하고는 낮에 잠깐 전화 통화를 했어요. 결혼식에 입고 갈 양복을 찾느라 저에게 전화를 했더라고요. 그게 마지막 통화였어요.

사랑하는 아들아, 일어나서 집에 가자

의진이가 이태원에 간다는 건 몰랐어요. 다른 때 같으면 제가 대전에 도착해서 메시지를 보내거나 통화를 했을 텐데, 의진이가 친구 결혼식 끝나고 피로연이 있을 테니 경황이 없겠다 싶었어요. 저도 어머님 생신상 차려드리고 이것저것 하다보니 바빠서 통화를 못 했어요. 저희 부부는 밤에도 뉴스를 보지 못했고 별다른 걱정 없이 어머님 댁에서 잠이 들었어요.

다음 날, 일요일에 대전의 교회에 갔어요. 오전 11시 예배 설교 시간에 담임 목사님이 "우리나라에서 이러한 참사가 일어났다는 게 믿을 수가 없다. 우리 믿는 사람들의 기도가 부족해 젊은 청년들이 희생당한 것 같아서 눈물을 많이 흘렸다"라고 말씀하셨어요. 저는 그 순간에도 의진이가 그 참사의 희생자가 되었을 거라고는 상상도 못했어요.

목사님 말씀을 듣고 무슨 일인가 싶어 인터넷 검색을 하니까 '핼러윈 대참사'라는 기사들이 보였어요. 언뜻 보니 희생자 집계에 여성이 90여 명, 남성이 40여 명이라고 나와 있었어요. 그래서 저희 보물들 톡방에 "우리 아들들 잘 있지? 이태원에서 이런 참사가 있다는데"라고 썼어요. 우리 작은아들이 "응, 엄마. 잘 있어. 근데 형이 연락이 안 돼" 그러는 거예요. 마음이 편하지 않았어요. 그래서 제가 "기사에 실종자 센터가 있는데 전화해봐라"라고 했더니 작은아들이 그리더라고요. "엄마, 벌써 해봤는데 전화 연결이 잘되지를 않아." 그때부터 마음이 급해졌어요.

예배 끝나고 서울 갈 준비를 서두르는데, 오후 1시경 작은아들한테 전화가 왔어요. 말을 못하고 몇번을 멈칫하더니 "엄마, 형이 희생자 명단에 있대." 믿을 수 없었죠. 의진이가 안치되어 있다는 서울 보라매병원 영안실까지 가는 3시간 동안 믿을 수 없는 현실에 저희 부부는 어찌할 바를 모르고 세상에 어떻게 이런 참사가 있을 수 있는지, 사람이 이렇게 미치는구나 싶었어요.

차가운 영안실에 누워 있는 아들은 평온하게 잠든 듯 보였어요. 미리 오신 친정어머니는 의진이에게 눈만 뜨면 되겠다고, 숨만 쉬면 되겠다고 말씀하셨어요. 저는 의진이를 목놓아 불렀어요. 사랑하는 아들아, 어서 일어나! 어서 일어나서 집에 가자! 예수님이 사흘 만에 부활하신 것처럼 의진이를 품에 안고 기도하면 살아나지 않을까. 목 놓아 울며 외쳐봤지만, 이 믿기지 않는 현실에 심장이 갈기갈기 찢겨 나가는 것 같았어요.

병원에서는 바로 장례를 진행해야 한다고 재촉했어요. 하지만 쉽사리 장례식을 치를 수가 없었어요. 어떻게 사랑하는 아들을 보낼 수가 있을까요! 이미 소식을 알고 있는 의진이의 친구들과 회사분들이 장례식에 와주셨지만, 의진이가 친구 결혼식에 가서 진심 어린 축하를 해준 그다음 날에 그 친구들을 영정사진 앞에 세운다니… 세상이 미쳤구나! 신이 나를 버렸구나! 내 삶이 망했구나! 장례 치르는 내내 가슴을 뜯으며 오열했어요.

국가가 사라진 거리

저희는 크리스천 집안이에요. '해피트리'라고 가족 이름을 지었어요. 아이들이 어릴 때부터 아침저녁으로 품에 안고 기도했어요. 사춘기 지나고 성년이 된 후에도 빼놓지 않는 일과였어요. 다 큰 아들이 엄마 품에 안겨서 기도한다는 게 쉬운 일은 아니에요. 그런데도 제가 "기도해야지" 그러면 의진이는 침대에 누워 있다가도 일어나 함께 기도했어요. 엄마 마음을 헤아렸던 것 같아요.

우리 의진이 이름이 의로운 의(義), 참 진(眞)이에요. '정의'와 '진리'라는 이름을 기도 중에 얻었어요. 그 이름을 태중에 있을 때부터 썼어요. 그래서 그런가 참 착하고 정이 많고 그러면서도 반듯해요. 어려서부터 가족의 소중함을 깨닫고 말과 행동으로 사랑을 표현했어요. 제 잔소리가 시작되려 하면 "엄마, 다른 말씀 마시고 '김의진 파이팅!'이라고만 말씀해주세요"라고 웃는 아들이었죠.

의진이는 건설 환경 회사 연구원이었어요. 지방 출장을 다녀올 때면 지방경제의 낙후한 현실에 대해 안타까움을 토로하기도 했어요. 한번은 의진이가 퇴근길에 꽃을 한다발 사서 온 거예요. 엄마 생일도 아닌데 웬 건가 했더니 지하철에서 무료 나눔을 하더래요. "꽃이 안 팔려서 그냥 나눠줍니다" 하는데 의진이가 그냥 받을 수 없다고 비용을 줬대요. 그랬더니 한다발을 더 얹어주더라는 거예요. "사무실에 가져다 놔야겠다" 그랬더니 "아니야, 이건 엄마 거야. 엄마가 받으세요." 그날의 미소와 부드러운 손을 잊을 수가 없어요.

제가 젊었을 때는 크리스마스가 행복한 축제고 새로운 문화였

듯이, 의진이 세대에는 핼러윈이 굉장한 추억거리인 듯해요. 의진이는 거의 매년 이태원에 갔던 것 같아요. 의진이 휴대폰에 참사 당일 기록이 남아 있어요. 그날 의진이를 포함해 세 친구가 함께 축제에 갔고, 그중에 둘이 돌아오지 못했지요.

의진이는 그날 저녁 6시 45분에 한 친구를 먼저 만났어요. 다른 한 친구는 저녁 8시 48분에 합류해서 셋이 밤 9시에 식당에 들어갔어요. 루프톱 식당에서 식사를 하면서 세 친구가 함께 사진을 찍었더라고요. 그 시간에 의진이는 정말 행복했어요. 그런데 밤 10시 2분쯤 그 식당에서 결제한 기록이 있고 뉴스타파에서 10시 13분에 108힙합클럽 앞에서부터 사람들이 넘어지기 시작했다고 했으니, 의진이 일행이 식당을 나온 뒤 고작 10분 사이에 그 일이 일어난 거죠. 생존한 친구에게 들었는데, 이미 인파가 물결처럼 이동하다보니까 식당 바깥으로 나오는 순간 셋이 인파에 휩쓸려 뿔뿔이 흩어지게 됐다는 거예요. 그 친구는 그렇게 가다보니 직진해서 그 골목을 빠져나오게 됐고, 의진이와 다른 한 친구는 골목 안쪽으로 휩쓸린 것 같다고 하더라고요. 그 친구가 의진이에게 바로 전화했는데, 의진이가 폰을 놓쳐서 다른 사람이 받았대요. 이 친구는 집이 인천이라 멀리 가야 하고 의진이가 다른 친구와 함께 있을 테니 별일 없겠지 하고 집으로 간 거죠.

참사 직후 현장 CCTV에 찍힌 의진이의 모습을 찾아보았어요. 영상 속에서 의진이는 밤 11시 7분경 어느 외국인에게 심폐소생술을 받고 있었어요. 그리고 참사 2시간 후인 새벽 0시 30분경에는 이태원역 1번 출구 옆 인도의 차가운 바닥에 망자로 분류되어 눕혀져 있었어요. 10월 30일 새벽 1시경 순천향대병원 강당으로 의진이를 포함해 망자로 분류된 79명이 옮겨졌어요. 그러고는 새벽 5시까지 방치되다가 새벽 6시경 보라매병원 영안실로 옮겨졌고, 가족들은 오후 2시에야 연락을 받은 거예요.

나중에 구급활동일지를 보니까 우리 의진이는 순천향대병원 강당으로 이송됐을 때 신분 확인이 안 돼서 '지연 환자 24번'으로 기록되었더군요. 그리고 소방서 차량에 실려 보라매병원에 도착하고서 새벽 6시 50분쯤에 지문 감식을 통해 신분이 확인됐어요. 그런데도 정작 가족에게 비보가 전해진 건 참사 발생 다음 날 오후 2시였다는 게 참으로 어처구니가 없어요. 그조차 저희 가족이 먼저 찾아보고 수소문하지 않았다면 더 늦어졌겠죠.

참사 현장을 가보고서는 이 참사를 더욱 이해할 수가 없었어요. 의진이는 안전의식만큼은 투철했어요. 안전 운전은 기본이고, 화재라든가 재난에 대한 대비를 어떻게 해야 하는지 저에게 설명해주기도 했어요. 집에서도 가스라든가 위험한 곳은 의진이가 먼저 꼼꼼히 챙겨서 든든했거든요. 게다가 의진이와 친구들은 셋 다 장정이었어요. 그런 청년들도 자기 몸을 통제할 수 없는 상황이 되도록 거리를 그냥 내버려둔 거예요. 참사가 일어나기 4시간 전부터 신고가 잇따랐는데도 경찰은 무능하게 대처했어요. 용산구청이나 정부도 참사 수습에 무능하기 이를 데 없었어요. 국가는 인파관리에 실패했고, 컨트롤타워가 없는 그 공간에서 무방비하게 위험에 노출된 청춘들이 꿈을 펼쳐보기도 전에 삶을 마감당한 거죠.

슬픔이 의로운 힘이 될 때

의진이는 모태 신앙인이고 기도의 힘을 믿었어요. 마지막 순간에 신께 기도했겠죠. 갑자기 그 좁은 공간에 갇히고 말도 못할 압박이 주변에서 가해지는데, 엄청난 공포감이 몰려올 거 아니에요. 우리 의진이의 기도는 어디로 갔을까요….

기도가 좀체 나오지 않는 상황이지만, 그래도 저는 기도하고 있어요. 아침마다 의진이 방에 가서 사진을 끌어안고 말해요. 의진아, 오늘도 열심히 같이 살아 보자. 그리고 하나님께 기도해요. 하나님, 의진이의 아름다운 삶을 회복시켜 주세요. 참사의 진실이 규명되고, 의진이가 꿈꾸던 아름다운 삶이 남겨진 가족들의 삶 속에서 실현될 수 있게 해주세요. 상처받은 의진이 동생이 낙심하지 않고 자신의 삶을 잘 살아가게 해주세요. 하지만 찬송가는 못 부르겠어요.

참사 이후, 형언할 수 없는 고통과 절망의 늪에서 헤매다 돌이켜보니 크리스천이면서 재난참사의 피해자인 제가 느끼기에 교회가 너무 조용한 거예요. 교회는 약자와 소외된 자의 편에서 그들의 소리를 대신해야 한다고 배웠어요. 예수님이 항상 약자의 편에 계셨고 정의의 편에 계셨으니까. 이태원 참사 피해자들의 아픔에 무심한 교회를 보면서 이건 아니다 싶더라고요. 그래서 2023년 4월 부활절 즈음부터 기독교인 모임에 참석해서 유가족 발언을 하게 되었지요.

물론 기독교인들 중에서도 유가족과 연대하고 목소리를 내주시는 분들이 많이 계세요. 시민 분향소에 유가족들이 나와서 지킴이를 할 때 편하게 식사를 제공해준 것도 교회였어요. 많은 교인들이 연대해주시고 저희 손을 잡아주셨지요. 목회자분들이 40~50명 정도 모인 교회에서 유가족으로서 간담회를 하기도 했고, 크리스마스에 교회에서 참사에 관해 간증을 하니 교인들이 많이 공감해주시기도 했어요. 그래도 저는 교회가 좀 더 소리를 높여주었으면 하고 바라요.

공감과 연대가 결국은 세상을 변화시킬 수 있다고 생각해요. 그냥 우리끼리 슬픔을 위로하는 걸로 끝나면 안 되고, 어떤 의로운 힘으로 모여 세상을 변화시킬 수 있는 계기가 되어야 해요. 저는 이태원 참사가 그 계기가 될 수 있다고 봐요. 국가와 행정가들의 역할에 대해 이번에 바로 세우지 않으면 참사는 반복될 거예요. 그 과정에 시민의 연대와 공감이 필요하거든요. 다 같이 소리를 내고 세상을 변화시킬 수 있는 역할들을 해주길 바라요. 그래서 저는 교회에서 발언 요청이 있을 때는 꼭 가려고 해요. 한 사람에게라도 우리 상황을 알려주면 그들의 마음을 움직일 수 있고, 연대할 수 있는 기회가 될 거라고 생각하니까요.

정의와 진리의 이름으로 나아갑니다

저는 오늘도 의진이의 사진을 품에 안고 하루를 시작해요. 산과 바다를 벗하고, 친구들과의 오랜 우정을 소중히 여기고, 자기 삶에 충실하며 성실하게 직장생활을 하던 청년. 아름다운 미래에 대한 포부가 간절했던 한 청춘. 책임감 강하고 마음 따뜻한 내 아들이 이렇게 어처구니없이 희생당했다는 걸 도저히 받아들일 수가 없어요. 자기가 사랑한 신에게도 응답받지 못한 채 처절한 고독 속에 눈감았을 아들의 슬픔과 절망을 떠올릴 때마다 온몸이 갈기갈기 찢기는 고통을 느끼면서 하루하루를 겨우 견뎌내고 있어요.

의진이가 군대에 가 있던 21개월 동안 저는 의진이의 시계를 차고 다니면서 아들을 기다렸지요. 지금은 의진이의 사진을 담은 목걸이, 사원증, 핸드폰을 꼭 가지고 다녀요. 아낌없이 사랑했건만, 나중에 기회가 있을 줄 알고 묻어두었던 마음들이 떠올라요. 하지 못한 말, 함께 나눴어야 할 미래가 10월 29일 그 한순간에 사라졌어요. 우리는 아직도 그날 그 시간에 멈춰 있습니다.

이 땅에 소중하지 않은 생명은 없어요. 아무런 잘못도 없는 생때같은 청춘 159명이 강제로 삶을 종료당했는데, 세상은 침묵하고 있는 것 같아 무서워요. 사랑하는 이들이 행복한 가정에 왜 돌아오지 못했는지에 대해 국정조사도, 경찰 특별수사본부도 밝혀내지 못했습니다. 행정안전부와 그 장관, 경찰청, 112상황실, 서울시청, 용산경찰서, 용산구청 등 모든 행정기관의 무능한 민낯이 드러났음에도 잘못을 인정하지 않고 은폐, 축소, 남 탓으로 일관하고 있어요. 재난참사의 경험이 안전사회를 만들어가는 동력이 되기 위해서는 참사의 정확한 원인을 파악하고 합당한 책임을 물어야만 합니다. 그때서야 희생자들의 명예회복과 온전한 추모가 가능해지는 거예요. 그날이 속히 올 수 있기를 바라며, 오늘도 정의와 진리의 이름으로 나아갑니다.

슬픔을 넘어 행동과 연대로, 그렇게 이겨내고 있습니다

**송은지씨 아버지
송후봉씨 이야기**

은지 아버지 송후봉씨를 처음 만났을 때, 준비해간 질문들에 담담히 그리고 자세히 기억을 더듬어 얘기해주시는 모습을 보며 조금은 놀랐다. 딸의 장례를 마친 후 참을 수 없는 답답함과 분노로 먼저 움직였고 유가족협의회가 결성되는 과정에 참여해서 최선을 다했다며 그렇게 앞으로도 계속 멈추지 않고 행동해야 한다고, 차분하지만 힘이 담긴 목소리를 들으며 참 강한 분이시구나, 생각했다.

정식 인터뷰를 마치자 밖에서 비가 내렸다. 우산을 챙기지 못해 비가 멈추기를 기다리며 빵을 몇 개 사고 남은 차를 마셨다. 잠시 빗소리를 듣고 있던 내게 은지 아버지는 핸드폰을 만지작거리며 조용히 말을 건넸다. 딸의 사진이 담긴 키링 그리고 은지씨가 생전에 쓴 편지를 조심스레 보여주며 그리운 딸에 대한 이야기를 시작했다. 투사 같기만 하던 아버지는 딸의 이야기를 하나둘 꺼내놓으며 울었다. 빗소리가 잦아들었지만 우리는 쉽사리 자리를 뜰 수 없었다. 헤어지고 난 후, "은지가 빵을 좋아했어요"라는 문자와 함께 은지씨 사진 앞에 빵을 놓아둔 사진 한장이 도착했다. 이제는 세상 어디에도 없지만, 어쩌면 세상 모든 것에서 아버지는 딸을 찾고 있었다.

시청 분향소에서 별들의 집으로 희생자들의 영정을 안고 이동하던 날, 그를 다시 만났다. 딸의 사진을 끌어안고 어렵게 걸음을 옮기는 모습을 한참 동안 바라봤다. 송후봉씨는 슬픔을 넘어 이제는 행동해야 한다고 스스로에게 다짐하듯 여러번 말했다. 그래야만 울지 않을 수 있다고. 울지 않고자 걸음을 내딛고 행동하는 아버지를 위해 세상은 무엇을 해야 할까.

작가기록단 **박내현**

딸이랑 아빠가 그렇잖아요, 좀 어색하기도 하고. 그런데 은지는 저하고 농담도 잘하고 가끔 시간 맞으면 뒷산도 같이 올라가고 그랬어요. 둘째라 그런지 아빠한테 허물없이 굴고 살가웠어요. 좀더 같이 여행도 다니며 얘기도 들어주고 했어야 했는데… 엄마한테는 많이 얘기했을 텐데 아무래도 저한테 깊은 얘기는 잘 안했던 거 같아요. 그래도 운전면허 딸 때 제가 연수도 시켜주고 일요일 아침 시험장에 데려다주기도 했어요. 운전면허 땄는데 그걸 써보지도 못하고 갔네요.

코로나 때 집에만 있어 답답했는데 어쩌다 하루 정동진을 같이 갔어요. 기차 타고 가서 구경하고 저녁 먹고 올라왔는데 참 좋더라고요. 진작 같이 시간을 많이 보낼걸… 그때는 그냥 앞으로 더 자주 이렇게 같이 다녀야겠다 생각만 했죠.

지금도 은지를 떠올리면 이상하게 아주 어렸을 때, 학교 가기 전 모습만 떠올라요. 어리광도 애교도 많았던 애라서 그런지 아기 때 모습만 생각나더라고요. 그리고 은지가 자기 물건을 잘 안 버리고 전부 소중하게 간직하는 아이였어요. 자기 배냇저고리도 지니고 있더라고요. 물건을 정리하다가 서랍 안에서 발견했어요. 중학교, 고등학교 교복도 그대로 갖고 있고요. 동네에서 학교를 다녔어서 지금도 집에 있으면 은지가 다녔던 학교 교복 입은 아이들이 친구들이랑 지나가거든요. 은지가 입던 교복을 제가 알잖아요. 여름 교복 입은 애들이 지나가면 우리 은지도 저랬는데, 저럴 때가 있었는데… 그 순간이 견딜 수 없이 아픕니다.

피를 말리는 시간 끝에 들려온 소식

은지가 29일에 친구랑 홍대를 간다고 했어요. 중학교 때부터 제일 친했던 친구랑 자주 만나고 그럴 때면 그 친구 집에서 자고 오기도 하고 그랬거든요. 그날도 저나 은지 엄마나 일하고 늦게 들어와서 은지는 친구랑 늦게까지 노는가보다 하고 잤어요. 아침에 일어났는데 광주 사는 큰 처남이 전화를 했더라고요. 서울에서 무슨 큰일이 났다고. 우리 애들이 둘 다 놀러다니기 좋아하는 나이니까 걱정돼서 전화를 한 거죠. 그러냐고 대꾸하고 뉴스를 틀어보니까 이태원 상황이 나오더라고요. 그래서 은지 방을 열어봤는데 애가 없는 거예요. 그때만 해도 자고 들어오나 했어요. 그래서 일단 독립해서 따로 사는 큰애랑 은지한테 전화를 걸었죠. 둘 다 안 받더라고요. 한참 후에 큰애는 자느라 못 받았다고 연락을 했는데 은지에게는 여전히 연락이 없었어요.

뭔가 예감이 좋지 않아서 일단 경찰에 실종신고를 하고 뉴스를 보다가 이태원 근처 주민센터에서 신고를 받는다길래 부랴부랴 그리로 갔어요. 그때만 해도 왜 같이 간 친구에게 연락해볼 생각을 못했는지… 경황이 없었어요. 그런데 파악된 명단에 은지가 없더라고요. 다행이다 싶었어요. 어디서 많이 다쳐서 의식이 없는 건가 걱정은 되면서도 명단에 없는 건 불행 중 다행이라고 생각을 하면서 물어보니까 병원 세곳을 알려주더라고요. 다친 사람은 그리로 실려 갔을 수도 있으니 가보라고. 세군데를 다 들렀습니다. 그런데 송은지는 없다는 거예요. 그때가 사망자 명단이 한 100명 정도 나왔을 때였을 겁니다.

그렇게 헤매다가 시간이 흘러서 오후 4시쯤 됐나봐요. 서대문 경찰서에서 전화가 왔어요. 은지가 사망자 명단에 포함돼 있다고, 지금 평택 장례식장에 안치돼 있다고요. 아침부터 오후 4시까지

피를 말리는 시간의 끝에 들려온 소식이었습니다.

　장례식장에 갔을 때가 제일 힘들었던 거 같아요. 은지가 이렇게 안치돼 있고 조그마한 비닐에 옷이랑 스타킹 한쪽이랑… 그런데 겉옷이 없더라고요. 뒤져보니까 핸드폰도 없어요. 나중에 같이 갔던 친구가 장례식장에 와서 얘기해줬는데 중간부터 둘이 떨어졌다고 해요. 인파가 몰리기 시작하는데 은지 체구가 친구보다 작거든요. 은지가 먼저 밀려 들어갔대요. 은지 앞 7명 정도부터 쓰러지기 시작했다고, 자기랑 은지 사이에 한 10명 정도밖에 없었는데 도저히 은지를 붙잡을 수가 없었다고. 은지가 쓸려 들어가는 걸 보면서도 어떻게 할 수가 없었대요. 친구는 친구대로 편의점 옆 계단인가에서 떨어져 병원으로 옮겨졌나봐요. 그게 친구가 기억하는 은지의 마지막 모습이었어요.

　은지 핸드폰이 있었으면 그날 사진이라도 볼 수 있을 텐데, 어떤 흔적이라도 찾을 수 있을 텐데 아직까지 찾지 못했어요. 서대문경찰서, 용산경찰서 담당 형사에게 물어보기도 했는데 못 찾았어요. 아무래도 중요한 자료들이 요즘엔 핸드폰에 다 있잖아요. 사진도 많이 찍었을 테고. 저에게 은지 사진이 많지 않아요. 게다가 코로나 때 마스크 쓴 사진만 있어서 영정사진도 얼굴이 나온 사진 중에 간신히 골랐어요. 그날 찍은 사진은 같이 간 친구에게 몇 장 받았고 나중에 유튜브에 올라온 영상들을 하나씩 보면서 은지가 나온 장면 몇 개를 찾아서 가지고 있는 게 다예요.

다른 가족들을 만나다

지옥 같은 3일간의 장례를 치르고 일주일쯤 됐을까요? 정부에서 유가족들이 참여하는 대책본부 같은 걸 만들어서 참사의 원인을 파악하고 책임자를 처벌하는 과정이 당연히 있을 줄 알았어요. 하지만 아무런 움직임도 없었습니다. 이러고 있으면 안 되겠다 싶었어요. 너무 답답했어요. 왜 제 아이가 길바닥에서 희생되었는지, '숨이 막힌다' '압사당할 것 같다' '빨리 출동해라' 등 수없이 많은 112 신고가 있었는데도 방치한 이유가 뭔지 궁금했습니다. 곁에 있던 아이와 이렇게 느닷없이 이별해야 하는 이유를 찾아보지 않을 수 없었습니다.

그래서 다른 유가족들은 어떻게 지내고 있는지 알아봐야겠다 싶었어요. 참사 관련 기사를 따라 인터넷을 뒤졌죠. 당시에는 뉴스타파나 오마이뉴스에 가끔 이태원 참사 기사가 나왔어요. 그러다 인터넷 언론사 더팩트에 기사를 쓴 기자 연락처를 수소문해 제가 이태원 유가족인데 혹시 다른 유가족들하고 소통할 수 있는 방법이 없냐고 물었어요. 그 기자분이 세월호 유가족 연락처를 찾아봐줄 테니 한번 연락해보라고 해서 그쪽에 먼저 연락하게 됐어요. 그렇게 4·16연대 사무처장을 비롯해 5명의 활동가를 만나 세월호 참사와 마찬가지로 이태원 참사도 국가 부재로 인한 사회적 재난임에 공감하고 유가족들과 함께하겠다는 말을 들었습니다. 이태원 참사와 관련해서 많은 일을 하고 계시는 변호사를 소개받아 처음으로 민변과 접촉하게 된 것도 그때였어요. 민변을 통해 몇몇 유가족들이 소통하고 있고 며칠 후에 만남이 있을 거라는 얘기를 들었습니다.

2022년 11월 15일, 서울역 앞 빌딩 지하에서 약 스무 가족, 30여 명의 유가족들이 처음 그렇게 만났어요. 그때는 참사에 대해 쉬쉬하고 언론에 노출도 안 되던 때였어요. 뭔가 숨죽이고 몰래 만나는 것 같은 마음들을 가지고 만났지요. 그 자리에서 연락처를 주고받고 그 뒤로 민변을 통해 유가족들이 하나둘씩 더 연락해오는 식으로 차츰차츰 한 거죠. 마치 간첩들 접선하듯이 더듬더듬이었습니다. 지금이니까 그냥 웃으면서 얘기합니다. 옛날에 반체제 인사들이 지하에서 만나잖아요. 우리가 그런 모양새였다고. 그만큼 이 정부가 유가족과 희생자들을, 우리 아이들을 대하는 태도가 반인륜적이고 잔인했습니다.

그러다가 언론단체 민들레에서 희생자들 이름을 공개했어요. 유가족들에게 문의가 와서 저는 공개해도 좋다고 했고 공개를 원하지 않는 분들도 계셨고, 아무튼 그렇게 서서히 언론에 노출도 되고 해서 유가족들이 더 많이 모이게 되면서 유가족협의회가 발족했어요. 민변 사무실에서 첫 기자회견을 열고 유가족협의회를 만들겠다고 공표했었죠. 서울역에서 처음 만난 뒤로 10일 정도 후였을 거예요. 그때는 가족들이 한 40명 정도였죠. 그 이후 유가족들의 결속이 신속히 이루어져 참사 43일 만에 유가족 97명이 참여하는 유가족협의회를 창립하게 되었습니다. 1기 운영위원회는 유가족 8명이 참여해서 협의회 기틀을 마련하고, 장래 활동 방향과 유가협 참여를 독려하는 역할을 주로 했습니다. 저는 1기 운영위 활동 중에 생업이 바빠져서 중도하차하게 되었는데요, 그이후 여러 투쟁에는 함께했지만 여전히 모든 일을 제치고 앞서서 고생하시는 운영위원들에게는 늘 감사한 마음입니다.

창립 초기에는 정말 혼란스러웠습니다. 참혹한 슬픔 속에서 답답한 마음을 안고 유가족분들이 하나둘 모이셨습니다. 집에만 있을 수가, 슬퍼만 하고 있을 수가 없고 언론에서도 유가협 활동들이 조금씩 소개되니까 지역의 유가족들도 한분 두분 오셨어요. 민변을 중심으로 참여연대랑 여러 시민단체들이 같이하는 시민대책회의도 꾸려지고요. 민변 말고 다른 변호사 단체에서 유가족들에게 접촉해 배·보상 제안을 하기도 했습니다. 하지만 우리 입장은 명확했어요. 그런 얘기는 지금 할 때가 아니다. 원인도 진상도 규명이 안 됐는데 무슨 배·보상이냐. 대통령이 특별법에 대해 거부권 행사를 하고 나서도 배·보상 제안을 하지 않았습니까. 그건 선후가 바뀐 겁니다. 그런 제안이 자꾸 유가족들에 대한 오해를 만들고 상황을 악용하려는 것으로밖에 안 느껴집니다.

그런 혼란스러운 상황에서도 유가족들이 한데 뭉쳤어요. 다들 처음 겪는 일이니까 뭘 해야 할지 몰랐는데… 그때 민변과 세월호 유가족들, 활동가들의 도움이 정말 컸어요. 지역에서 오시는 분들의 참여가 어렵지 않게끔 매주 토요일 서초동 민변 사무실에서 주로 만났어요. 회의를 할 때마다 새로운 가족이 오셨습니다.

부산에서, 홍성에서, 전주에서 한분 한분 새로 오셨던 순간이 생생하게 기억납니다. 그리고 부모들만이 아니라 형제자매들이 나서서 정말 애를 많이 썼어요. 직장 다니느라 바쁠 텐데도 꼭 참석해서 회의록과 문서 작성을 해줬던 형제자매들이 기억에 많이 남습니다.

가족들이 늘어날 때마다 저희가 활동을 참 잘 시작했구나 생각했어요. 저는 언론사랑 인터뷰할 때마다 연락처를 남겼습니다. 제가 처음에 그랬던 것처럼 다른 유가족들도 언론사에 문의할 수 있겠다 싶어서요. 유가족 한분이라도 더 유가협에 함께할 수 있도록 통화도 하고 만나서 함께하자고 했습니다. 그렇게 해서 오스트리아에 있던 한국인 희생자 유가족도 만날 수 있었어요. 처음보다는 언론에도 많이 노출되고 기자들도 많이 찾아오고 그랬죠. 드러내놓고 제약을 한 건 아니지만, 정부가 처음부터 유가족 정보를 공유해주지 않고 우리가 만나길 원하지 않는 상황이었기 때문에 저희가 자유롭게 활동할 수 있는 것도 아니었어요. 그래도 집에만 있으면서 아이 생각하고 그러다가 다른 유가족들을 만나니 조금 마음이 편해졌어요. 슬픔을 같이 공감해주는 그런 게 좋았죠. 앞으로 어떻게 할지 이야기도 나누고요.

물론 지금도 집에만 있고 아직 못 나오는 가족들도 있습니다. 그렇지만 지금은 거의 백 가족 이상이 저희랑 같이하고 있으니까요. 유가협 초창기에 가족들을 모아낸 건 정말 잘했다고 생각하고 있어요. 원래는 정부나 국가에서 유가족의 슬픔을 풀어주고 위로해줘야 하잖아요. 그런데 그런 역할을 기대하지 못하니까 우리가 스스로 한 거죠. 스스로 찾아서 스스로 연대하고 그러다보니 힘이 좀 나지 않았나 생각합니다. 당시에 국가가 직접 나서서 유가족들이 서로 연락할 수 있게 도와주고 가족들이 모일 수 있는 장소도 마련해줬으면 아이를 먼저 떠나보낸 원통한 마음이 지금보다는 덜했을까 하는 생각도 합니다. 그래서 우리끼리 더 애틋했어요.

죽음을 대하는 연습, 망자를 대하는 태도

그해 겨울은 바람이 엄청 심했습니다. 무척 추웠어요. 처음에 녹사평에 분향소를 차렸죠. 그런데 그곳이 참사 현장하고는 가깝지만 외진 곳이라 많은 시민들이 함께하지 못했잖아요. 그래서 서울 중앙으로 가자, 광화문이나 시청쪽으로 가자 해서 100일 추모제 때 광화문으로 행진을 했어요. 그런데 정부가 광화문에 분향소를 차리는 걸 불허했잖아요. 그럴 것이라고는 예상하지 못해서, 갑자기 나타난 경찰을 막고 시민단체랑 유가족들이 힘을 합쳐 시청에 분향소를 만들었어요.

2023년에는 운영위원으로 활동하지 않았지만 시간을 내서 시청 분향소만큼은 꼬박꼬박 갔어요. 분향소가 생기기 전에는 은지가 보고 싶으면 납골당 추모공원을 찾았는데, 집이랑 납골당만

왔다 갔다 했었거든요. 그러다가 녹사평이든 시청이든 분향소가 차려지니까 가면 은지도 볼 수 있고 다른 가족들도 만날 수 있어서 좋았어요. 분향소가 가족들이 만날 수 있는 또 다른 중심이 되어준 거죠.

제가 평일에는 일을 하다보니 일요일에만 시청 분향소 지킴이를 했었는데요, 일요일은 사실 좀 한가해요. 그런데 외국인들이 많이 방문하시더라고요. 관광객들도 오고 일부러 일요일에 찾아주시는 분들도 계시고요. 하루는 주한 스리랑카 공사로 계신 분이 당신 가족들하고 같이 오신 거예요. 부인하고 아이들까지 한 다섯명 정도 함께요. 한국어를 하실 줄 아시는지 이태원 참사에 대해서 설명해주시더라고요. 지나가던 관광객들도 아이들 사진을 하나하나 유심히 보고 영어로 써 있는 안내문도 읽어보고 무슨 일이었냐고 물어보기도 해요. 분향도 하고 꽃도 올려주시고 그런 모습을 보면 슬픔을 대하는 태도가 많이 다르구나 그런 생각을 합니다. 사실 그분들은 어찌 보면 참사와 아무 관련이 없잖아요. 같은 나라 사람이 아닌데도 인간의 슬픔을 같이 나누어주는 공감 능력이 다르다고 느꼈어요.

우리는 삶과 죽음을 대하는 연습 같은 게 부족한 것 같아요. 망자를 대하는 태도랄까요, 슬픔을 상품화해버리고 유가족들을 매도하는 그런 사람들을 마주할 때면 삶이 너무 팍팍하게 느껴집니다. 보수와 진보로 나뉘는 거, 물론 생각의 차이니까 그럴 수 있다고 생각해요. 그렇지만 이건 슬픔이잖아요. 아이를, 남편을, 형제를, 친구를 잃은 슬픔. 그런데 돈을 밝힌다든지 심지어 간첩이 조종했다는 말도 들었어요. 분향소에 나와 지킴이 하고 있으면 지나가면서 그런 말을 하고 가요.

왜 그러겠어요. 아무도 설명해주지 않으니까요. 행정안전부 장관이나 용산구청장, 경찰청장 등 책임을 져야 할 사람들이 안일하게 사태를 수습했고 지금까지도 책임지지 않고 있죠. 분위기 탓을 하고 핼러윈 축제 탓을 하고 거기 모여든 사람들 탓을 하고 있어요. 저만 해도 형제가 다섯인데 그 많은 가족들과 깊은 얘기를 나누지 못합니다. 친구들도 마찬가지고요. 친구들 카톡방 같은 데서는 다 나왔어요. 저 때문에 즐거운 얘기를 못할 것 같아서 제가 나온 거예요. 지금은 친구도 가족도 만나기는 하지만 아무래도 이태원 이야기를 하지는 않아요.

은지가 보고 싶으면 그냥 은지 엄마랑 둘이 은지 얘기를 많이 했죠. 둘이 납골당 가서 은지 사진 보면서 얘기하고. 둘뿐이었어요. 하지만 유가족들하고는 얘기할 수 있었어요. 아이들 얘기도 하고 같이 밥도 먹고. 그럴 때면 웃어요. 매일 뭘 해야 하는지 저희들 있는 단체 카톡방에 일정이 올라오고 또 사람들이 차례대로 참여하겠다고 얘기하고 그럴 때면 가족들이 다 같이 모여서 이런 활동을 하고 있다는 게 위로가 됩니다. 처음 유가협을 만들었던 분들, 또 열심히 앞장서서 활동하시는 분들, 멀리서 서울까지 쉬지 않고 찾아오시는 가족들, 그리고 저희와 함께하는 시민대책회의분들. 밖에서 저희를 도와주시는 자원활동가들도 엄청 많아요.

종교 단체들, 노동조합까지. 그분들의 힘이 있었기 때문에 순간순간 흔들리지 않고 여기까지 왔구나 그런 생각을 합니다.

저는 생업 때문에 작년 말까지만 운영위원으로 활동하고 지금은 유가협 활동에만 참여하지만, 그렇다고 달라지는 건 없어요. 뙤약볕 내리쬐는 날에도, 눈보라 치는 날에도 늘 함께했어요. 그 많은 날들에 함께 울었어요. 가족들과, 또 저희와 함께해주는 사람들과 숱하게 울었습니다.

축제는 죄가 없으니까요

한해가 지나고 다시 이태원에서 핼러윈 축제를 한다고 했을 때 많은 사람들이 이런저런 얘기들을 했지만 저는, 유가족들은 축제를 해야 한다고 생각했어요. 우리가 언제부터 핼러윈을 즐겼냐는 사람들도 있지만 저는 그렇게 보지 않아요. 사실 축제문화라는 게 한국에는 많이 없잖아요. 벚꽃 축제나 여러 지역축제들이 있기는 해도 20대들이 좋아할 만한 건 많지 않고요. 가장 큰 게 핼러윈 축제일 겁니다. 은지랑 친구도 코로나 전에 몇번 갔었대요. 사실 이태원 핼러윈 축제는 용산구청이나 언론에서도 국제적인 축제라고 홍보했잖아요. 그래서 많은 사람들이 오게끔 해놓고 참사가 일어난 후에는 자기들이 주최한 축제가 아니라고, 용산구청도 서울시도 자발적으로 사람들이 모인 거라고 발표했잖아요. 그건 정말 무책임한 거죠.

이태원에서 참사가 일어나기는 했지만 저는 핼러윈 축제든 뭐든, 이태원이든 다른 어떤 곳에서 하든 축제는 계속 이어져야 한다고 생각합니다. 참사가 일어났다고 해서 청년들이 즐길 문화를 막을 수는 없어요. 그래서 유가협에서도 청년들이 즐길 수 있는 축제문화가 이어졌으면 하는 마음에서 핼러윈 축제를 계속 진행해야 한다고 했을 겁니다. 제 개인적인 생각도 마찬가지입니다. 참사는 진상규명이나 책임자 처벌이 있어야겠지만 축제는 축제대로 진행돼야죠. 축제는 아무 잘못이 없으니까요.

청년들이 이태원을 갈까 말까, 축제를 즐길까 말까, 이렇게 망설이고 있다면 그건 참사의 영향도 있겠지만 어찌 보면 참사 이후 해결되지 않은 문제가 많아서이지 않을까요. 제대로 책임지는 사람도 없고 원인도 밝혀지지 않았고. 이런 정리되지 않은 것들 때문에 자연스럽게 다시 축제를 즐길 수 없었을 거라고 봅니다. 세월호 참사도 그렇고 이태원 이후 오송 참사도 그렇고 길에서 한순간에 목숨을 잃을 수도 있구나, 그런 불안한 마음이 사람들에게 있을 겁니다. 멀쩡히 길에 서 있다가도 목숨을 잃을 수 있구나, 그런데도 아무도 이에 대한 책임을 지지 않는구나. 그런 생각이 들면 불안하지 않겠습니까. 저는 오히려 청년들이, 남아 있는 청년들이 이태원 참사를 기억하면서 축제를, 이태원을, 계속 즐길 수 있었으면 좋겠어요. 제 바람은 그렇습니다. 서운하거나 그런 건 없어요.

소리라도 지를걸, 신발이라도 던질걸

잊을 수 없는 순간들이 있지요, 여러가지 의미로. 특별법이 국회에서 통과될 때, 국회의원 177명 찬성으로 통과가 됐잖아요. 그때 여당 국회의원들은 다 퇴장했어요. 민주당이랑 야권 4당 국회의원들만 국회에 모인 데서 투표 전에 이만희 국민의힘 국회의원이 반대 연설을 했어요. 현장에 우리가 다 있는데 특별법의 부당성에 대해 그리고 특별법을 정쟁화하는 여러 발언을 했습니다. 유가족들 가슴에 대못을 박은 거죠. 제가 그때 2층에 있었는데 소리라도 지를걸, 신발이라도 던질걸… 그걸 못하고 그냥 보낸 게 천추의 한입니다.

특별법 만들어지기 전에 저희가 민주당도 국민의힘도 다 만났어요. 그때는 유가족들 마음을 헤아리겠다고 했고 국회에서 100일 추모제 할 때도 왔었어요. 그런데 갑자기 바뀐 거죠. 우리가 거리에서 투쟁하고 농성도 하고 삭발도 하고 단식도 하고 그런 걸 다 봤을 텐데 결국에는 대통령이 거부권까지 행사했어요. 국민의 대표 177명이 통과시킨 법을 대통령이 거부해도 되는 겁니까. 상실감이 너무 컸어요. 허무하기도 하고. 아마 다른 유가족들도 그 순간에 많이 무너졌을 거라고 생각합니다. 이태원 참사가 일어난 10월 29일, 그리고 거부권을 행사했던 그날, 우리 아이들뿐 아니라 부모들까지 두번 죽이는 행동이었습니다. 그때 국정조사위원이었던 사람들, 우리 아이들 탓을 했던 사람들의 말과 행동들 다 기억납니다. 아마 영원히 남겠죠. 잊히지 않고, 잊지 않을 겁니다.

이번에 여야가 합의해 특별법이 통과됐을 때도 본회의장에 가서 봤어요. 가결되었다는 말을 듣는데 참… 몇몇 어머님들은 우시기도 했는데 저는 묵은 체증이 싹 내려가는 느낌이라고 할까, 후련하기도 허무하기도 했어요. 그동안 얼마나 유가족들이 고통스러운 와중에도 애를 썼습니까. 오체투지도 하고 비 오는 날 삼보일배도 하고 행진도 하고 그 활동들이 다 스쳐지나가면서… 특별법 이거 통과되는 데 걸린 시간은 10분이나 됐을까요? 여야가 합의만 하면 땅땅땅 할 수 있는 건데, 이렇게까지 힘들었어야 하는 일인가. 진작에 할 수 있었던 일인데 안 한 거구나 싶더라고요.

정치인이라는 게 원래 국민의 생명과 안전에 최고의 가치를 두고 정치를 해야 되잖아요. 이태원 참사가 왜 일어났는지 기초적인 걸 조사해달라고 이렇게까지 간절히 뭔가를 해야만 이뤄진다는 게… 지금도 저희뿐만 아니라 많은 일들이 있잖습니까. 전부 조금씩 양보하면 충분히 국민을 위한 법들을 만들 수가 있는데 법안이 거부되고 없어지고 하는 걸 보면 참 안타깝습니다. 어떻게 보면 다른 참사나 어려운 환경에 처해 있는 사람들의 그런 아픔을 저희가 지금 같이 느끼고 있습니다.

저희가 원하는 완벽한 특별법은 아니지만 거의 600일 만에 합의됐다는 게 참 다행이라고 생각합니다. 물론 특별법이 만들어졌다고 해서 그게 전부는 아니에요. 이제부터 다시 시작이죠. 특조위원들이 어떤 식으로 활동하는지, 진상규명을 어떤 식으로 하는

오체투지 2024년 1월 29일 유가족들은 이태원 참사 특별법 공포를 촉구하며 이태원역 1번 출구부터 용산 대통령실 앞까지 오체투지를 했다. 다음 날, 윤석열 대통령은 특별법에 대해 거부권을 행사했다.

지 우리가 또 계속 체크해봐야 하고 또 미흡한 부분이 있으면 저희가 다시 행동해야 할 것이고요. 한편으로는 다행이지만 할 일은 더 많아질 것 같습니다.

처음부터 지금까지 정말 단 한순간도 쉬지 않고 열심히 걸어왔으니까 또 다 같이 가야죠. 아직도 집에만 계시는 유가족들도 그 슬픔이 감당하기 어려워서라고 생각합니다. 아직 아이들 영정을 가져다두지 못한 분들도 계셔요. 언젠가는 별들의 집이 빈자리 없이 아이들 사진으로 꽉 채워지는 날이, 다 같이 함께하는 날이 올 거라고 생각합니다. 그러니까 또 가야죠.

언젠가 울지 않을 수 있겠지요

은지는 어쩔 수 없지만, 이렇게 느닷없이 생명을 앗아가는 슬픔이 다시는, 다른 부모들한테는 없었으면 좋겠어요. 은지에게 해주지 못한 말이 아직 너무 많습니다. 정작 그 나이 또래들이 가지고 있을 미래에 대한 두려움, 사회생활에 대한 걱정, 직장에서 겪었을 고충, 그런 깊은 얘기들 한번을 제대로 나누지 못했어요. 나중에 은지가 남겨둔 물건들을 정리하면서 알았습니다. 은지가 이것저것 자격증을 아홉개나 땄더라고요. 무슨 생각을 하면서 하나씩 땄을까. 살뜰하게 준비했을 미래에 대한 고민들을 나는 왜 들어보지 못했을까. 얼마나 불안했겠어요? 학교 졸업하고 앞으로 어떻게 살아야 할지, 또 직장생활에 대한 조언도 필요했을 텐데 혼자 그걸 헤쳐나갔다는 게… 그 흔적들을 보면서 아프더라고요. 지금 생각하면 먼저 챙겨서 물어보고 들어주고 했어야 했는데 그러지 못한 게 너무너무 후회됩니다.

언제라도 손 내밀면 닿을 수 있고, 부르면 달려올 수 있는 영원히 함께하는 가족일 거라 생각했습니다. 지나고 보니 그건 제 욕심이었고 은지는 기다려주지 않았습니다. 그나마 하얀 눈과 바다를 좋아했던 은지하고 한겨울 정동진을 여행했던 시간들, 간밤에 내린 흰 눈으로 하얗게 변한 백련산에 올라 설경을 함께 즐겼던 시간들, 자격증 시험 날이면 시험장까지 데려다주었던 시간들, 운전면허 취득 후 도로연수 시켜줬던 시간들… 함께했던 무수히 많은 시간들을 이제는 같이할 수 없다는 게 너무너무 마음이 아픕니다.

벌써 2년이 되어가잖아요. 그런데도 저뿐만 아니라 다들 참사 한가운데에 있습니다. 슬픔과 아픔이 이태원 골목에 아직도 방치돼 있는 것 같아요. 물론 그동안 많은 활동도 하고 투쟁도 하고 엄청난 일들이 있었지만 하나도 해결된 게 없다는 안타까운 마음을 다들 갖고 있을 겁니다. 시청 분향소에서 별들의 집으로 이전할 때 은지 영정을 들고 참 많이 울었어요. 모르겠어요. 아무것도 이뤄지지 않은 상태에서 상황이 바뀐다는 게 그냥 미안하고 슬프더라고요. 여기서 또 어디로 가야 하나, 또 어디로 가게 될까. 그런 생각이 머릿속에 가득했어요. 특별법이 통과됐으니까 우리가 원하는 진상규명들, 그런 게 다 이뤄진다면 그때는 좀 다를까요? 조금 덜 슬프겠죠. 그때는 그렇게 울지 않을 겁니다.

'진상규명이란 무엇인가'라는 질문에 대하여

강곤(전 사회적참사특별조사위원회 조사관, 인권기록센터 사이 활동가)

우리는 세월호참사에 대해 제대로 이해할 기회가 충분히 없었다. 세월호참사의 진상을 규명한다는 목표로 2015년 4·16 세월호참사 특별조사위원회가 출범했지만 조사 업무를 마무리하지 못한 채 2016년 9월 강제 해산되었고, 2017년 4월에 출범한 세월호선체조사위원회 역시 확실한 침몰 원인을 도출하지 못한 채 두 개의 보고서를 제출했다. 이처럼 세월호참사에 대한 공식 설명이 없었던 이유는 세월호참사가 그만큼 복잡했다는 측면도 있지만, 더 근본적으로는 이 사건의 진상을 규명하는 일을 저마다 다르게 인식하고 있다는 점에서 찾을 수 있다. 세월호참사에 대해 한국 사회가 규명하고자 하는 '진상'이란 무엇을 의미하는지, 그러한 진상에는 어떻게, 어디까지 접근할 것인지 등을 충분히 논의하지 못했다. 즉 한국 사회가 세월호참사를 이해했다고 말하기 위해 전제되어야만 했던, 진상규명이란 무엇인지에 관한 성찰과 공감대가 부족했다.[*]

'국가애도기간'이라는 이름의 국가폭력

2022년 10월 30일, 서울 이태원에서 열린 핼러윈 축제에서 대형 참사가 발생한 바로 다음 날 윤석열 대통령은 대국민담화를 발표했다. 곧바로 정부는 유가족의 동의도 구하지 않고 희생자의 이름도 영정도 없는 정부합동분향소를 일방적으로 설치했고, 희생자의 명단은 물론 유가족들 사이의 정보도 공유하지 못하게 한 채 일주일간의 국가애도기간을 선포했으며, 용산구를 특별재난지역으로 지정했다.

"한없이 무능하다가도 놀랄 만큼 유능"[**]했던 정부의 조치들은 11월 8일 국정감사에 나온 김대기 대통령비서실장의 "국정상황실은 대통령 참모조직이지 재난 컨트롤타워가 아니다"라는 발언에서 알 수 있듯이 이 참사의 책임을 회피하기 위한 선제적 행

---

[*] 가습기살균제사건과 4·16세월호참사 특별조사위원회(약칭 사회적참사특별조사위원회) 『4·16세월호참사 종합보고서』 2022, 19면.
[**] 같은 책 318면.

위였을 뿐이다(세월호 참사 직후에도 청와대는 스스로 재난 컨트롤타워가 아니라고 발뺌한 적이 있다). 참사 유가족들이 어떠한 정보도 제공받지 못하고 함께 모이지도 못한 상황에서 행해진 정부 합동분향소 설치와 국가애도기간 선포는 그 명목과는 반대로 유가족은 물론 대형 참사를 마주한 시민들의 추모와 애도의 걸림돌로 작용했다. 더욱 중요한 것은 이러한 절차에 따라 희생자 유가족들이 분리되고 고립됨으로써 이들에게 주어진 사건에 대해 알 권리, 참사의 진실에 접근할 권리를 정부가 애초부터 가로막았다는 점이다.

그 뒤로도 국정조사에 미온적 태도로 일관함은 물론 2024년 1월 31일 국회에서 통과된 특별법에 대통령이 거부권을 행사하기까지 윤석열 정권은 이태원 참사의 진상규명에 대해 방관과 외면, 회피, 비협조와 방해로 일관했다. 그리고 지난 2024년 5월 2일 특별조사위원회 구성을 주요 골자로 하는 '10·29이태원참사 피해자 권리보장과 진상규명 및 재발 방지를 위한 특별법'이 제정되었음에도 별다른 이유 없이 특별조사위원회 위원 임명을 석 달 이상 미루는 등 정부와 여당의 태도는 달라지지 않았다.

과정으로서의 진상규명

윤석열 정권의 이러한 태도와는 별개로 세월호 참사 이후 만들어진 여러 특별법과 비교해보면 이태원 참사 특별법에 의한 특별 조사위원회의 권한이나 규모, 조사 기간은 턱없이 부족하다. 그럼에도 특별조사위원회가 만들어지고 조사를 한들 별다른 성과 없이 끝날 것이라고 지레 예단할 필요는 없다. 한국 사회는 이미 세월호 참사 이후 수많은 시행착오를 거치며 소중한 경험과 교훈, 성과를 축적했고, 재난 피해자들과 시민사회는 그것에 굳건히 발딛고 있기 때문이다. 다만 이번 특별조사위원회의 조사를 참사의 진실을 밝혀가는 기나긴 여정 중 하나로 인식할 필요가 있다.

윤석열 정부가 일방적으로 선포한 국가애도기간에 설치된 분향소의 명칭은 '이태원 사고 사망자 합동분향소'였다. 국회에서 '10·29이태원참사' 특별법이 통과되었음에도 여전히 집요하게 '핼러윈 참사'라는 명칭을 고집하는 언론과 특정 집단이 있고, 세월호 참사가 아니라 '세월호 사고'여야만 하는 이들이 여전히 있다. 그런 세력들이 존재한다는 사실은 역설적으로 재난참사, 특히 대규모 참사는 매우 정치적인 사건일 수밖에 없다는 것을 알려준다. 그렇다고 참사의 진상규명에서 정치적 협상이나 정치 세력 간의 타협이 반드시 필요하다는 말은 아니다. 정치적 사건이기에 서로 다른 관점과 견해가 충돌할 수밖에 없으며, 지난한 과정을 거쳐 그 사건의 진실이 무엇이며 현재적 의미는 무엇인가에 대해 사회적 합의를 만들어가는 것이 중요하다는 뜻이다.

그 연장선에서 박근혜 대통령의 탄핵 사유 가운데 세월호 참사에 대한 책임, 국민의 생명과 안전 보호의 의무가 제외된 것과 마찬가지로 이번 이태원 참사에서 이상민 행정안전부 장관의 탄핵 심판의 결과가 무죄로 나온 것 또한 단순한 실패나 시행착오만으로 인식해서는 안 된다. 국가 최고 권력자와 행정 전반의 책임자에게 사법적 책임을 면하게 한 재판부의 두 판결은, 재난참사에서 사법부의 책임 있는 역할은 과연 무엇인가 그리고 참사의 책임자에게 어떻게 온전한 정치적, 사법적 책임을 물을 것인가라는 숙제를 한국 사회에 남겼다.

희생자 그리고 진실과 헤어지지 않는 것

2020년 10월, 나는 사회적참사특별조사위원회 활동 종료를 10개월 앞두고 세월호 참사 피해지원 실태 보고서를 쓰기 위해 조사관으로 들어가게 되었다. 내게 맡겨진 보고서를 마무리한 뒤 다른 개별 조사보고서와 종합보고서를 찬찬히 들여다볼 기회가 있었다. 보고서들을 읽어나가며, 매우 조심스러운 이야기지만 사회적참사특별조사위원회는 그리고 다시 한번 한국 사회는 세월호 침몰 원인을 밝히는 데 실패했을 뿐만 아니라 조사를 통해 밝혀진 진상조사 결과를 설명하고 세월호 참사의 현재적 의미를 되새기는 데도 실패한 것은 아닌가 하는 우울감이 몰려들었다.

1년 뒤 아직도 이 나라에서 적당한 이름을 갖지 못하고 있는 '제주 4·3 사건'을 다룬 한강의 소설 『작별하지 않는다』를 읽던 중 나는 "그렇게 끝없이 연기되고 있는 바로 그 상태가 그 일의 성격이 되어가고 있는 거라고 생각한 적도 있었다"●라는 문장에서 묘한 위로를 받았다. 또한 이런 질문이 떠올랐다. 어떤 상태가 그 일의 성격이 될 수 있다면 과정 그 자체가 진실이 될 수도 있지 않을까?

지난여름 서울 을지로에 있는 별들의 집에서 이태원 참사 유가족 한분을 만났다. 재난피해자권리센터에서 모집한 재난보도 모니터링단이 이번 참사의 의미를 되짚고자 마련한 자리였다. 먼저 시민대책회의 활동가에게 참사의 전반적인 개요를 들은 뒤 유가족의 이야기를 들을 순서가 되었다. 아들을 잃은 아버지는 말했다. "우리 아들 이야기를 조금 해도 될까요?"

'이태원 참사는 어떤 사건인가요?'라는 모니터링단의 추상적인 물음에 유가족은 희생자가 생전에 어떤 사람이었는지, 본인과 어떤 관계였는지, 희생자가 자신에게 어떤 의미였는지를 가장 먼저 이야기하고 싶어했다. 그의 말을 들으며 다시금 깨달았다. 유가족에게 '참사'는 다른 무엇도 아닌 너무나도 소중했던 사람을 잃은 사건이라는 사실, 그리고 진상규명은 이 사실에서부터 출발해야 하는 것 아닐까 하는 것을.

어쩌면 '진상규명이란 무엇인가'라는 어리석은 질문에 대한 해답은 정해져 있는 것이 아니라 새로운 여러가지 질문의 갈래들

● 한강 『작별하지 않는다』 문학동네 2021, 48면.

과 마주하는 일이어야 하지 않을까. 진실은 숨겨져 있다가 어디서 누군가에 의해 발견되는 단 하나의 무엇이 아니라 여러 모양의 단편적 진실로 존재하며, 그 조각난 퍼즐을 맞춰가면서 구성해야 하는 것 아닐까. 참사의 진상규명이 무너진 정의를 바로 세우는 일이라면 그러한 퍼즐 맞추기를 통해 사법적 정의와 회복적 정의, 역사적 정의가 구현되는 과정이어야 하지 않을까. 그전까지, 그 후에도 희생자와 그리고 진실과 헤어지지는 말아야겠다.

출입금지 ☗ 이곳을 넘지 마시오 ☗ 출입금지

재난참사 '피해자'라는 이름,
그 안에는

2부

이재현씨 어머니
송해진씨 이야기

이재현의 삶은 2022년 12월 12일 열여섯살에 멈췄다. 소년이 2022년 10월 29일을 마흔세번 살아낼 동안, 이 사회는 상처투성이인 그를 내버려 두었다. 아니, 그냥 내버려두기만 했더라면 차라리 나았을지 모른다. 가만히 있어도 아픈 상처를 헤집어대는 손들이 있었다. 간신히 살아 돌아온 소년에게 원망과 비난을 퍼부은 이들의 마음 한가운데에는 무엇이 자리하고 있을까.

이태원 참사의 몇번째일지 모를 생존자가 결국 159번째 희생자가 되었다는 소식을 듣고, 이 나라의 총리는 이렇게 말했다. "좀 더 굳건하고 치료를 받아야겠다는 생각이 더 강하면 좋지 않았을까." 사과를 해야 할 사람마저 비난의 화살을 피해자에게 돌렸다.

'심리적 외상'을 뜻하는 '트라우마'는 한 사람이 지닌 대응 능력을 넘어서는 압도적 충격이 가해질 때 발생한다. 이는 그 사람이 나약한가 아닌가와 무관하게 일어나는 일이다. 트라우마 연구의 권위자인 주디스 루이스 허먼은, 외상 사건이 "세상이 안전하고, 자기는 가치 있으며, 세계 질서에는 의미가 있다는, 피해자가 가지고 있었던 기본적인 가정들을 파괴한다"고 말한다. 다시 말해, 심리적 외상을 입은 사람은 '나'뿐만 아니라 '나를 둘러싼 모든 것'이 산산이 부서진 상태다.

그러니 트라우마의 회복이란, 인간이 세상에 태어나 자기에 대한 감각을 처음으로 세워나갔던 그 과정을 다시 걷는 일과 같다. 다른 사람들과의 연결 속에서 세상에 대한 신뢰를 쌓아나가야 한다. 허먼은 이때 공동체의 반응이 회복에 절대적 영향력을 행사한다고 강조한다. 그가 속한 사회가 "세계에는 질서가 있고 정의가 있다는 걸 보여주어야 한다." 생존자를 향한 비난은 생존자의 자책과 고립을 강화할 뿐이다.

정부의 집계에 따르면 이태원 참사로 인한 사망자는 159명, 부상자는 195명이다. 이 선명한 숫자는 우리에게 착시를 일으킨다. 부상자는 과연 195명뿐인가. 이태원 참사로 인해 심리적 외상을 입은 사람이 얼마나 되는지 우리는 전혀 알지 못한다.

작가기록단 **박희정**

그대 웃음 위로 맑은 햇살 퍼지니

오늘은 우리 헤어지기 좋은 날

함께 했던 날에 입맞추며 감사를

다가오는 날들 앞에 축복만이 있길

그대 가는 그 길이 강물처럼 흘러서

바람보다 더 멀리 자유롭게 가길

그대 가는 그 길이 내 맘으로 이어져

어디서든 언제든 아주 잊지 않길

그댈 보는 내 맘 부족함이 없으니

오늘 우리 헤어져도 괜찮을 것 같네●

정미조씨가 부른 「석별」이라는 노래를 처음 들었을 때 생각했어요. 내가 정말 사랑하는 사람을 마지막으로 보낼 때 이 노래를 들려주면 좋겠다. 아마도 그 사람이 우리 엄마가 되겠지.

재현이 염을 하는데 입에서 말은 안 나오고 이 노래가 생각나더라고. 그래서 재현이한테 틀어줬어요. 사람에 대한 기억을 이미지로 표현한다면 재현이는 노란색. 햇빛. 봄에 태어나서 그런지 밝고 따뜻했어요. 재미있는 장난도 잘 치고 친구들을 참 좋아하고. 키가 컸어요. 아빠 키가 178센티미터 정도 되거든요. 참사 나고 11월 무렵에 둘이 서 있는 걸 봤는데 아빠보다 조금 더 크더라

● 이주엽 작사, 정미조 노래 「석별」 2020.

고. 그대로 시간이 흘렀다면 더 컸겠죠.

자격

먼저 간 두 친구가 서로 다른 봉안당에 있거든요. 어느 쪽이든 재현이가 친구 곁에 머물게 해주고 싶었어요. 장례 일정이나 위치 등을 고려하다보니 여자친구가 있는 봉안당으로 가게 됐어요. 재현이가 다른 친구도 보고 싶어할 거 같아서 안치한 다음 날 재현이 유골함을 들고 그 친구를 보러 갔어요. 그리고 다시 재현이를 봉안당에 데려다주고 집으로 돌아오는데 날이 어두워졌더라고. 그날 눈이 펑펑 내리고 엄청나게 추웠거든요. 저희 집이 공덕역 부근인데 집 가는 길에 녹사평역 쪽에서 차가 너무 막히는 거예요. 무슨 일이라도 있나 싶어 차창 밖을 내다보니까 이태원 참사 유가족들이 집회를 하고 있었어요. 그 모습을 보면서 '아, 날도 이렇게 추운데, 큰일이네'라고 안타까워했어요. 그때만 해도 제가 그 안에 있게 될 거라고는 생각 못했죠. 그날이 이태원 참사 49재(2022년 12월 16일)였어요.

재현이 장례 치르면서 언론이라든가 여기저기서 연락이 무척 많이 왔어요. 선뜻 누구를 만나기 힘든 상황이었는데, 아는 분께서 민변 변호사 연락처를 주셨어요. 도움이 될 것 같으니 한번 만나보라고. 장례 치르고 며칠 뒤쯤 전화드렸더니, 유가족협의회가 만들어졌다는 거예요. 창립총회를 했다고. 그래서 대표와 부대표를 맡은 가족분들까지 같이 만나뵈었죠.

그렇게 유가협에 함께하게 됐는데, 두세달은 내가 유가족이라는 게 저 스스로 잘 안 받아들여졌어요. 재현이는 이태원에서 죽은 게 아니잖아요. 죽음의 형태가 다른데 내가 이 참사의 유가족일 수 있나? 나는 물론 재현이에게 일어난 일이 사회가 책임져야 할 문제라고 느끼지만, 그렇다고 내가 이걸 사회에 문제라고 소리쳐서 말할 수 있는 사람인가? 내가 유가협에 들어갈 자격이 있는 사람인가? 그런 생각이 있었어요. 괜히 들어가서 꿔다놓은 보릿자루가 되는 건 아닐지 걱정했죠. 그런데 활동을 조금씩 하다 보니 가을에 접어들 때쯤 나도 유가협의 일원이라는 생각이 자연스럽게 들었어요.

처음부터 다른 부모님들이 유독 재현이에 대해서 안타까운 마음을 크게 표현해주셨어요. 저를 불쌍하게 쳐다보는 게 느껴졌는데 그게 기분 나쁘지 않았어요. 따뜻했어요. 나도 그 사람들을 보는데 다들 너무 안 됐다는 생각이 들었어요. 보듬어주고 싶더라고. 살아온 환경도 다르고 연령대도 다르지만, 스스럼없이 다가갈 수 있었어요. 이게 정(情)과는 조금 다른 마음인 것 같아요.

벽

이태원 참사가 일어난 날, 밤 11시가 넘어 재현이에게 전화가 왔어요. 울먹이는 목소리였어요. "나 너무 아파. 사람들이 너무 많이 죽었어. 친구들이 보이지 않아." 재현이는 구급차를 타고 근처 병원으로 이송됐다가 다시 대학병원에 입원했어요. 흉통이 있었거든요. 폐나 뼈에 이상이 있는지 검사를 해봐야 했어요.

다음 날 점심때가 조금 지나서 경찰이 병실로 찾아왔어요. 재현이와 면담 조사를 하겠다고요. 당연히 요청에 응해야 된다고 생각했어요. 아직 재현이 친구 둘이 죽었는지 살았는지 모를 때였거든요. 재현이나 저나 그 아이들의 생사여부를 아는 게 제일 중요했어요. 그 아이들의 행방을 찾는 데 도움이 될 걸 물어보려나보다 생각했으니 어서 도와야 한다는 생각만 한 거예요. 다른 생각은 머릿속에 들어오지 않았죠. 그러니 경찰이 재현이만 데리고 간다고 해도 그냥 받아들였어요. 잠깐 얘기하고 올 줄 알았는데 30분이 지나도 안 돌아오더라고. 정신이 확 들었어요. '아, 이거 이렇게 혼자 보내면 안 되는 거였는데.'

간호사한테 왜 안 오냐고 물었더니 조금만 기다려보시라고 했어요. 걱정되니까 시계를 계속 보고 있었어요. 재현이는 50분 만에야 돌아왔어요. 조사하고 간 경찰한테 문자 메시지를 바로 보냈어요. 재현이 친구들 생사에 대해서 아시는 거 없냐고. 모르겠다고 하더라고요. 그런데 그때는 희생자 신원이 밝혀졌을 때거든요. 경찰이라면 충분히 알 수 있었을 거예요. 게다가 재현이도 부상자라 놀라서 경황도 없는 데다가 어린애잖아요. 지금 상황이 어떻게 돌아가고 있다고 설명을 해줄 법도 한데, 경찰은 일언반구 없었어요. 그러니까 재현이가 처한 상황에 대해 이해하려고 온 게 아니었던 거예요. 재현이한테 뭘 물었는지는 모르겠지만, 아무튼 굉장히 기분 나쁜 질문들을 했을 거예요. 다음 날 보건복지부 직원들이 찾아와서 면담을 하겠다고 했는데, 재현이가 그때는 거부했거든요.

아무튼 경찰도 모른다고 하니 재현이랑 실종된 친구들의 소식이 오기를 초조히 기다렸어요. 한시간쯤 지나서 그 아이들의 부모들에게서 차례차례 연락이 왔어요. 영안실에 있는 아이를 찾았다고.

재현이는 입원 중이었지만 친구들을 보러 가고 싶어했어요. 당연한 일이죠. 그런데 병원에서는 코로나가 유행할 때라 외출이 불가하다는 입장이었어요. 장례식장에 갈 거면 퇴원해야 한다고 했어요. 재현이가 폐나 뼈는 괜찮았지만 몸에 큰 압박을 받아서 근육세포가 많이 파괴된 상태였어요. 혈액 수치상 퇴원하면 안 됐거든요. 그렇다고 이 아이한테 친구들 장례식장을 못 가게 막으면, 그게 되겠어요? 내가 재현이라도 너무 큰 죄스러움이 평생 남을 것 같은데…. 그러니 퇴원할 수밖에 없었어요. 그때 꼭 그런 식으로 퇴원해야 했을까. 다른 방법은 정말 없었던 걸까. 돌이켜 생각해보면 너무 미련이 남아요.

재현이는 퇴원한 길로 친구들의 장례식장과 봉안당을 들렀어요. 그리고 집에 왔는데, 완전히 다른 사람이 되어버린 것 같았어요. 생긴 모습은 재현인데, 내가 알던 재현이가 아닌 것처럼 보였어요.

확연히 줄어들어버린 말수. 잠들기가 어렵다며 한번도 안 먹어본 수면제를 달라고 했습니다. 하루는 울먹이며 제게 말했습니다. "친구들 너무 보고 싶어. 이제 난 내 속마음을 터놓고 얘기할 수 있는 사람이 하나도 없어. 나만 살아남은 게 너무 미안해. 달리는 차에 뛰어들어가든 어떻게든 죽고 싶은데 무서워서 못하는 내가 너무 싫어." 이 잠깐의 대화가 참사 이후 43일간 재현이가 제게 자기 생각을 말한 유일한 대화였던 것 같습니다. 참사 이후 재현이 앞에는 그 깊이도 높이도 가늠할 수 없는 벽이 놓여 있는 게 느껴졌습니다. 제가 아무리 벽 너머에 있는 재현이를 향해서 '엄마 좀 봐. 재현아, 엄마 여기 있어. 엄마는 재현이를 위해서라면 뭐든 다 할 수 있어. 우리 같이 힘 합치면 어렵더라도 이거 이겨낼 수 있어. 엄마 너 너무 사랑해 재현아. 엄마 좀 봐.' 아무리 외쳐도 재현이의 눈은 어딘지 모를 다른 곳을 향해 있었습니다.

— 10·29 이태원 참사 100일 시민추모대회에서
송해진씨가 낭독한 편지 중

아마도 그때 재현이는 아주 낯선 세상에 발을 들인 기분이었겠지요. 그런 아이에게 엄마로서 뭘 어떻게 해줘야 할지를 모르겠는 거예요. 24시간 같이 붙어있어야 하나? 보통의 또래들처럼 학교를 보내는 게 맞는 건가? 학교에 간다고 공부가 될까? 대체 뭘 해야 되지?

뭘 해야 될지는 모르겠는데, 큰일이 일어난 줄은 알겠어요. 내가 애를 정말 잘 보살펴야 되고 평소와는 다른 뭔가를 해줘야 될 것 같은데, 그걸 가르쳐주는 사람이 아무도 없는 거예요. 그 막연함, 그 공포. 미치겠는 거예요, 1분 1초가. 차라리 좀 어리면 내가 데리고 끌어안고 자든 어떻게 해서든 챙기겠는데 애는 커서 이제 나를 쳐다보진 않고… 그 애와 나 사이에 생긴 예전에 없던 그 벽 앞에서 너무나 힘들었어요.

그들이 떠나버린 자리

재현이가 입원해 있을 때 보건복지부 직원들이 찾아왔다고 했잖아요.* 담당자라면서 남자 두분이 오셨어요. 피해자를 면담하겠다고 왔으면 방문 이유를 설명해줘야 될 거 아니에요. 아무 말

● 보건복지부는 참사 다음 날인 2022년 10월 30일 통합심리지원단을 구성해 유가족과 부상자 등에게 심리 지원 활동을 진행하겠다고 발표했다. 부상자의 경우 입원한 병원을 통해 연락처를 파악한 뒤 대면이나 전화통화로 심리 상담을 실시하겠다는 계획도 밝혔다.

도 없었어요. '경찰은 그렇다 치는데 보건복지부는 대체 왜 온 거야?' 당시에도 그런 질문이 들었으니까요. 재현이가 만남을 거부했지만 그래도 여기까지 왔는데 그 사람들을 그냥 돌려보낼 수는 없었어요. 면담이 꼭 필요하다면 엄마랑 같이 받고 시간도 짧게 하자고 아이를 설득했어요. 제가 동석하고 시간도 제한하겠다고 말하니 보건복지부 직원들은 떨떠름한 기색이었어요. 선뜻 대답을 안 하더라고. 그러던 중에 재현이 엑스레이를 찍어야 해서 잠시 다녀왔어요. 그사이에 그 사람들이 그냥 가버렸더라고요.

부상자 혹은 생존자에 대한 정부의 대처는 엉망이었어요. 필요성 자체는 느끼는 것 같긴 해요. 그러니 병원비나 치료비 지원을 해주겠다는 정책이 나오기는 했겠지만, 구체적으로 이 사람한테 어떤 지원이 필요한 건지에 대한 깊은 고민은 없었던 거예요. 재현이는 가장 소중한 친구 둘을 잃은 상황이었는데, 정부에서는 진료비하고 약값 청구하면 주겠다는 안내밖에 없었어요. 보건복지부 통합심리지원단에서 트라우마센터라는 게 있다는 안내 문자가 하나 오긴 했죠. 그냥 모든 피해자에게 일괄적으로 보내는 메시지였어요. 그 외에 정부로부터 연락받은 건 일절 없었어요. 저 혼자 사방팔방으로 정보를 찾았어요. 트라우마를 겪으면 어떻게 해야 하는지 유튜브 프로그램 찾아서 보고 상담센터 찾아보고….

서울시에서 운영하는 심리지원센터에도 연락해봤어요. 혹시라도 도움이 되는 정보가 있을까 싶어 전화해본 거죠. 상담사와의 통화 연결부터 어려웠어요. 이리 건너고 저리 건너서 연결됐는데,

대답이 너무 상투적이었어요. 깊은 사랑으로 아이를 살펴보라는 식의 말. 아무 도움이 되지 않는 이야기잖아요. 이런 곳에 재현이를 데려가면 오히려 상담에 대한 불신만 커질 것 같았어요.

재현이는 한주를 집에서 보내다가 학교에 다시 갔어요. 아침부터 밤까지 혼자 집에 있으니 학교에라도 가는 게 낫겠다 싶었죠. 재현이도 그렇게 말했고. 그때는 제가 미처 생각하지 못했는데, 학교에 있는 것도 얘한테는 엄청나게 힘든 일이었을 것 같아요. 압사가 벌어진 현장에 있었던 사람이잖아요. 사방이 막힌 공간에 꼼짝없이 앉아 8교시 수업을 들어야 된다는 게 어떤 느낌이었겠어요. 재현이도 두세번 그런 말을 했어요. 수업을 들으면 계속 그 장면만 생각난다고. 막 숨이 막힐 것 같다며 그럴 때는 보건실에 가겠다고 말하길래 그러라고 했어요.

이 아이는 그렇게 학교를 보내면 안 되는 거였어요. 다른 프로그램이 있어야 했어요. 학교에서도 이 아이가 아주 큰 일을 겪고 난 상황이기 때문에 잘해줘야 된다는 걸 알기는 했지만, 그냥 알기만 할 뿐이었죠. 이런 때를 대비해 실제로 있어야 할 지원은 그 어디에도 없는 거예요.

재현이는 인문계 고등학교 1학년이었고, 11월 말부터 12월 초까지 기말고사였어요. 그 시험을 다 봤죠. 평소에는 그나마 중간중간 쉬는 시간에 애들이랑 같이 얘기하고 놀아요. 그런데 시험 기간에는 한두시간 시험만 보면 일과가 끝나요. 게다가 시험 기간이기 때문에 애들이 서로 잘 만나지도 않거든요. 그때 재현이가 참 외롭고 마음이 더 다운됐겠다는 생각이 들어요. 그런 상황에서 애한테 살아내라고 하는 것도 참⋯ 살아질 수 있었나 싶어요. 오죽하면 재현이 아빠는 그래요. 차라리 그때 친구들이랑 같이 가는 게 재현이한테는 나았을 것 같다고.

낙인

이태원 참사 피해자입니다. 저는 가장 친한 친구와 가장 사랑하는 여자친구와 이태원을 함께 가서 (핼러윈 축제를) 즐기고 있다가 시간이 늦어서 이태원 1번 출구로 가고 있었습니다. (⋯) 너무 많아진 사람들 때문에 저와 제 여자친구와 친구는 우리의 의지와 상관없이 그 참사가 벌어진 좁은 골목길로 쓸려갔습니다. (⋯) 사람들이 너무 많이 껴있어서 온몸에 힘을 빼도 넘어지지 않고 고정돼 있었고 숨이 거의 안 쉬어져서 제 여자친구는 사람들 사이에 껴있는 상태로 제 바로 옆에서 기절했지만 팔다리를 움직일 수 없는 저는 그 모습을 바라만 봤어야 했습니다. 저와 제 친구도 산소공급이 거의 안 돼서 이젠 살려달라는 말조차 할 수 없었고 점점 팔다리 몸 전체에 감각이 사라지고 숨은 계속 헐떡이고 있지만, 폐가 눌려서인지 그것조차 거의 못 하게 돼서 정말 너무 고통스러웠습니다.

그 상태가 20분 정도 지속되니 차라리 죽고 싶다는 생각이 수백번도 넘게 들었습니다. 너무 고통스러운 나머지 이제 포기하고 싶어져서 호흡을 멈추고 눈을 감았습니다. 점점 몸이 편해졌고, 기절하기 바로 직전까지 갔지만 갑자기 구조요원인지 일반 사람인지 옆 건물 위에서 물을 뿌려주셔서 정신이 확 들었고, 물 때문에 정신을 차린 저는 다시 그 고통스러운 상황에 놓였습니다. 지금 생각해보면 그 물 몇방울 때문에 살았던 것 같지만 그 상황에서는 그 물 몇방울 때문에 다시 큰 고통에 시달려야 한다는 사실이 너무 싫고 미웠습니다.

그렇게 10분 정도 더 정말 죽는 게 나을 것 같은 고통을 받고 있다가 구조요원들이 앞에 끼어있는 사람들을 다 구조하고 저도 그 상황에서 구조돼서 안전한 곳으로 옮겨졌습니다. (…) 다음 날 병원에 입원해 있는 상태에서 친구 부모님께 전화가 왔습니다. 제 친구가 지금 영안실에 있다는 소식을 전달받았고, 세상이 무너지는 듯한 감정을 느끼면서 울고 있었는데 10분 뒤에 여자친구 부모님께서도 전화가 와서 제 여친도 영안실에 있다는 소식을 또 전달받았습니다. 죽고 싶었어요. 지금도 죽고 싶고 그 둘한테 너무 미안하고 모든 게 제 잘못 같고 세상이 저를 버린 것 같았어요. 제가 가장 사랑하는 두명의 사람과 함께 추억을 쌓으려고 이태원을 갔지만 결과는 가장 사랑하는 사람 두명을 잃었고 10대 사망자가 20명이 안 된다는데 그중 두명이 제가 사랑하는 사람이라는 사실

이 너무 받아들이기 싫었습니다. 다시는 이런 비극이 일어나지 않았으면 합니다.●

　재현이는 10월 29일에 있었던 일에 대해서 굳이 말하지 않았어요. 한번은 차를 타고 가는데 라디오에서 이태원 참사 관련 뉴스가 나온 적이 있어요. 재현이가 "엄마, 나랑 같이 있는데 이걸 굳이 틀어야 돼?"라고 까칠하게 말해서 급히 다른 채널로 바꾼 적이 있어요. 그러니 저도 재현이 앞에서는 이야기를 꺼내지 않았죠. 그런데 재현이가 감정이 격해졌을 때 서너번 정도 울면서 말한 적이 있어요. 온라인상에서 본 댓글 이야기를요. 사람들이 왜 저렇게 말을 하는지 모르겠다, 무슨 연예인을 보러 갔네, 마약을 했네, 이런 글들을 대체 왜 쓰는 거냐고, 너무 화가 난다고, 죽고 싶다고 말하면서 엄청나게 울었죠. 그때는 그게 이 아이한테 얼마만큼의 아픔이었는지 알지 못했어요. 재현이를 보내고 나서야 그 말들이 어떤 의미였는지 조금씩 느껴져요.
　장례 치르면서 이 아이가 어떻게 그런 일을 하게 됐을까 알고 싶어서 검색 기록을 찾아봤어요. 그러다 유튜브에서 재현이가 쓴 댓글을 발견했죠. 댓글에 대한 답글이 달렸다는 알람이 많이 와 있었거든요. 피해자를 공격하는 말들이 많았어요. 이태원 참사는

● 이재현씨를 괴롭힌 건 친구를 잃은 고통만은 아니었다. 세상에는 이태원 참사에 대한 왜곡된 시선과 피해자를 향한 날 선 말들이 떠돌아다녔다. 피하고 싶어도 자신을 찌르는 그 말과 이재현은 맞서 싸웠다. 이태원 참사를 보도한 한 시사 프로그램 유튜브 영상에 그는 A4 용지 한장을 다 채울 만큼 긴 댓글을 달았다.

유독 그날 그 자리에 있었던 사람들을 향해 명예훼손이나 2차 가해성 발언들이 심해요. 고등학생이 이태원에 갔다는 사실에 대한 사회적 낙인이 있잖아요. 아마도 재현이는 사람들이 가진 잘못된 생각에 대해 해명하고 싶었을 거예요. 피해자인 자신이 상황을 자세히 알려주면 편견을 가진 사람들이 바뀔 거라고 생각했겠죠. 하지만 재현이의 기대와는 너무나 다른 상황이 펼쳐졌어요.

그런 잘못된 시선, 잘못된 분위기에 대해서 우리 사회가 명확하게 말을 해줄 필요가 있었죠. 그런데 10월 29일 이후 재현이는 세상에 홀로 내던져져 있었어요. 세상은 고작 열여섯살 어린 재현이의 고통을 방치했고 무관심했어요.

결심

참사 나고 재현이가 입원했던 병원에 소아청소년정신과가 있었어요. 퇴원하고 그곳에서 외래 진료를 몇차례 받았어요. 종합병원이다보니 대기 시간도 길고 진료는 10~20분 정도 봐요. 처음에 진료 볼 때는 죽고 싶다거나 힘들다는 얘기를 의사에게 했다더라고요. 중반부터는 그런 이야기를 하지 않았대요. 마지막 진료를 본 게 목요일인데, 그날 진료를 보고 나서 의사 선생님이 아이 상태가 좋아 보인다고 하셨어요. 가족들이 보기에도 재현이가 그전에 비해서 상대적으로 밝아 보였어요. 그래서 그냥 이 아이가 좋아지는 건 줄 안 거예요. 그런데 아이는 그때 마음 정리를 끝냈던 거죠. 그날로부터 불과 나흘 뒤에 재현이가 떠났거든요. 그 정도로 주변에서는 스스로 죽음을 결심한 당사자의 마음을 모르는 거예요. 사람들이 트라우마, 트라우마, 말은 많이 하는데 실질적으로 트라우마라는 게 어떤 양상으로 진행되는 건지, 얼마만큼 위험한 건지 잘 몰라요. 가족 안에서 해결할 수 있는 상황이 아니라 외부의 개입이 절실했죠.

재현이는 순간의 충동으로 죽은 게 아니에요. 일주일 이상 생각을 깊이 하고 준비한 일이에요. 기한을 정해두고 그때까지 애쓰고 견뎌봤는데도 안 될 것 같아 떠난 거였어요. 그때 이 아이에게 부여잡을 만한 동아줄 같은 게 뭐라도 있었다면 좋았을 텐데. 재현이는 안간힘을 쓰며 살아보려 했어요. 그 아이가 핸드폰 속에 남겨둔 기록을 보면 알 수 있어요. 원래의 일상으로 돌아가려고 참 많이 애썼다는 걸. 재현이가 퇴원하고 나서 주위에 부탁해 희생된 친구들의 사진과 영상을 모았어요. 그 아이들의 부모님에게 드리려고. 먼저 간 친구들이 안타깝고 그 부모들 마음도 걱정되니까 그런 일을 한 거죠. 이건 깊이 다운되어 있는 사람의 행동은 아니잖아요. 그렇게 적극적으로 움직이던 재현이가 어느 시점부터는 모든 걸 포기해버리거든요.

재현이는 자기가 겪는 고통을 가족들에게 넘겨주지 않으려고 했어요. 이 아이가 겁이 많으니까 아프지 않게 가는 방법을 알아봤더라고. 친구들 곁으로 가기로 결심하고 재현이는 참 행복했어요. 이제 친구들을 만날 수 있으니까. 오로지 걸리는 게 엄마하고 아빠 그리고 동생이었을 거예요.

병원에서 재현이의 죽음을 확인하고 장례식장을 차려야 되는데, 그때가 한밤중이었어요. 집에 다녀오면서 재현이 가방에서 핸드폰을 열어 봤거든요. '재현이 보고 싶을 때'라는 폴더가 있었어요. 영상이 세개 들어 있었고, 모두 마지막을 앞두고 찍은 것들이에요. 사진도 두장 들어 있었는데, 이건 4월에 찍은 거였어요. 게다가 진짜 우스꽝스러운 표정으로 찍은 사진이었어요. 누가 봐도 웃을 사진. 그래서 잘못 들어갔나보다 생각했죠. 그런데 가만히 생각해 보니까 재현이가 남긴 메시지겠다 싶어요. 그 사진을 보면서 엄마 아빠가 웃기를 바랐겠죠.

재현이는 떠날 결심을 하고는 내 앞에서 굳이 안 해도 되는 수학 공부를 하는 시늉을 하고, 한동안 부르지 않았던 노래를 다시 불러주고, 가족들에게 보내는 긴 영상 메시지를 남겨뒀어요. 그 행동들을 가만히 돌이켜 보면 느껴져요. 아, 얘가 친구들을 만나러 가는 길이 설레고 좋기도 했지만, 가족들한테 정말 미안했구나. 마지막 날 아침에 집에서 나갈 때도 굳이 아빠를 불러 인사를 해줬거든요. 배려라고 해야 할 따뜻한 마음을 주고 갔어요.

엄마 아빠 너무 사랑하고, 다음 생에도 나 정말로 엄마랑 아빠 같은 부모가 있었으면 좋겠어.

— 이재현씨가 휴대폰에 마지막으로 남긴 21분간의 영상 메시지 중에서

희생자

재현이 장례 치르는 동안 좀 이상하다는 생각이 들었어요. 정부나 서울시 공무원들에게서 아무런 연락이 없었어요. 장례를 치르고 나서 서울시 정신건강복지센터에서 문자가 하나 왔는데, 그 문자는 제가 이태원 참사 유가족이라서 온 게 아니었어요. 자살 유가족들한테 보내는 통상적인 메시지였어요. 자살 유가족들을 위한 상담 프로그램이 있으니 필요하면 전화하라는 내용이었어요. 이건 아니라는 생각이 들었죠.

재현이가 그렇게 가고 한동안 저 자신을 탓하는 생각을 엄청나게 많이 했어요. 그러니까 재현이도 원망스럽더라고. 그런데 재현이나 내가 어떻게 한다고 해서 결과가 달라질 문제가 아니었다는 생각이 들기 시작했어요. 마지막이 자살을 한 형태이기는 하지만 재현이는 이태원 참사의 생존자였어요. 이태원 참사가 일어나지 않았으면 재현이가 그런 일을 하지 않았을 거예요. 정부가 나한테 먼저 와서 잘못했다고 말을 해줘야 하는 게 상식이잖아요. 이게 얼마나 큰일인데 어떻게 책임을 져야 하는 사람들이 아무런 말도 없어요? 우리 재현이가 정말 한덕수 총리 말대로 치료 관리가 안 돼서, 의지가 약해서 이렇게 가버린 아이라는 건가?

재현이 가고 나서야 이태원 참사 피해자를 위한 원스톱지원센터*가 있다는 걸 알았어요. 몇번 망설이다 전화했어요. 말을 많이 하지도 않았어요. 딱 하나만 물었어요. 나 고등학생 희생자 이재현의 엄마인데, 나는 이태원 참사의 유가족이냐 아니냐?

원스톱지원센터에서 제 질문에 아무 대답을 못 하시는 거예요. 전화상이지만 놀람이 느껴졌어요. 지금 담당자가 없어서 내일 다시 연락해주겠다며 전화를 끊더라고요. 다음 날 연락이 왔는데, 행안부에서 연락을 줄 거니 기다려달라는 말이었어요. 다시 하루가 지난 뒤에 행안부에서 전화가 왔어요. 논의 중이었는데 결론이 나지 않아서 연락을 못한 거라고 하더라고요. 논의 중이었으면 논의 중이라는 사실이라도 나한테 알렸어야 되는 거 아니냐고 대꾸했어요. 그랬더니 제 연락처를 몰라서 연락할 수 없었다는 거예요. 기가 막히는 말이죠.

논의가 끝나면 연락을 주겠다고 해서 일단 전화를 끊었어요. 그날 밤에 용혜인 의원 보좌관에게 문자를 보냈어요. 전화번호를 받아둔 게 있었거든요. 그때가 이태원 참사 국정조사 기간이었는데, 다음 날 바로 용혜인 의원이 국정조사에서 저희 이야기를 언급했고 그게 뉴스에 나왔어요. 그러고 나서야 행안부에서 재현이도 희생자로 인정해주겠다는 연락을 주더라고요.**

● '이태원 사고 원스톱 통합지원센터'는 중앙재난안전대책본부 소속으로 통합민원실 형태로 설치되어 2022년 11월 10일부터 운영됐다. 중대본이 운영을 종료한 12월 2일 후 유가족과 부상자 민원 처리는 원스톱 통합지원센터가 맡았다.

●● 용혜인 의원은 2022년 12월 29일 진행된 이태원 참사 국정조사특별위원회 2차 기관보고에서 의사진행발언을 통해 이재현씨의 유가족들이 처한 부당한 상황에 대해 알렸다. 행정안전부는 2023년 1월 3일 보도자료를 내고 "관계 법률 및 의료분야 전문가 의견을 청취한 결과 직접적 인과관계가 성립했다"며 이재현씨를 "참사 사망자로 인정하기로 했다"고 밝혔다.

드러나지 못한

재현이는 용산구에서 자랐어요. 친구들도 다 근방에 사는 아이들이에요. 그쪽 동네에서 이태원에 가는 건 쉬운 일이었어요. 그야말로 아무렇지도 않은 일. 이태원을 절대 부정적인 시각으로 바라보지 않았어요. 핼러윈 축제 때면 어린이집에서도 교사들이 아이들을 데리고 가곤 했어요.

참사가 있던 날 핼러윈 축제에 재현이랑 두 친구 외에도 한 아이가 더 있었어요. 그 친구는 그 자리를 조금 먼저 떴어요. 그래서 살아남았죠. 참사 현장에 있지는 않았지만, 함께 그 자리에 갔던 친구 셋을 다 잃은 거잖아요. 그 아이가 어떤 심정이었겠어요. 재현이 입원해 있을 때도 찾아왔었고 장례식장에도 세번 모두 왔었어요. 엄청 많이 울었죠. 녹사평 분향소나 시청 분향소에도 몇번 왔어요. 친구들과 함께 보냈던 추억을 그림으로 그려서 가져오기도 했고…. 걱정이 많이 돼요. 그런데 제가 직접 연락을 못 하겠더라고요. 그 아이를 더 힘들게 하는 일이 될까봐.

재현이를 잃고 한동안은 다른 생각 할 겨를이 없었어요. 시간이 점차 지나면서 이제는 생존자들과 그 또래 친구들의 아픔에도 마음이 쓰여요. 재현이만 해도 유치원부터 초·중·고등학교까지 알고 지낸 친구들이 여럿이잖아요. 희생된 세 아이의 친구들이 그 동네에 아주 많이 살고 있을 거예요. 그 아이들이 이런 경험을 안고 앞으로 어떻게 살아갈 수 있을까. 굉장히 아플 텐데…. 생존자나 친구를 잃은 사람들의 아픔까지도 이야기할 수 있는 사회적인 분위기가 만들어져야 하는데 그러지 못하고 있어요. 유가족들은 그나마 우리 목소리로 말을 하잖아요. 작지만 이렇게 서로 기댈 곳이라도 있잖아요. 드러나지 못한 피해자들의 목소리를 들을 수 있는 어떤 통로나, 그런 사람들이 서로 편안하게 만날 수 있는 자리가 있으면 좋을 것 같아요. 추모와 애도의 공간, 그게 참 아쉬워요.

사람이 큰 위기를 겪으면 삶이 완전히 바뀌더라고요. 2013년도에 저희 아빠가 돌아가셨는데, 아빠의 죽음이 제가 삶에서 죽음을 처음으로 대면한 경험이거든요. 아빠 돌아가시고 나서 어딘지 모르게 내가 이상한 거예요. 불안이랄까 공허함이랄까 이전에 겪어보지 못했던 느낌들이 찾아왔어요. 왜 살아야 하는지를 모르겠고 이유 없이 죽고 싶다는 생각이 들었어요. 어느 시점부터는 '죽고 싶다'는 생각이 '내가 죽을 것 같다'라는 생각으로 바뀌었어요. 아파트 거실에 있으면 또 다른 내가 베란다로 달려가서 뛰어내릴 것만 같은 기분에 사로잡혔어요. 그러다 또 어느 시점부터는 내가 아닌 우리 애들이 떨어질 것 같은 거예요. 2~3년 정도 그렇게 겁에 질린 채로 살았어요.

그러던 어느 날, 아침에 아이들 밥을 먹이고 있었어요. 제가 집안일을 좀 대충 하고 사는 편인데 유독 음식을 만들어 먹이는 것만큼은 신경을 많이 써요. 이미 중학생이나 된 아이들이었는데도 그날 제가 한숟가락씩 밥을 떠먹여줬어요. 얘 한입, 쟤 한입. 또 애 한입, 쟤 한입. 음식이 아이들 입으로 들어가는 걸 보고 있는데… 아, 너무 좋은 거예요. 머릿속에 오직 한 생각으로 가득했어요. 예쁘다. 사랑스럽다. 저는 사람들이 음식을 맛있게 먹는 모습을 보면 그냥 좋아요. 싫어하는 사람조차도 그 모습만큼은 좋더라고요. 삶의 큰 위기를 겪은 터라 그런지 내가 좋아하는 일을 하고 살자고 생각이 바뀌었어요. 그래서 영양사 공부를 시작했어요. 그즈음에 우연히 운동도 시작하게 됐는데, 가벼운 운동은 아니에요. 뛰는 것도 한시간 정도, 등산을 해도 길게 해요. 몸이 좀 힘들 때까지. 주로 혼자 하죠. 건강해지겠다는 목적이 아니라, 운동에 몰두하는 동안은 다른 생각을 안 하게 돼서 좋은 거예요.

재현이 장례식 치르고 열흘 정도는 꼼짝하지 않았어요. 그러다 다시 운동을 시작했는데, 이번에는 목적이 달라요. 재현이를 잃고 나서 제가 건망증도 심하고 인지기능이 크게 떨어졌었거든요. 이러다가 치매에 걸릴까봐 무서웠어요. 재현이 잊어버릴까봐. 그건 생각조차 힘든 공포거든요. 치매에 걸리지 않겠다는 생각으로 운동을 많이 해요. 아마 저처럼 열심히 운동하는 유가족은 없을 거예요. 그래서 겨우 살아 있는 것 같아요.

이런 인터뷰도 저한테는 재현이를 잊지 않기 위한 노력 중의 하나예요. 예전 일들을 돌이켜 보면 그때그때 다르게 해석되곤 하잖아요. 하나의 장면이든 긴 이야기든 간에 저 나름대로 어떤 해석을 가지게 되면 그 일이 더 오래 기억에 남아요. 앞으로 저는 재현이를 그렇게 기억하며 살아야겠죠. 이태원 참사에 대한 기억도 마찬가지일 거예요. 기억이란 한가지 변하지 않는 사실을 그냥 쭉 가져가는 게 아니에요. 사람들이 계속해서 이야기 나누고 다양한 이해와 해석을 모아내면서 기억이 이어져 가는 거죠.

그 과정이 너무 무거워도 안 될 것 같고, 너무 슬퍼도 안될 것 같아요. 한 개인의 일로만 고립되거나 폐쇄적이어도 안 될 것 같고. 이태원 참사를 다룬 다큐멘터리 상영 후에 관객과의 대화에 몇번 참석해본 적이 있어요. 슬픈 분위기가 그 공간에 가득하더라고요. 그 안에 있으면 세상에서 제일 무거운 바위가 나를 누르고 있는 듯한 느낌이 들어요. 유가족들이라고 해서 매번 그런 모습일 필요는 없잖아요. 우리가 지닌 여러 모습으로 시민들과 만난다면, 나눌 수 있는 이야기의 폭도 넓어지지 않을까 싶어요.

상실에 적응하는 법

저희 아빠의 죽음과 재현이의 죽음은 다른 일이기는 하지만, 그나마 저는 가까운 사람의 상실이 어떤 거라는 걸 조금은 미리 연습한 거예요. 그런데 재현이 아빠는 가까운 사람의 죽음을 겪어본 적이 없던 사람이거든요. 이 사람은 얼마나 더 힘들까 걱정되죠. 저는 모르는 사람을 만나거나 낯선 장소에 가는 걸 크게 두려워하지 않는 편이에요. 남편은 저랑 완전 반대예요. 유가협 활동도 하고 싶지 않아 했어요. 힘들어 죽겠는데 똑같이 힘든 사람

얼굴을 보고 있기 괴롭다는 거예요. '둘 중 하나는 나가야 되니 네가 나가라. 너는 정말 잘할 거야. 대신 나는 집안일을 하겠다.' 이렇게 역할 분담이 됐어요.(웃음)

저는 이태원 참사에 관련된 뉴스를 하루에도 몇번씩 찾아봐요. 중요한 뉴스는 유가족 단톡방에 공유하는데, 나와 이분들의 초점이나 관심 사항이 조금 다르더라고요. 저는 주로 참사 이후 정부의 대처에 대해 문제의식을 많이 갖고 얘기한 편이었어요. 다른 가족들은 '그날 이후'가 아니라 '그날'에 모든 관심이 집중되어 있어요. 그런 상황을 보면서도 내가 다르다는 걸 느끼죠. 그런데 서로 얼굴을 보고 지내다보면 그런 일도 다 괜찮아지더라고요.

유가협에 100명이 넘는 사람들이 모여 있으니 의견충돌이 있죠. 다들 큰 아픔을 겪다보니까 감정이 쉽게 격해지기도 해요. 살면서 집회나 농성 같은 걸 해본 사람들도 아니잖아요. 그런 사람들이 모여서 조금씩 체계를 갖추고 이제는 마이크 잡고 발언하시는 분들도 늘어났어요. 함께해야 할 일이 있다고 하면 두팔 걷어붙이고 나오시는 분들도 많으세요. 성장이라고 할까, 이렇게 조금씩 달라져가는 부모들의 모습을 보면서 마냥 좋았어요.

어느 곳이든 단체는 목소리 큰 사람 위주로 굴러갈 가능성이 크잖아요. 유가협만큼은 여러 사람들이 말을 할 수 있는 곳이었으면 좋겠어요. 이 사람들이 어디 가서 자기 이야기를 말하겠어요? 안 그래도 말할 기운도 없는 사람들인데 여기라도 나와서 서로 위로하고 활동할 수 있으면 좋겠죠.

다른 유가족분들이 그러시는데, 제가 얘기할 때 조금 차갑게 느껴질 때가 있대요. 사람들한테 어떤 일을 하자고 말할 때 항상 이유를 구구절절 이야기하거든요. 제가 원래 그런 사람이 아니었어요. 왜 그럴까 생각해봤어요. 세상 모든 일이 이제 내게 아무런 의미가 없더라고. 그러니 끊임없이 생각해야만 해요, 살아야 될 이유를.

이상하게도 저는 이 참사의 원인을 제공한 책임자들을 봐도 분노를 크게 터뜨리지 못해요. 울 때도 소리치고 엉엉거리며 슬픔을 발산하는 울음이면 좋겠는데… 그게 안 돼요. 자꾸 무너지는 울음이에요. 재현이 보내고 나서 한번은 아파트에서 크게 울어서 경찰서에 신고 들어간 적도 있어요. 실은 악다구니를 쓰고 울며 불며 정말 지랄을 피우고 싶을 때가 한두번이 아니에요. 매 순간이 그래요, 매 순간이. 그런데 한번 그렇게 터지면 내가 없어져 버릴 것 같아 무서워요.

재현이가 자살이라는 형태로 저를 떠나서 그런 걸지도 모르겠지만, 저는 내가 죽을 수도 있겠다는 생각을 끊임없이 해요. 하지만 재현이가 그렇게 갔는데 나마저도 그렇게 가면, 재현이 동생이나 재현이 아빠는 대체 어떻게 살아요. 그러니까 너무나 당연하게 저는 자살할 수 없어요. 어떻게든 살아내야죠. 죽을 수도 있다는 생각과 죽으면 안 된다는 생각이 제 안에서 계속 싸우고 있어요. 그래서 바빠야 하는 거예요. 다른 생각을 할 틈이 없도록 몸을 계속 움직여야 해요. 운동을 끊임없이 하고 유가족협의회든 뭐든지 간에 일을 계속해요. 지금 운영하는 약국도 재현이 장례식 치른 그 일주일 빼고 쉰 적이 없어요. 올해부터는 여기저기 맡은 일을 더 늘렸어요. 비정상이거든요. 일의 양이 너무 많아요. 그런데 이렇게 안 할 수가 없는 거예요.

아마 제 말이 믿기지 않을 것 같은데⋯ 제가 옆에서 저를 봐도 제 말이 안 믿길 것 같은데⋯ 우리 재현이 진짜 어제까지 있었던 애 같아요. 오늘 아침에 나간 애 같고. 남편이랑 얘기하다보면 미치고 팔짝 뛸 노릇인 거예요. 아니, 애 친구들이 벌써 고3이래요. 시간이 어떻게 이렇게 지났지? 이 시간과 저 시간이 너무 다르게 흘러서 도무지 매칭이 안 돼요. 가만히 있으면 마음이 끝도 없이 가라앉아요. 내가 터져버릴 것 같고 없어져 버릴 것 같아요. 하지만 난 죽으면 안 되니까.

이런 힘든 상황에 어느 정도 적응이 됐나 하면 어김없이 또 다른 방식으로 내가 막 흐트러지는 일들이 벌어져요. 착각이었다는 걸 깨닫는 일이 반복돼요. 이건 끝나지 않겠다 싶어요. 내 생각을 열어놔야겠더라고. 안 그러면 좌절하게 되거든요. 나아질 걸 기대하지 않고 쉼 없이 무언가를 하면서 슬픔이 옅어지길 기다려요. 이게 제가 지금 상황에 적응해나가는 방법인 것 같아요. 하도 많은 일을 하다보니 고작 한달 전이 먼 옛날같이 느껴지기도 해요. 앞으로도 쭉 이랬으면 좋겠어요. 시간이 이렇게 가다보면 어느새 한 계절이 가 있을 거고 또 1년이 가 있을 거예요.

한국 정부가 옳은 일을 하기를 기다리고 있습니다

그레이스 래치드씨 어머니
조앤 래치드씨 이야기

이태원 참사 희생자 159명 중에는 총 14개국의 외국인 희생자 26명이 포함돼 있다. 한국인 희생자의 유가족들이 유가족협의회와 시민대책회의를 결성하고 참사의 진실을 밝히기 위해 애써온 지난 2년간, 외국인 희생자 유가족들은 각자의 나라에 외떨어져 슬픔과 고통을 삭일 뿐이었다.

참사 이후 가족들은 한국에 있는 각 나라의 대사관을 통해 참사 소식을 접한 뒤 시신을 인도받고 장례 지원금 및 구호금을 지급받았으나, 시신을 인도받는 과정에서 부검선택권 및 시신 인도 절차에 대한 충분한 정보를 제공받지 못했다. 희생자의 한국 내 재산·물품 정리 등 추가 지원이 필요한 부분에 대해서도 한국 정부와 대사관의 지원 및 정보 제공은 전혀 진행되지 않았다.

외국인 유가족들은 참사 이후의 사고 원인 파악 및 국정조사, 책임자 공판, 특별법 제정 움직임, 국내 유가족 활동 소식 등을 어디서도 들을 수 없었다. 시민대책회의는 외교부에 각 나라의 유가족들에게 연락을 취해주길 요청했으나 단 한차례의 조치도 없었으며, 돌아온 외교부의 답변은 담당 부서가 정해져 있지 않아 어렵다는 것뿐이었다.

얼마 지나지 않아 시민대책회의의 공식 SNS에 유가족들의 댓글이 달렸다. 번역기를 통해 만들어진 한국어 문장에는 자신들이 고립되어 있으며 아무런 소식도 들을 수 없고 아무것도 할 수 없다는 무력감과 고통이 담겨 있었다. 참사 이후 2년이 되어가는 지금도 해외 유가족들은 한국 정부의 공식적인 연락을 기다리고 있다. 그러나, 정부 차원에서 먼저 연락한 적은 한차례도 없었다. 한국인 유가족들과 시민대책회의만이 외국인 유가족들에게 간간이 한국의 소식을 전하며 연락을 취하고 있다.

한국을 좋아하는 마음을 안고 학업을 이어가거나 꿈을 이루기 위해, 또는 사랑하는 친구와 가족을 만나기 위해 방문했던 외국인 희생자는 이란인 5명, 러시아인과 중국인 각 4명, 미국인과 일본인 각 2명, 노르웨이인, 베트남인, 스리랑카인, 오스트리아인, 우즈베키스탄인, 카자흐스탄인, 태국인, 프랑스인, 호주인 각 1명이다.

호주 희생자 그레이스 래치드(Grace Rached)의 어머니인 조앤 래치드(Joan Rached) 역시 참사 이후의 소식을 찾던 중 이태원 참사 1주기 기록물 『우리 지금 이태원이야』의 출간 소식을 접했고, 창비 출판사를 통해 작가기록단과 연락이 닿았다. 그레이스는 한국에 있는 친구 네이선을 만나기 위해 서울을 방문했고 그레이스를 포함한 친구 4명이 함께 이태원을 찾았다가 참사를 맞았다. 친구 중 1명인 한국계 호주인 저스티나 조(Justina Cho) 역시 심한 부상을 입고 병원에서 치료를 받던 중 세상을 떠났다.

5월 12일, 호주의 어머니날에 진행된 서면 인터뷰에서 그레이스의 어머니는 한국과 연결되길 간절히 기다렸다고 말했다. 그가 들려준 이야기를 통해 외국인 유가족들이 느낄 답답함과 막막함을 조금이나마 짐작할 수 있었다. 동시에 저마다 다른 각국의 상황 속에서 참사 이후 730번의 날들을 어떻게 지내고 있을지, 짐작할 수 없는 아득함이 밀려왔다.

작가기록단 **박내현**

창비 출판사에 연락하셨다는 이야기를 듣고 죄송하기도 하고, 많이 놀랐습니다. 호주에서는 이곳 소식을 하나도 듣지 못했다고, 아무도 알려주지 않는다고 전해들었습니다.

네. 우리에게는 소식을 전해주는 사람이 아무도 없어요.

이곳 소식을 하나도 듣지 못했다니 정말 답답하셨을 것 같아요. 왜 창비로 연락하게 됐는지, 또 어떻게 연락하게 됐는지 얘기해주시겠어요?

참사 관련 수사가 어떻게 되어가는지 업데이트된 뉴스가 없나

온라인으로 꾸준히 찾아봤어요. 그러다 한국의 부모님들이 목소리를 내고 있고, 정의를 위해 싸우는 일종의 그룹을 결성했다는 것도 알게 되었고요. 우연히 코리아헤럴드에 실린 기사를 봤는데 생존자들과 유족들의 이야기가 담긴 책이 출간되었다기에 그 책을 읽어보고 싶다고 생각했어요. 그래서 출판사 웹사이트에 기재된 이메일 주소로 무작정 메일을 보냈습니다. 그 책이 실제로 있는지, 영어로 번역되어 있는지 물어봤는데 정말 빠르게 두시간 만에 답변이 왔어요. 영어는 아니지만 전자책 다운로드 링크를 보내주겠다고요. 내가 원한다면 전자책에 접속해서 내용을 번역해 읽을 수 있을 것 같다고 말해줬어요.

혹시 이태원에서 그레이스에게 일어난 일에 대해 어떻게 듣게 됐는지 그리고 그 이후에 장례를 치르기까지 어떤 일들이 있었는지 얘기해줄 수 있을까요? 한국 정부로부터 어떤 지원을 받으셨을까요?

참사에 대한 소식을 처음 들은 건, 제 딸이자 그레이스의 동생인 레베카가 참사 다음 날 아침 일찍 서울에서 무슨 안 좋은 일이 일어난 것 같다고 말했을 때였어요. 그레이스가 서울에 있다는 걸 알아서 무척 걱정됐어요. 텔레비전을 켜 뉴스를 봐도 무슨 일인지 알 수가 없어서 그레이스에게 연락했지만 닿질 않았죠. 아무도 받지 않았어요.

그레이스는 한국에 사는 친구 네이선을 만나러 간 거였던 터라 레베카가 네이선의 인스타그램에 들어갔는데, 한 사진이 올라와 있다고 했어요. 사진 속엔 네명이 있고 '언제나 널 기억할게'라는 말이 적혀 있었어요. 무슨 의미인지 곧장 파악할 수는 없었지만 예감이 좋지 않았어요. 걱정하는 레베카를 달래며, 아마 병원에서 치료를 받느라 연락이 안 되는 걸 거라고 되뇌었어요.

그러다 용산경찰서 소속 경찰이라는 분의 전화를 받았어요. 그레이스 핸드폰을 갖고 있다고요. 그런데 그분이 영어를 잘하지는 못해서 서로 알아들을 수 없었어요. 어찌어찌하다 결국에는 그 사람이 전화기는 갖고 있지만 그레이스랑 같이 있는 건 아니라는 걸 알았어요. 그 사람 말로는 아직도 그레이스를 찾는 중이라고 해서 제발 뭔가 알게 되면 연락해달라고 하며 남편 전화번호를 알려줬어요. 하지만 그 뒤로 아무런 연락이 없었어요. 너무 불안해서 다시 전화했지만, 누군가 멀리서 얘기하는 소리만 들리고 전화를 끊더라고요. 그게 마지막 연락이었어요.

얼마나 오래 걸렸는지 생각이 나질 않아요. 주호주 대한민국 대사관(이하 '한국 대사관')에 전화해 우리 딸이 한국에 잘 있는지 알고 싶다, 연락이 되질 않는다고 말했어요. 그러는 도중에도 계속 네이선에게 연락을 시도했어요. 네이선도 전화를 받지 않았는데, 알고 보니 네이선도 계속 그레이스를 찾고 있었다고 하더라고요. 그러다 마침내 네이선이 저희에게 전화를 해줬고, 그레이스가 사망했다는 소식을 듣게 됐어요. 그때는 정말 믿을 수가 없었어요. 네이선은 최선을 다해 아는 것들을 얘기해줬어요. 아시겠지만 네이선도 제정신이 아니었어요.

그래서 우리는 한국 대사관에 쫓아갔죠. 대사관은 여권 사진을 이용해 그레이스의 신원과 피해 여부를 확인해주겠다고 했어요. 그레이스의 신원을 확인하는 데 꽤 시간이 걸렸어요. 그리고 결국 확인했다는 소식이 전해졌어요. 네이선이 거짓말했을 리 없다는 건 알지만, 네이선의 말을 믿고 싶지 않았거든요. 우린 그냥 그레이스가 병원에 있을 거라고, 뭔가 실수가 있는 거라고 믿고 싶었어요. 하지만… 그레이스는 영안실에 있었어요. 남편과 저는 그레이스의 시신을 호주로 송환하기 위해 화요일에 서둘러 한국으로 갔어요. 한국 대사관이 그때는 신속하게 비자를 승인해줬어요. 서울에 도착한 날, 그날 밤에 바로 저희를 병원으로 데려다주기도 했습니다.

그리고 나서 한국 경찰을 만났어요. 아마 공무원도 두어명 있었던 것 같은데 누군지 기억이 나질 않네요. 위로의 말을 하고 나서 저희에게 그레이스의 시신을 넘겨주기 전에 몇가지 질문을 해야 한다고 했어요. 주한 호주 대사관(이하 '호주 대사관')에서 통역사를 보내준 덕에 소통할 수 있었는데 그레이스에 대한 여러가지 질문을 했어요. "한국에는 왜 왔느냐, 건강했느냐, 정신 건강은 어땠느냐." 질문들이 정말 이상했어요. 물론 조사를 해야 한다는 건 알았지만 뭔가 사고와 관계없는 질문들이라고 여겨졌어요. 몇몇 질문들은 통역사가 대답할 필요가 없는 것 같다고 저희 대신 끊어줬어요.

왜 그러는지 이해할 수도 없었고, 이 사람이 정확히 누군지도 정확히 알 수 없었지만 그 절차를 밟아야만 했으니까 대답을 했습니다. 마지막에는 "우리가 원하는 건 그저 당신들이 이 사건을 잘 수사하고 이런 일이 다시는 발생하지 않게 하는 것"이라고 말했어요. 그 사람들은 그러겠다고 했지만, 그 이후 어땠는지는 저도 뉴스를 봐서 잘 알죠. 어쨌든 저희에게 그레이스를 넘겨줬어요.

그 후에는 아이의 시신을 시드니로 보내는 절차를 진행해야 했어요. 여러 사정으로 며칠 기다려야 했지만 다들 잘 도와주셨고 한국에서 장례도 치를 수 있었어요. 주한 호주 대사가 저희를 참사 현장으로 데려다주기도 했어요. 가보니까 많은 꽃과 메모들이 있더라고요. 네이선의 아파트에 있던 그레이스의 소지품도 저희에게 전부 가져다주었고 용산경찰서에 보관되어 있던 그레이스의 핸드폰도 갖다줬어요. 그렇게 그레이스의 모든 물건이 저희에게 돌아왔어요.

며칠이 더 지난 뒤에야 그레이스와 함께 돌아갈 수 있게 됐는데, 서로 다른 비행기를 타야 했지만 같은 시간대에 갈 수 있어 괜찮았어요. 그레이스의 시신은 대한항공으로 운반됐고, 저희가 탄 비행기는 관을 운구하지 않는 항공사였죠. 그래도 시드니에는 같이 도착했어요.

한국 정부의 지원을 받았느냐는 질문에 답을 하자면, 사실 한국 대사관과는 잘 연락이 닿지 않았어요. 호주 대사관이 저희와 한국 정부 사이에 중재자 역할을 많이 했죠. 하지만 이해해요. 그레이스를 가능한 빨리 집에 데려오는 게 저희의 요구사항이었고 그건 잘 해결됐으니까요. 자기들의 할 일을 해줬어요. 그저 이 모든 과정이 견딜 수 없을 만큼 힘들었어요.

아무래도 호주에서는 이태원 참사에 관한 이야기를 많이 하기 어려웠을 것 같은데요. 한국의 가족들은 힘들지만 함께 모여 싸우고 있거든요. 조앤은 어땠나요? 그레이스를 잃은 뒤 호주에서 어떻게 시간을 보내셨는지요?

제 곁에는 다행히 정말 좋은 가족들과 친구들이 있었어요. 저희가 괜찮은지 항상 확인해줬죠. 저희 부부가 그레이스를 데리러 한국에 가 있는 동안 조카들이 매일 우리 집에 와줬어요. 저희 집에 머무르면서 다른 두 딸들이 잘 있다고 저희를 안심시켜줬죠. 저희가 잘 지내는지 계속 전화를 걸어주는 친구들도 있어요.

저희 남편은 레바논에서 태어나 자랐어요. 그래서 아직 가족들은 레바논에 사는데 매일 남편에게 연락해줘요. 남편은 가족을 만나러 레바논에 다녀왔는데, 그게 많이 도움과 위로가 됐던 것 같아요. 친구든 가족이든 누군가와 얘기하지 않고 보낸 날은 하루도 없었어요. 일상에서 그분들이 항상 함께해줘서 저희가 고개를 들고 살아갈 수 있었던 것 같아요. 그렇지 않았다면 동굴 속으로 들어가 무척 우울하게 지냈을 거예요. 매일 전화도 해주고, 찾아와서 커피 마시러 나가자고 해주고, 항상 무언가 같이 했어요.

그레이스가 없다는 게… 아이에 대한 수많은 기억이 정말 힘들거든요. 온종일 그레이스 생각만 했던 날도 있고요. 그런 날이면 감정이 북받쳐 올라요. 늘 그레이스를 생각하지만, 아이 생각으로 어떤 날은 행복하고 어떤 날은 슬프기도 했죠. 좋은 사람들 덕분에 견딜 수 있었어요.

하지만 솔직히 말하면 이 사건을 수사하는 데 왜 이렇게 오래 걸리는지 이해할 수가 없어요. 그게 너무 힘들었어요. 물론 한국 정부는 호주와는 다른 시스템이 있을 거라고 이해해보려 하지만, 여전히 이해되지는 않아요. 한번은 증거가 일부 훼손됐다는 기사를 읽은 적이 있어요. 왜 이렇게 오래 걸리는 건지, 누군가가 믿을 수 없게 만드는 건지 궁금해요. 저와 남편은 계속 그런 궁금증을 갖고 있어요.

사실 한국에서는 '이제 잊어라, 다 지난 일이지 않느냐' 이렇게들 말하기도 합니다. 그런 말들이 유가족을 힘들게 하기도 하는데, 호주는 어떤가요?

다행히 이곳의 문화는 조금 달라요. 레바논 커뮤니티는 물론이고 호주 사람들도 다 잊으라고 하지는 않았어요. 물론 우리도 그레이스를 다시 살릴 수 없고, 아이를 되살리기 위해 우리가 할 수 있는 건 없다는 사실도 알아요. 하지만 사람들이 항상 그레이스 이야기를 해줘요. 그레이스에 관한 이야기를 듣고, 사람들이 그레이스에 관해 기억하는 걸 들을 수 있어요. 그게 저희를 살아 있을 수 있게 해주는 힘인 것 같아요.

오늘이 호주의 '어머니의 날'이라는 얘길 들었습니다. 그레이스가 더욱 그리우실 것 같은데요. 호주 뉴스를 몇 개 읽었는데, 많은 사람들이 그레이스가 정말 멋진 사람이었다고 기억하더라고요. 그레이스는 어떤 사람이었는지 얘기해주시겠어요?

그레이스는 정말 활기가 가득한 아이였어요. 친절하고, 항상 다른 사람을 도우려 했죠. 동생들에게도 좋은 언니였고 저희에게는 너무 좋은 딸이었어요. 그레이스에 대해 할 이야기는 정말 많지만, 간단히 말해볼게요.

그레이스는 아주 따뜻한 마음씨를 가졌어요. 저랑 남편은 장례식 때 정말 많은 사람들이 온 걸 보고 알았답니다. 우리가 모르는 많은 친구들이 있었고, 그분들이 모두 저희에게 와서 그레이스에 관한 이야기를 들려줬어요. 자기들이 힘든 시기를 지날 때 그레이스가 어떻게 도와줬는지요. 일도 열심히 했지만, 친구나 동료들이 힘들어하면 이야기를 들어주고, 도우려고 하고, 언제나 곁에 있어줬대요. 우린 몰랐어요. 정말 착하고 좋은 딸이었지만, 자기 친구들에게도 그런 존재인 줄은 몰랐죠. 그런 평가를 들으면서 우리 아이가 어떤 사람이었는지 더 많이, 제대로 알 수 있었던 것 같아요. 그레이스가 훨씬 더 자랑스러워졌어요.

그레이스는 대학을 마치고 새로운 일을 시작했었어요. 자기가 일하고 싶었던 곳에 가게 되어서 정말 기뻐했죠. 그레이스는 영화 프로듀서가 되고 싶어했고 마침내 꿈을 이뤘어요. 영화나 콘텐츠를 만드는 일이 아이의 인생에서는 중요한 의미였어요. 영화를 통해 자신의 가치관을 표현했죠. 그래서 저희는 영화를 자주 보러 갔었어요. 책 읽는 것도 좋아했어요. 두달에 한번씩 온라인 책 모임을 열어 전세계의 여러 사람들과 함께 읽었죠. 그리고 파티도 즐겼어요. 친구들이랑 나가서 즐거운 시간을 보내고 춤추는 것도 좋아했어요. 삶을 사랑하는 사람이었어요. 환한 미소를 띠면서 문을 열고 들어오는 모습이 너무 그리워요.

작은 영화사에서 일하면서 돈을 모았고, 여행 가는 걸 좋아해 잠시 쉴 수 있을 때 네이선을 만나러 간 거예요. 계획된 여행은 아니었어요. 원래 연말에 갈 생각이었는데, 휴가를 얻은 김에 일찍 만나러 간 것 같아요. 다들 그렇잖아요. 계획대로만 사는 게 아니니까. 그렇게 사는 걸 좋아하기도 했고요.

동생들을 정말 사랑했고 자랑스러워했어요. 조언도 많이 해주고요. 대학에서 친구들을 아주 많이 사귀었는데 다 연락을 하며 지냈더라고요. 예전 학교에서 만난 친구들하고도, 예전 직장에서 만난 동료들하고도 꾸준히 연락하며 잘 지냈나봐요. 그 사람들이 전부 장례식에 와주셔서 알았어요. 사랑을 많이 받은 아이였지요.

그날 이태원에 함께 갔던 친구들이 있다고 말씀해주셨는데요. 그중에서 지금까지 연락하는 분이 계신가요?

네이선과 연락해요. 올해 3월 네이선이 잠시 자기 아빠를 만나러 귀국했었어요. 만나서 그날 밤에 그레이스와 네이선에게 무슨 일이 있었는지 들을 수 있었어요.

그날 네 명이서 같이 나갔다가 너무 많은 사람들이 한꺼번에 밀려와서 모두 잡은 손을 위로 올린 채 걸어야 했대요. 그러다 그 골목에서 흩어지게 됐고, 그렇게 걷다 뒤를 돌아보니 그레이스가 없었대요. 네이선이 어떻게 할 수 없는 일이었어요. 간신히 행렬의 끝에 다다라서 일행을 기다렸는데 아무도 오지 않았다고 해요. 얼마나 불안했겠어요. 정신없이 골목을 돌아다니면서 시신들을 확인했대요. 얼굴 가린 천을 하나씩 들어보면서 그레이스가 아니길 바랐다던데…. 그레이스가 손톱을 예쁘게 장식했었거든요. 천 아래로 나와 있던 손톱을 보고 확인했다고 해요. 이태원 참사를 다룬 다큐멘터리인 「크러시」에 네이선이 나오는데, 골목에서 그레이스를 찾고 있는 장면은… 정말 보기 힘들었어요.

네이선도 트라우마가 얼마나 심했을까요. 정말 힘들었을 텐데 우리에게 얘기해준 거죠. 네이선이 이 얘기를 해주면서 제게 도움이 되면 좋겠다고 했는데, 당연히 너무 큰 도움이 됐어요. 그날 우리 아이에게 무슨 일이 있었는지를 알게 된 것만으로도 좋았어요. 우리가 한국에 갔을 때는 만나지 못했지만, 네이선이 그레이스의 짐을 빠짐없이 잘 정리해서 대사관에 전달해줬어요. 그 당시만 해도 네이선은 너무 힘들고, 또 한국 정부에 화가 아주 많이 나서 아무도 만나고 싶지 않다고 했어요. 그런데도 저희를 위해 많은 걸 해준 거죠. 정말 좋은 친구예요.

조사 과정이 왜 이렇게 오래 걸리는지 이해가 가지 않는다고 말씀하셨는데요. 사실 한국에서는 이태원 참사가 개인의 책임이라고 얘기하는 사람들이 있어요. 그래서 진실을 찾는 과정이 오래 걸리는 면도 있습니다. 호주에서는 참사 당시에만 잠깐 언론에서 다뤄지고 그 뒤에는 거의 이야기가 안 되는 것 같은데 가족들 그리고 조앤에게 이런 상황이 너무 힘들지는 않으신가요?

견딜 수 없을 정도로 힘들어요. 물론 많은 비극이 있고 그 뒤로 호주에서도 많은 사건이 있었죠. 이런 일을 겪는 게 우리만이 아니라는 건 알아요. 그래도 정말 단 한번도 우리 상황을 체크한 사람이 없어요. 단 한명도 우리가 어떤지 확인하지 않았어요, 단 한번도. 시드니에 있는 한국 대사관에서만 뭔가 절차적으로 마무리해야 할 게 있다고 연락 왔었고, 그게 다였어요. 그것 말고는 어떤 연락도, 확인도, 정말 아무것도… 참사에 대해 이야기되지 않아요. 뉴스에 한번 나오고, 그냥 그게 끝인 거예요.

정말 이해해보려고는 하지만, 끝난 게 아니잖아요. 저희에게는 아직도 끝나지 않았단 말이에요. 여전히 조사도 진행 중이잖아요. 아직 생생하게 제 안에서는 살아 있는 일이고 진행 중인 일인데 저희끼리 알아서 해야 하는 거예요. 그래서 온라인으로라도 어떻게 진행되는지 찾아보고 읽어보고 했어요. 한국에서 대체 뭘 하는지, 한국의 법은 어떻게 되어 있는지 이해하고 싶어서 호주의 변호사까지 찾아갔었어요.

몇몇 시민단체가 정확히 뭘 하는지는 모르지만 정의를 찾으려 한다고 알고 있어요. 가족들이 어떻게 활동하는지도 궁금해요. 그룹을 이루고 있다고 들었는데, 매일 어떻게 보내시는지, 또 아이들을 위한 진실과 정의를 찾기 위해 어떤 단계를 밟고 있는지 너무너무 궁금해요. 저희는 여기에서 고립되어 있는 기분이거든요. 예를 들면 임시로 추모공간을 만들었다는 기사를 읽은 적이 있어요. 저도 그레이스의 사진을 추모 장소에 두고 싶어요. 작지만 아름다운 추모공간이라고 생각했어요.

이런 시도들을 여기서 하고 있기는 한데 저희는 소통할 사람이 없는 거예요. 호주 대사관은 너무 정치적인 사안이라 개입하지 않겠다고 저희에게 말했어요. 이해는 하지만 저희에겐 정치적인 게 아니라 가족으로서의, 우리 딸의 문제거든요. 맞아요. 일어나지 말아야 할 사고였어요. 저희는 그냥 진실을 알고 싶은 거예요. 정의가 구현되면 그때는 저희도 뭔가 좀 끝낼 수 있을 것 같아요. 그래서 어떤 연락도 저희에겐 너무 소중했어요. 여러분으로부터 연락을 받아 너무 기뻤어요.

혹시 한국 정부나 한국 사람들에게 하고 싶은 이야기가 있을까요?

저희는 그저 정의를 원해요. 한국 정부가 옳은 일을 해주길 바라요. 이 사건을 제대로 조사하고 다시 일어나지 않게 해주는 것이요. 참사가 일어난 첫날부터 저희가 했던 얘기예요. 그냥 미안하다는 말만 듣고 끝날 수는 없잖아요. 적어도 그보다는 가치 있는 이야기를 들어야 한다고 생각해요. 저희 딸은 한국을 사랑했어요. 한국에 가면 즐거워했죠. 그레이스가 한국에 가면 사진도 보내주고 영상통화도 많이 했어요. 그곳에서 얼마나 즐거워하는지 알 수 있었죠. 그리고 저희가 한국에 방문했을 때, 비록 너무 슬픈 일로 방문한 거였지만, 사람들이 모두 친절했어요. 왜 그레이스가 한국을 그토록 좋아했는지 알 수 있었죠. 여러분들도 사랑하는 사람들을 애도하고 있다는 걸 알고 있어요. 저희가 어떻게 느끼고 생각하는지 이해해주셔서 정말 감사드려요. 지금 단계에서는 이 정도 얘기밖에 할 수 없을 것 같아요. 한국 사람들은 정말 아름다운 분들이었다는 말을 꼭 하고 싶어요. 여러분들뿐만 아니라 한국에 가서 만나고 접했던 분들에게 정말 감사해요. 하지만 한국 정부에 대해서는 제발 나아가길, 제발 옳은 일을 해주길 바란다고 말하고 싶네요.

마지막으로 다른 가족들의 안부를 묻고 싶습니다.

두 아이들은 언니를 긍정적으로 기억하려 애쓰고 있어요. 언제나 언니에 대한 좋은 기억만 얘기하는데, 그게 아이들이 이 일을 극복하는 방식인 것 같아요. 반면에 저와 남편은 사실 항상 슬프거든요. 아니, 항상은 아니지만, 어쨌든 두 아이들 앞에서는 가급적 슬퍼하지 않으려고 노력해요. 슬픔이나 애통한 마음을 저희 둘이서만 나누려고 하죠. 하지만 그게 잘 안될 때가 많아요.

그레이스의 생일이나 어떤 기념일이 오면 저희 조카들, 그러니까 아이들의 사촌들이 찾아와 그레이스 얘기를 많이 해줘요. 사촌들이 늘 곁에 있으면서 딸들의 삶에 머물러주고, 아이들이 자신의 삶에 집중할 수 있도록 해주고 있어요. 언젠가 아이들은 스스로 자신만의 삶을 살아가야 하고, 저희는 두 아이가 그런 충만한 삶을 살아갈 수 있기를 원해요.

아시겠지만… 아이들은 언제나, 언제나 언니를 그리워해요. 앞으로도 그럴 거고요. 하지만 저는 애들이 자기 삶에 집중했으면 좋겠어요. 저희가 할 수 있는 한 아이들을 지켜주고 싶고… 언젠가 저도 아이들에게 그레이스 얘기를 해야 하는 그런 순간이 오겠죠. 아이들의 마음속에 그레이스가 살아 있길 바라고, 아이들에게 그레이스 얘기를 하는 게 제게도 더 이상 어려운 일이 아니게 되길 바라요. 하지만 지금은, 지금은 힘들어요.

우리는 여전히 정의를 찾고 있어요. 그런 일이 일어나면 안 되는 거잖아요. 잘못된 일이 일어났고, 그럼 뭔가 조치가 취해져야죠. 그냥 잊을 수는 없어요. 그레이스가 그랬던 것처럼, 기억할 거라고 말하고 싶어요. 어떤 일이 일어났든지 저는 기억할 거예요.

인터뷰 이후, 시민대책회의와 유가족협의회에 조앤의 메일을 전달했다.

두곳의 도움으로 조앤은 노르웨이 희생자 스티네 에벤센(Stine Evensen)씨의 어머니와 연결되어 꾸준히 연락을 이어오고 있다. 그레이스의 사진은 조앤의 바람대로 2024년 6월, 새롭게 마련된 기억·소통공간 별들의 집에 걸렸다.

여전히 무력함과 어둠이라는
끝없는 터널에 남겨져 있습니다

**알리 파라칸드씨 고모
마흐나즈 파라칸드씨 이야기**

이란 국적 희생자 알리 파라칸드(Ali Parakaand)의 고모인 마흐나즈 파라칸드(Mahnaz Parakaand)는 알리의 가족과 같이 살며 이란에서 인권운동을 하다가 정부의 탄압에 노르웨이로 망명하게 된다. 망명 이후에도 마흐나즈에게 조카 알리는 매일 살갑게 연락을 주고받을 만큼 세상에 단 하나뿐인 존재였다.

도시공학 박사과정을 이수하기 위해 한국에 온 알리 파라칸드는 2022년 10월 29일에도 늘 그렇듯 어머니에게 영상통화를 걸었다. 알리의 어머니 하자르 파라칸드(Hajar Parakaand)는 그것이 아들과의 마지막 전화라는 것을 알지 못한 채, 혹여라도 알리의 즐거운 시간을 방해할까봐 애써 아쉬운 전화를 끊었다.

알리 어머니는 아들의 얼굴 곳곳에 입맞춤을 하곤 했다. 알리를 한국으로 떠나보내던 테헤란 공항에서도 그녀는 아들의 빛나는 얼굴에 입맞춤을 가득 남겼다. 공부를 마치고 듬직하게 다시 돌아올 알리를 맞이할 줄 알았던 테헤란 공항은 이제 알리의 가족들에게 비통함의 공간이 되었다. 미래에 대한 기대로 반짝반짝 빛났던 눈이 꼭 감긴 채 관 속에 누워 있는 아들을 공항에서 마주한 순간 가족들은 비명 같은 울음을 쏟아냈다.

고모 마흐나즈는 망명자 신분인 터라 이란에 입국할 수 없었기 때문에 알리의 마지막 모습을 볼 수도, 절망에 빠진 가족들을 안아줄 수도 없었다. 그래서 마흐나즈는 자신이 할 수 있는 일을 찾았다. 인터넷이 불안정해 한국에서 보도되는 이태원 참사 소식을 접할 수 없던 이란의 가족들을 위해 관련 정보를 찾아 번역했고, 한국의 유가족협의회와 시민대책회의, 언론들과도 소통했다. 이란 희생자들의 유가족 가운데 작가기록단과 제일 먼저 연락이 닿은 이도 마흐나즈였다. 마흐나즈와 화상 인터뷰를 진행하던 중 이란에서 하마스의 지도자 하니예가 암살되었고, 곧 중동 전쟁 확전이 우려된다는 뉴스가 쏟아졌다. 참사와 박해, 전쟁이 불러일으킨 소용돌이 속에서 알리의 가족들은 외로이 상실의 시간을 삼키고 있었다.

작가기록단 **권은비**

번역 **칼릴리 파테메**(Khalili Fatemeh)

이란-한국어 감수 **한승주**

2022년 10월 29일 토요일, 저는 노르웨이 시각으로 저녁 9시 10분에 페이스북을 보고 있었어요. 미국에 사는 제 친구가 페이스북에 서울에서 핼러윈 축제 중 120여 명*이 사망했다는 글을 올렸더라고요. 그 게시물을 보고 알리에게 전화를 걸어볼까 했지만 한국시각을 확인해보니 새벽 4시였어요. 그때까지만 해도 사망자 중 한명이 알리일 거라곤 상상조차 못했어요. 저는 서울에서 잠들어 있을 알리를 방해하고 싶지 않아 메시지만 보냈어요.

'알리, 일어나면 서울 핼러윈 축제에서 사람들이 많이 희생되었다는데 맞는지 알려줘.'

어떤 재앙이 닥쳤는지 그 누구도 알지 못했어요

다음날 저는 아침 일찍 일어나자마자 알리에게 답장이 왔는지 확인했어요. 그런데 아무런 메시지도 와 있지 않은 거예요. 알리는 제 메시지에 답장을 안 한 적이 없거든요. 불현듯 걱정되기 시작했고, 다시 메시지를 보냈어요. '알리, 어디 있니?' 답장을 기다렸지만 수십분이 지나도 답이 없더라고요.

미칠 것 같았어요. 알리의 형 모하마드에게 연락했죠. 모하마드 역시 평소처럼 아침에 알리에게 전화했지만 연락이 안 된다고

● 10·29 이태원 참사가 일어나자 전세계에도 속보가 나갔다. 각국의 보도마다 사망자 수는 상이했고 시간이 지나면서 사망자 수는 늘어났다.

했어요. 모하마드는 그때까지만 해도 한국에서 이태원 참사가 벌어진 줄도 모르고 있었어요. 저는 모하마드에게 서울에 있는 알리의 친구를 통해서라도 알리 소식을 확인해달라고 했어요. 모하마드는 저를 안심시키듯 알리는 괜찮을 거라고 하며 알리의 소식을 알 만한 친구들을 수소문하겠다고 했어요.

10분쯤 지났을 때 모하마드에게 영상통화가 걸려왔어요. 그런데 화면 속 모하마드가 할 말을 잃은 듯한 모습이었어요. 한참을 멍하니 저를 보고만 있었어요. 어렵게 입을 연 모하마드는 말했어요. 알리도 사망자 명단에 있다고. 저는 그 순간 정신이 나간 사람처럼 두 손으로 머리를 쳤어요. 알리가 어릴 때 알리 가족과 제가 같이 살았거든요. 저에게 알리는 세상에 하나뿐인 존재였어요. 앉아야 할지 서 있어야 할지 소리를 질러야 할지도 모르겠더라고요. 영상통화를 하며 화면에 보이는 모하마드에게 어떻게 위로해야 할지도 몰라 혼란스러웠어요. 순간 영상통화 속 모하마드 너머로 비명 소리가 들렸고, 곧장 모하마드가 부모님에게 달려가는 모습이 보였어요. 알리의 부모님이 바닥에 쓰러져 계셨죠. 이 끔찍한 참사는 우리에게 산사태처럼 들이닥쳤어요.

그때까지만 해도 이란에는 아직 이태원 참사에 대해 알려지지 않은 상태였어요. 알리의 가족은 커다란 슬픔을 외롭게 감내해야만 했죠. 저는 노르웨이에 있기 때문에 알리의 가족을 어떻게 도와야 할지, 이 참사를 누구에게 알리고 도움을 요청해야 할지 몰라 발만 동동 굴렀어요. 이란의 그 누구도 우리에게 어떤 재앙이

닥쳤는지 알지 못했어요. 저는 이란에 있는 친척들에게 이태원 참사 소식을 전하며, 모하마드가 자신의 동생 알리에 이어 부모님마저 잃지 않도록 보살펴 달라고 부탁했어요. 저는 바로 주한 이란 대사관(이하 '이란 대사관')에 연락했어요. 알리에 관해 묻자, 그들은 이태원 참사로 5명의 이란인들이 희생되었고 그중 알리의 신원이 공식 확인되었다고 알려줬어요. 알리는 2022년 10월 30일에 사망한 것으로 확인된다고요. 그 말을 듣고 저는 미친 듯 울었어요. 알리의 이름을 목놓아 부르짖으며 집 안을 빙빙 맴돌기만 했어요.

한국 대사관의 태도에 대해 이야기하는 이유

이태원 참사 이후 일주일 동안은 서울에 있는 이란 대사관이 우리의 유일한 소통 창구였어요. 이란 대사관에서 사랑하는 아들 알리의 시신을 이란으로 보내기 위한 준비가 완료되었다고 했어요. 그들은 한국에 있는 알리의 시신을 병원으로 이송하고 이란으로 보내는 과정에서 알리의 가족들에게 꾸준히 연락해줬어요.

하지만 테헤란의 주이란 대한민국 대사관(이하 '한국 대사관')은 달랐어요. 이번 참사로 이란에서 5명이 희생되었기 때문에 이란의 유가족들은 여러번 한국 대사관에 설명을 요구했어요. 그런데 그들은 그저 '모른다'라는 대답만 돌려줬어요. 한국 대사관은 사건을 조사한 뒤 유가족들에게 연락을 주겠다고 했어요. 그런데 22개월이 지난 지금까지도 한국 대사관은 여전히 유가족들에게 아무런 정보도 주지 않고 있어요.

가족들이 자녀들의 시신을 인수하기 위해 공항에 갔을 때에서야 겨우 주이란 한국 대사를 볼 수 있었어요. 그때가 한국의 대사를 만난 처음이자 마지막이었죠. 사실 사전에 한국 대사관을 통해 우리와 한국 대사가 그날 면담하기로 이야기되었었어요. 유가족들은 단 2분 만이라도 좋으니 제발 만나 달라고 부탁했지만, 그는 끝까지 대답하지 않았어요. 결국 유가족들과의 만남도 거부했어요. 대사 대신 부관으로 보이는 사람이 가족들을 만나 한시간 동안 이야기했어요. 부관은 자신에게는 아무 정보가 없다고 주장하면서 이태원 참사와 관련하여 수행된 사법적, 도의적 조치들을 알아본 후 유가족들에게 참사의 원인과 경과 그리고 정부의 대응을 알려주겠다고 약속했어요. 하지만 이 약속은 지금까지도 지켜지지 않고 있어요.

참사 이후 과정을 돌이켜보면 한국 대사관을 비롯한 한국 정부는 이란인 희생자와 유가족의 존엄성을 짓밟았어요. 무책임하고 비인권적이었어요. 일례로, 대부분의 이란 유가족들은 테헤란이 아닌 다른 지역에 거주하고 있었음에도 한국 대사는 테헤란에 있는 한국 대사관에서 면담하자고 했어요. 면담 당일, 우리 가족과 희생자 아파크 라스트 마네시(Afagh Rast Manesh), 알리레자 올리아이(Alireza Oliayee), 레이하네 사다트 아타시(Reyhaneh Sadat Atashi), 소마예 모기미 네자드(Somayeh Moghimi Nezhad)의 가족들은 이동수단도 마땅치 않았고, 비용도 많이 들었지만 오로지 한국 대사와 면담할 수 있다는 기대 하나만으로 모든 어려움을 무릅쓰고 테헤란에 있는 한국 대사관으로 갔어요. 그때가 2023년 9월이었어요. 몇몇 유가족들이 이태원 참사 1주기에 서울로 가서 한국 유족들을 만날 예정이었거든요. 면담 자리에서 이란 유가족들은 서울에서 진행되는 1주기 추모식 참석을 위해 한국에 갈 수 있게 해달라고 요청했어요. 한국 대사관 부관은 검토 후에 긴급 비자를 발급해주겠다고 약속했어요. 그런데 끝내 그들은 약속에 대한 응답을 주지 않았어요. 결국 이란 유가족들은 1주기 추모식에 갈 수 없었어요. 추모식 참석을 사실상 방해한 거죠.

이런 적도 있어요. 한국의 은행에 개설된 알리의 계좌를 이란에서 해지하고 예치해둔 금액을 찾기 위해서는 사망 증명서와 이란 법원에서 발급된 상속 증명서, 그리고 영어로 번역된 유가족의 신분증을 비롯해 사법부에 의해 그 진위가 인증된 모든 관련 서류를 제출해야 했어요. 사실 우리에게는 이 모든 과정을 진행하기 위한 절차적 어려움과 재정적 부담이 컸어요. 정신적으로도 상당히 고통스러웠죠.

알리의 형 모하마드가 각종 서류를 챙겨 한국 대사관에 가서 인증 요청을 했어요. 그쪽에서 수수료 40달러를 현금으로 지급하라더군요. 그때 모하마드는 100달러짜리 지폐만 있어서 그걸 건

넸어요. 그런데 대사관 직원이 100달러짜리 지폐를 거부하고, 모하마드에게 대사관 밖으로 나가서 40달러짜리 지폐로 바꿔 오라고 했어요. 모하마드는 또다시 환전소를 찾기 위해 교통 혼잡이 심한 테헤란 시내를 헤매어야 했어요. 동생의 사망을 인정받기 위해서요.

한국 대사관은 정확히 40달러의 현금을 지불한 후에만 인증 발급이 가능하다며 서류 처리를 다른 날로 연기했어요. 결국 모하마드는 다른 날, 다시 한국 대사관에 방문해야 했고 정확히 40달러 지폐를 건네고 나서야 겨우 서류 인증을 받을 수 있었습니다.

제가 한국 대사관의 이런 태도를 이야기하는 이유는 한국 정부가 이란 유가족들에게 얼마나 무례했는지 한국 시민들에게 알리기 위해서예요. 40달러의 수수료 따위는 문제되지 않아요. 법적 절차에 따르는 어떤 재정적 부담도 유가족들에게는 중요하지 않아요. 가장 중요한 것은 한국 정부가 희생자와 유가족 들에게 닥친 비극을 철저하게 외면했다는 거죠. 진정제에 의존해야 할 정도로 고통을 받고 있던 우리 가족들에게 한국 대사관은 더 큰 고통을 주었습니다.

모든 문제를 차치하고도, 외국인 유가족들이 처음부터 직면했던 가장 큰 문제는 참사와 관련된 어떠한 정보도 접할 수 없었다는 거예요. 외국인 유가족들은 한국에서 무슨 일이 일어나고 있는지, 이 참사와 관련하여 어떤 조치가 취해지고 있는지, 그리고 앞으로 무엇이 행해질 것인지에 대해 아무것도 알지 못해요. 저는 지금도 뉴스타파나 MBC 같은 매체와 한국 유가족들의 인스타그램 게시물을 찾아보고 영상 아래 남겨지는 댓글을 구글 번역기로 돌려보며 상황을 이해하려 애쓰고 있어요. 한국 정부는 우리를 무지한 상태에 남겨두고 다른 유가족들과의 소통을 차단함으로써 우리의 권리를 짓밟고 있어요.

우리에게는 참사의 진실을 알 권리가 있어요

참사 소식을 듣고, 알리의 어머니는 현실을 받아들이지 못했어요. 알리의 어머니와 아버지는 정신적으로도, 육체적으로도 일상적 활동 자체를 할 수 없는 상황이었어요. 이란에 있는 가족 모두가 한국에 오지도 못했어요. 노르웨이에 있는 저 역시도 비슷한 상태였고요.

알리는 2022년 10월 29일에 이태원으로 가면서 이란에 있는 어머니와 영상통화를 했어요. 알리 어머니는 이태원으로 향하는 알리가 무척 신나 보였다고 했어요. 그때 알리가 친구들과 이태원에서 저녁도 먹고 핼러윈 축제도 가볼 거라고, 이태원과 핼러윈 축제 사진을 찍어서 어머니에게 보내주겠다고 약속했었거든요. 알리는 그런 사람이었어요. 한국의 아름다운 도시 풍경과 일상들을 멀리 이란에 있는 가족들과 저에게 자주 보내줬어요. 참사 소식을 듣고도 알리 어머니는 알리가 늘 그랬듯 자신에게 이태원의 사진도 보내주고 전화를 걸어줄 거라고 믿고 있었어요. 이태원 참사로 알리가 세상을 떠났다는 사실을 알리 어머니는 격렬히 부정했어요. 사망자 명단에 알리가 있다는 말을 해도, 알리가 한국의 어느 병원에 치료를 받고 있을 거라고 생각했어요. 알리의 어머니는 서울에 있는 누구든 알리를 아는 사람들에게 알리의 사진과 인적사항들을 보여주면 아들을 찾을 수 있을 거라고 믿었어요. 알리의 죽음을 인정하지 않았어요. 끊임없이 알리를 찾아야 한다고 말했어요.

알리 어머니는 결국 테헤란 공항에서 관 속에 있는 아들의 모습을 마주하고 나서야 그의 죽음을 인정할 수 있었어요. 아들이 마지막 순간에 서울의 거리 한복판에서 겪어야만 했던 고통과 아픔을 상상하면서 몸이 타들어가는 것 같다고 했어요. 알리 어머니는 아직도 매일 눈물을 흘려요. 슬픔과 우울, 환멸에 휩싸인 채로요.

알리가 살았던 서울의 집에 남은 유품들은 한국에 있는 알리의 친구들이 정리해줬어요. 알아보니 유품을 이란으로 보내는 데에는 비용이 많이 들더라고요. 어쩔 수 없이 한국에서 알리의 유품을 다른 사람들에게 나눠주어야 했어요. 알리가 한국에서 최근 구매한 자동차도 아무 대가 없이 부품 분리 센터에 넘겨야 했어요. 참사 당일 알리가 입었던 옷과 지참했던 가방은 알리의 가족에게 돌아왔지만, 휴대전화와 스마트워치는 아직 반환되지 않았어요. 우리 가족들은 알리의 휴대전화와 스마트워치에 이태원 참사가 시작되고 알리가 생명을 잃는 순간까지의 흔적이 기록되어 있을 것이라 믿고 있어요.

알리 아버지는 장례를 치를 때까지는 애써 담담하게 보이려고 노력했어요. 하지만 심장은 이 슬픔을 견디지 못했어요. 알리를 보낸 후, 그는 심장 수술을 세번이나 받아야만 했어요. 알리 아버지가 67세거든요. 아직 많은 나이는 아니잖아요. 그런데 지금 일상적인 일조차 못하고 있어요. 알리의 죽음으로 우리의 세계는 완전히 뒤집혔어요.

저 역시 노르웨이에서 알리의 죽음을 알게 된 후부터 정신 나간 사람같이 지냈어요. 제 남편은 저마저 잃어버릴 것 같다고 말했어요. 이태원 참사 이후 14킬로그램이 빠졌어요. 정신적으로도 심각한 상태였죠. 저는 온종일 알리 사진을 보며 이야기를 나눴어요. 하지만 사진 속 알리가 이제는 내 목소리를 듣지도, 나에게 말하지도 못한다는 사실에 미쳐버릴 것 같았어요. 혹시나 알리를 크게 부르면 알리가 내 목소리를 듣고 대답해주지 않을까, 어느 날 갑자기 알리가 우리 눈앞에 나타나서 사실 멀쩡히 살아있다고 말해주지 않을까. 매 순간, 매일, 매달, 매해가 지날수록 두려움, 절망, 슬픔의 소용돌이 속으로 점점 더 깊이 빠져들고 있어요.

참사 이후, 우리는 길을 잃었고 혼란에 빠져 있습니다. 알리를 잃고 첫 열흘 동안은 너무나도 절망한 나머지 내가 살고 있는 지금이 몇시인지, 내가 살고 있는 곳이 어디인지 생각할 겨를조차 없었어요. 우리는 여전히 무력함과 어둠이라는 끝없는 터널에 남겨졌습니다. 우리에게 지금 평화는 없습니다.

우리에게는 이 참사의 진실을 알 권리가 있어요. 그 당연한 권리를 지켜주세요. 우리는 이태원 참사 유가족들이 정직하고 성실한 대우를 받기 바랍니다. 한국 정부는 차별 없이 모든 생명을 존중해야 해요. 외국인이든 한국인이든 모두 같은 인간으로서 평등한 신체와 영혼, 감정과 존엄을 갖고 있다는 것을 인정해야 해요. 한국 정부가 인간이라면 가지고 있을 양심을 저버리지 말아줬으면 해요. 한국의 정부 관계자들에게 말하고 싶어요. 이태원 참사 피해자들과 유가족들을 향한 차별과 멸시를 거둬주세요. 이태원 참사와 관련된 모든 정보를 문서화해서 외국인 유가족들에게도 지속적으로 공유해주세요. 우리는 한국 정부가 사후 조치에 대한 책임을 다해주길 원해요. 그리고 무엇보다 진상규명을 위한 조사가 누구에게도 방해받지 않기를 바랍니다.

어머니의 편지

알리 파라칸드씨 어머니
하자르 파라칸드씨 편지

사랑하는 알리,

2022년 8월 2일 밤, 네가 한국에 막 도착했을 때를 기억하니? 인천공항에 도착하자마자 너는 사진을 찍어 보내며 걱정 많은 엄마를 안심시켰잖아. 우리 모두 너를 한국으로 보내는 게 너무 힘들었지만 너의 성공을 위해 눈물을 머금고 허락했던 한국행이었어.

사랑하는 알리야, 네가 한국에 도착한 그날부터 너의 새로운 삶이 시작되었다고 엄마는 생각했단다. 너는 한국에서의 새로운 삶에 완벽하게 적응하더구나. 그 짧은 시간 안에 두편의 훌륭한 논문을 발표하고 좋은 친구들을 많이 사귀었다는 말을 듣고 엄마는 기뻤었어. 한국에 도착하고 20일 후 맞았던 너의 생일에도 그 친구들이 널 위해 생일 케이크와 깜짝 파티를 준비해줬던 걸 나는 기억한단다. 그리고 그 친구들과 함께 광복절 행사에도 참여

했었지.

　너는 한국인들이 얼마나 친절하고 준법정신이 투철한지 입이 마르게 칭찬했었는데… 그날, 2022년 10월 29일, 그 참혹한 날에도 똑같이 말했을지 모르겠다. 친구들이랑 저녁을 먹고 이태원에 구경 간다고, 갔다 와서는 나에게 그곳의 사진을 보여주겠다고 했는데… 나는 아직도 너의 연락을 기다리는 중이야.

　사랑하는 알리, 너는 한국에서 89일간의 손님이었을 뿐이지만, 안타깝게도 한국 정부의 무책임함 때문에 너의 삶은 멈춰버렸어. 그들은 너를 엄마에게서 빼앗아갔어. 너는 부당하게 삶의 벼랑 끝으로 밀려났고 한국 정부와 관리자들의 무능함 때문에 희생된 거야. 너뿐만 아니라 그날 그곳에 있던 사람들은 모두 누군가의 가족이었고 사랑과 헌신으로 자라난 사람들이었어. 이제 막 사회에 발을 내디딘, 행복한 삶을 살아 마땅한 젊은이들이었지.

　그런데 어떻게 그들을 보호해야 할 공권력이 그들의 인생을 이토록 하찮게 여길 수 있을까. 지금은 엄마가 이 세상을 떠나기 전에 반드시 이 비극의 책임자가 밝혀져서 그 잘못에 대한 대가가 치러지길 바랄 뿐이야. 그들은 나의 눈에서 잠을 빼앗아갔고, 너의 자리에 눈물과 한숨 그리고 슬픔을 채워놓았어. 엄마의 마음과 영혼은 알리 너와 함께 땅속에 묻혔단다.

이제 엄마는 네 얼굴이 그리울 때면 네 사진에 의지할 수밖에 없단다. 네 목소리가 그리울 때면 네가 남긴 영상들로 나의 그리움을 달래야 하는구나. 네가 아침에 연구실로 가는 길에, 매일 밤 집으로 돌아오는 길에 영상통화로 서울의 도시를 보여주고 그곳에서의 생활을 얘기해줘서 안심이 되었었는데… 영상으로나마 너의 아름다운 얼굴을 보는 건 엄마의 큰 기쁨이었단다. 엄마는 세상에서 가장 훌륭하고 친절한 자식을 가진 것에 대해 늘 하나님께 감사드렸어.

나의 소중한 아이야, 네가 얼마나 아름다운 꿈을 가졌는지, 그리고 엄마가 너를 위해 얼마나 많은 꿈을 꿨는지 아니? 하지만 그 모든 꿈은 산산이 부서져버렸어.

사랑하는 나의 알리, 네 빈자리를 보며 엄마의 가슴은 날마다 타들어가고 있어. 너는 이 세상에서 가장 완벽하고, 가장 훌륭하고, 가장 다정한 사람이었단다. 모든 부모가 너 같은 자식을 꿈꾸고 갈망할 거야. 엄마는 네가 있어 행복했어. 너는 나에게 축복이었고 나는 이 축복에 감사했어. 내가 살아있는 한 너를 사랑하고 너를 자랑스럽게 여길 거야.

내 사랑 알리, 이 편지는 아버지와 형 몰래 쓰고 있어. 왜인지 아니? 요즘 아빠와 형의 정신 상태가 너무나도 불안정하거든. 네 아버지는 너를 보내고 심장이 약해졌고,

부정맥을 앓고 있어. 그래서 엄마는 너에 대해 이야기하기가 두려워. 너의 아빠마저 잃게 될까봐 두렵거든.

내 사랑 알리, 너의 형 모하마드는 너를 잃은 슬픔으로 인해 무너졌고, 엄마는 그를 더 이상 고통스럽게 하고 싶지 않아. 모하마드는 아직도 네가 좋아하던 방식으로 네 방을 정리하고 있단다. 형이 네 옷과 소지품들을 정리해두었어. 그리고 네 방을 매일 청소하고 있단다.

내 소중한 아이야, 네가 편집한 고모의 책이 출간되었어. 네가 그 책의 최종 편집을 함께 했었잖니. 너는 우리에게 너무나 많은 추억을 남겨줬어. 고모의 책도 그중 하나야. 네가 얼마나 다재다능했는지를 보여주는 기념품이지. 너는 수학과 계산에 탁월했던 엔지니어이기도 했지만 글쓰기와 책 편집에도 재능이 있었잖아. 나는 너의 모든 것이 너무 아까워. 아! 너무나도 아까운 내 사랑스러운 아이 알리!

알리야, 엄마는 이제 너를 떠나보낸 공항을 보는 것조차 고통스러워. 며칠 전 텔레비전에 테헤란 공항이 나왔을 때, 바로 그곳에서 너를 꼭 안아주었던 기억이 떠올라 온몸이 떨리고 타오르는 불길이 내 안에 휘몰아치는 것 같아. 이제는 너를 마중 나갈 수 없게 되었다는 사실이, 더는 너를 품에 안고 그 얼굴에 입맞출 수 없다는 슬픔이 엄마를 사로잡고 있어. 이제 엄마는 매주 그저 너의 묘비 앞에 앉아 차디찬 묘비에 대신 입을 맞춘다.

형은 너의 묘비에 '사랑을 심고 사랑과 하나가 되었다'고 적었어. 그리고 이 글을 덧붙여 두었단다.

"하늘의 늙은 아버지, 참을성을 가져야 하리

세상의 어머니, 또다시 당신과 같은 자식을 낳으리니"●

한국의 유가족들은 참사로 슬픔에 잠겨 있지만 진실을 찾기 위해 노력하고 있다는 소식을 들었어. 한국의 시민들도 추모하는 자리를 잊지 않고 찾아주신대. 이 길을 함께 걸어주신 모든 분들에게 진심으로 감사드리고 있어. 하루빨리 한국 유가족들의 노력이 결실을 맺기를, 그리고 이태원 참사의 진실이 밝혀지고 책임자들이 대가를 치르기를 바랄 뿐이다.

나의 사랑하는 아이 알리야, 이제 영원한 안식 속에 편히 쉬렴. 더 이상 이태원 거리에서 사람들이 밀려드는 압박감에 고통받을 일도, 부러지는 뼈의 소리를 들을 일도 없을 테니.

너를 그리워하며 애타게 기다리는

너의 엄마가.

● 13세기 페르시아의 시인 사디(Sa'di)의 시집 『쿨리야트(Kulliyat)』에서 발췌.

진세은씨 고모 진창희씨
임종원씨 고모 임정숙씨
최보람씨 고모 최경아씨 이야기

서울시청 앞 분향소의 유가족 쉼터는 6월 초부터 벌써 찜통이었다. 이른 더위와 보라 리본 제작 도구들, 기자회견 준비를 위한 온갖 물품들이 쌓여 천막 안은 답답했고 분향소 전기를 대느라 쉴 새 없이 돌아가는 발전기 소리 때문에라도 인터뷰 장소를 옮겨야 했다.

결국 자리 잡은 곳은 분향소 바로 옆 시청 지하 라운지. 여기서만큼은 세 고모 모두 '내가 너무 나서는 것 아닌가' 하는 평소의 걱정은 잊은 듯 보였다. 고모가 그러면 '오바'인 것 같아서 큰 소리로 말 못했던 떠나간 아이들에 대한 미안함, 유가족들과의 부대낌 속에서 느끼는 희로애락과 바람까지 그 모든 것을 절절하게 뿜어내는 그녀들을 보며 나는 생각했다. 고통의 시간을 견뎌야 함을 알면서도 스스로 지옥문을 열고 이 투쟁 안으로 저벅저벅 걸어 들어온 사람들답다고.

세은 고모는 대학생이었던 조카 세은이와 이렇게 빨리 헤어지게 될 줄 알았다면 더욱 자주 만났어야 했다고 한다. 뒤늦은 후회는 세은 고모가 유가족협의회 대전충청지부장으로서 누구보다 부지런히 지역 유가족, 단체 활동가들을 만날 수 있게 한 힘이 되었다. 종원 부부를 근사한 식당에 초대해 같이 밥을 먹은 게 마지막이었던 종원 고모는 지금도 회의만 끝내고 일어서려는 유가족들에게 '밥을 먹어야 식구'라며 살뜰히 챙기고 식사를 권한다. 어릴 때부터 보람이를 직접 키웠던 보람 고모는 시청 분향소가 차려진 직후부터 별들의 집으로 옮겨간 지금까지도 분향소 지킴이 유가족 당번을 정하는 일정을 관리하고 있다. 유가족협의회 운영위원까지 맡아 1인 2역을 소화하는 보람 고모는 자신과 닮은 보람이가 살아 있었다면 처음엔 더디지만 결국 누구보다 거뜬히 자기 인생을 잘 살아냈을 거라 믿는다.

기억 속 조카들은 고모의 모습으로 피어난다. 덕분에 나는 한번도 만난 적 없고 너무나 애석하게 앞으로도 볼 수 없을 세은, 종원, 보람씨와 조금은 가까워진 기분이다. 서로를 '왕고' '투고' '쓰리고'로 부르며 부모가 주축인 유가족 활동에 앞서거니 뒤서거니 힘을 보태는, 오늘도 모여 앉은 세 고모들의 이야기를 시작해본다.

작가기록단 **정인식**

쓰리고, 유가족 활동을 시작하다

종원 고모 "어머! 삼촌, 이모, 고모, 다 나온다고? 그럼 나도 해야지! 어떻게 해야 되는 건데?" 그렇게 유가족 단체 카톡방에 가입했어요. 종원 아빠가 애들 장례 치르고 나서 제일 먼저 한 일이 분향소에 왔던 거래요. 나라에서 분향소 차리고 꽃만 덩그러니 갖다 놨던 때예요. 너무 기가 막히니까 받아들여지지도 않고 해서 다른 유가족들을 좀 만나려고 종원 엄마 손 잡고 나왔대요. 여기 와보면 나랑 비슷한 누구라도 보겠지 했는데 아무도 없더라는 거예요. 이런 처참한 사고가 났는데 나라에서 합동으로 하는 것도 없이 뿔뿔이 다 흩어놓고 어떻게 연락처도 하나 없나 이래서 기자한테 자기 연락처를 주고 유가족이 다른 유가족을 찾으면 내 번호를 알려주시오 했다는 거지. 그러다 종원이 아내가 직장 동료한테 민변 연락처를 받아와서 그걸 시아버지한테 알려줬고 그렇게 종원 아빠가 유가족 활동을 시작하게 된 거야. 그런데 나는 아무래도 한 다리 건너잖아. 엄마도 아빠도 아니니까 그냥 소식만 관심 있게 듣고 있었어요.

그러다가 2023년 봄쯤 됐을 거야. 가족들끼리 모여서 밥 먹고 차를 마시는데 종원 아빠가 "지금은 나라에서 이태원 참사가 얘기되는 걸 막고 있고 언론에서도 점점 보도를 줄이고 있는데 이럴 때일수록 가족들이 모여서 뭔가 행동으로 보여야 된다"라면서 다른 집들은 삼촌, 이모, 고모, 작은엄마, 작은아빠 들이 다 나온다는 거야. 근데 우리 가족은 자기네 부부밖에 없다고. 물론 나도 49재, 100일 추모제 이런 데는 따라갔었지만 갑자기 다른 유가족들은 친척들까지 다 나온다는 소리를 듣고 가만있을 수가 없어서 그 즉시 막내를 끌고 "야, 너랑 나랑 어디 와서 뭐 하라 그러면 무조건 가자! 너도 가입해!"라고 한 거예요.

세은 고모　어느 날 종원 고모가 나타나더니 종원 아버지한테 "야, 임익철, 너 말야!" 이러는데 유가족들이 다 놀란 거예요. 종원 아버지가 머리도 하얗게 세고 연세도 많으셔서 유가족들한테는 어르신이거든요. 저희 다 공손하게 "안녕하세요, 아버님" 허리 숙여서 인사하는데, 웬 머리 새까만 여성이 나타나더니 머리 새하얀 종원 아버지 이름을 막 부르면서 "야! 너!" 한다고, 누구냐고 다들 궁금해했어요.

　그러다가 2023년 5월 특별법 제정 단식농성 앞두었을 때쯤 국회 앞에서 저녁마다 이어말하기를 하는데 처음으로 종원 고모가 마이크를 잡으셨어. "여기 와보니까 쓰리고가 있더라고요. 제가 나이상 왕고인 것 같고, 투고가 보람 고모, 쓰리고가 세은 고모인데. 두 사람은 브레인이고 나는 그렇지 못해서 몸으로 때우려고 해요"라고 말했지. 그때 처음 '쓰리고'란 말이 생겼는데 너무 재밌는 거예요. 그래서 우리가 모이기만 하면 하이파이브하면서 쓰리고, 쓰리고! 외쳤어요. 그전까지는 그냥 '세명의 고모가 있다' '고모 세명' 이렇게만 말했어요. 근데 왕고가 국회 앞에서 그렇게 발언하면서부터 공식 '쓰리고'가 생긴 거지.

보람 고모   왕고가 종원 아빠한테 속았네! 삼촌, 이모, 고모 누가 다 나와?

종원 고모   낚였어. 처음엔 종원 엄마가 너무 정답던 아들을 허망하게 잃더니 장례식장에서부터 울다 기절하다를 몇번씩 하고 꺼이꺼이 울면서 밤을 꼴딱 새우는데, 줄초상 나는 줄 알았어. 한동안 그러다가 하나 남은 둘째 아들네라도 지켜야겠다는 생각을 했던 것 같아. 그래서 직장을 접고 맞벌이하는 둘째 아들네 손녀 둘 봐주려고 아예 이사를 갔어요. 마포에서 용인으로. 종원 엄마는 손녀들 보느라 주중에는 나오질 못하고 머리털 허연 종원 아빠만 그 먼 용인에서 혼자 나와 있으니 그게 또 불쌍해 보여서 내가 더 자주 나오게 된 거지. 임종원 아빠 임익철이가 불쌍해서, 임종원 엄마 권선희 대신에. 근데 나 요즘 애네한테 좋은 소리 못 들어. 수다스럽다고 나오지 말래.

세은 고모   그거 종원 아버지 애정표현일 거예요. 본인보다도 더 나이 많은 누이가 추우나 더우나 지킴이 같이 해준다고 밤 9시, 10시까지 시청 분향소 계셔주시는 게 미안해서. 원래 형제자매간에 고맙다 미안하다, 그거 너무 오글거려서 안 돼요. 우리도 서로 그런 얘기 안 해. 세은 아빠 보면 눈도 안 마주쳐. 그냥 서로 각자 보고 싶은 데 보면서 얘기해.

종원 고모 남남 같애. 차라리 남들하고는 반갑게 인사해.

보람 고모 나는 눈을 마주치려야 마주칠 수가 없어. 나타나야 눈을 마주치지. 세은네는 아빠가, 종원네는 엄마 아빠가 같이 활동하시는데 보람이는 제가 아니면 여기 나올 사람이 아무도 없으니까. 초기에 민변 사무실에서 유가족들 만나고 했을 때부터 그냥 '네, 활동해야죠' 했죠. 그렇게 저벅저벅 하다보니까 유가족협의회 중심에 들게 됐고. 헤엄쳐 나가려고 해봐도 돌아가기에는 이제는 너무 멀리 왔죠.

희생자 159명 중에 26명이 외국인이고, 지방 출신 희생자도 워낙 많으니 지방에 계시느라 활동에 참여 못하시는 유가족분들도 적지 않아요. 그래서 진짜 힘 하나라도 더 보태야지 고모라고 빠져 있을 수 있는 분위기가 못 돼요. 100여명 중에 이래저래 활동 안 하는 사람, 지방 사람 제하다보면 활동할 수 있는 인원이 너무 부족해서 고모가 유가족 활동하는 거 이제 너무 당연한 거예요.

보람이는 돌 되기 전에 엄마 아빠가 이혼을 해서 제 손에 컸어요. 내가 잘못 키웠는지는 잘 모르겠지만… 누가 꼭 들쑤셔야 나가고 뭘 하자, 먹자 그래야 움직이는 좀 수동적인 아이였어요. 그래서 제가 항상 채근한 게 그거거든요. '네가 문을 열고 한발자국만 나오면 된다. 네가 깨고 나오지 못하는 벽은 강철판이 아니라

그냥 창호지라서 톡 깨면 쉽게 나올 수 있다.'

그런데 이제 와 생각하는 건, 그런 사람 많은 데를 자기 스스로 가는 애가 아니었는데 그냥 주저주저하는 애로 놔둘걸 싶은 거예요. 맨날 고모가 '할 수 있어. 뭐든지 할 수 있어. 유 캔 두 잇' 말했던 게 결국 절벽에서 아이를 떠미는 격이었던 게 아닐까. 그 악몽을 제가 한동안 너무 많이 꿨어요. 사람이 잘 못하는 것도 있는데 배우기도 전에 강요한 게 아닐까… 그런 미안함에 많이 힘들었어요. 그래서 더 보람이를 위해 활동해야 된다고 생각했고요.

세은 고모 나는 엄마는 아니니까 유가족 활동을 할지 말지 선택할 수 있잖아요. 참사 초기에 장관이나 정부의 대응을 보니까 앞으로 진상규명 운동이 힘들 거라는 게 눈에 훤히 보였는데도 유가족 단체 카톡방에 들어가야 되겠더라고요. 내 발로 지옥에 걸어 들어가더라도 이 참사를 똑똑히 눈으로 보고 뭐라도 해야 되겠다는 마음이 들었어요. 시민으로서 사회정의를 위해 해야 할 몫이 있다고 생각하며 살아왔는데 거기에 가족으로서의 한이 보태진 거죠. 들어와보니 예상대로 끔찍했고요.

지난 30년 세월 동안 사회단체 활동을 두루 하면서 공동체가 깨지고 한편이었던 사람들이 떠나는 게 가장 힘들었어요. 그래서 저는 처음부터 우리 유가족이 깨지거나 갈라질 수도 있다, 그렇지만 나는 절대 떠나지 말아야지, 아무리 밉고 아무리 안 맞는 사람이 있어도 끝까지 버텨야지 하는 마음으로 유가족 활동을 시작했고 벌써 1년 6개월이 흘렀네요.

세 고모가 기억하는 조카들

세은 고모 조카딸들 이름 중에 '세은'이가 젤 예뻤어요, 진세
은. 이름 따라가는지 얼굴이며 성격이며 다 예뻤어요. 제 조카여
서가 아니라 어떻게 사람이 저렇게까지 티 없이 맑고 악의가 없
을까 할 정도였으니 주변 사람들 모두에게 사랑받았죠. 받은 사
랑을 주변에 나눠줄 줄도 알았던 것 같아요. 참사 직후 세은이가
국립중앙의료원 외상센터에서 3일간 치료를 받다가 숨졌는데 그
며칠간 거의 이백몇개 지정헌혈을 받았대요. 게다가 장례식 3일
동안에는 세은이 친구들, 지인들로 장례식장이 꽉꽉 차고 몇몇은
화장장까지 같이 가줬어요. 대학교 3학년까지 다니다가 1년 휴학
하고 나서 언니랑 여행 계획하며 진로를 고민하던 때였는데… 사
람 돕는 걸 좋아하니까 사회복지사를 해볼까, 또 애들도 예뻐하
니 어린이집 교사도 어울리겠다, 공무원이 안정적이라던데 그건
어떨까, 한창 고민할 나이였죠.
　세은이 어렸을 때는 자주 만나고 여행도 자주 갔는데 세은이
엄마가 저희 집에서는 며느리잖아요. 제가 시누이 노릇 안 하려
고 거리를 많이 뒀어요. 그래서 세은이 크고 나서는 명절이나 어
른들 생신, 제사 때 정도밖에 못 봤는데, 그때도 며느리를 일찍 보

내주는 게 좋으니까 세은이를 더 자주 못 봤죠. 거리가 생긴 것 같아 섭섭했지만 그래도 20대 초반 대학생 조카랑 고모가 애정을 듬뿍 나누겠다는 건 욕심이다, 내가 나이 먹어서 집안 어른들이랑 편해진 것처럼 얘도 서른 넘고 마흔 넘으면 친할머니나 고모를 더 찾는 날이 올 거다 하면서 기다리던 중이었어요. 나중에 나이 먹고 함께 시간 보내게 되면 내가 든든하게 뒤를 받쳐주는 집안의 어른 역할을 해줘야지 했는데 그 기회를 잃어버렸어요. 이렇게 빨리 헤어질 줄 알았다면 더 자주 만났어야 했는데.

종원 고모   우리 조카 임종원은 굉장히 긍정적이고 자기 일은 부모 간섭 없이도 너무 잘해서 중고등학교 때 반장, 회장 하고 대학도 수월하게 가고 직장도 대기업을 다니고 있었어요. 종원 엄마가 애들 어려서부터 친척들한테 받은 세뱃돈, 용돈을 차곡차곡 통장에 넣어놨다가 종원이 대학 딱 입학하면서 줬대요. 중간에 주식도 조금 해서 불려가지고 대학 신입생으로는 아마 액수가 조금 됐나봐. 근데 종원이가 그걸로 엄마 아빠 몰래 스쿠터를 산거야. 아파트 주차장에 딱 숨겨놓고 헬멧까지 멀리멀리 숨겨놓고 몰래 타다가 1학기 기말시험 코앞에 두고 다쳐가지고 수술하고 누워서 병원에서 시험을 봤다나. 그때 나한테 "고모, 스쿠터는 안 위험해요. 오토바이가 위험하지"이러더라니까. 자기 주관이 강하고 하고 싶은 것도 많은 아이였어요. 결혼하고 나서도 아이는 안 가지고 부부가 여행 다니면서 인생을 즐기고 있었어요.

참사 나기 전에 종원이 생일도 있고 해서 맛있는 밥 한끼 사주려고 약속을 잡았죠. 올림픽공원 북문 쪽 식당에서 맛있는 걸 먹이고, 근처에 핑크뮬리가 한창이니까 너희 부부 데이트 하다 들어가라 하고 헤어졌는데 그게 마지막이었지.

보람 고모 다들 너무나 자기 앞가림을 잘하는 야무진 아이를 잃어서 안타깝다고 하는데 보람이 생각하면 사실 '아우, 저게 정말 사람 노릇을 할 수 있을까' 싶을 정도로 너무 여리여리한 아이였어요. 주변머리도 없고 자기 일을 잘 헤쳐나가지도 못하고, 늘 누군가의 도움을 받아야 될 것 같은. 그렇지만 뭐든 한가지 습득하고 나면 그걸로 너무나 열심히 세상을 살았을 아이거든요. 저도 좀 그런 편인데.

제 자식 둘이랑 키웠어도 오히려 보람이가 저랑 케미가 제일 잘 맞아서 늘 수다 떨고 얘기하고 깔깔대고 웃던 그런 딸 같은 존재였어요. 중고등학교를 미국에서 보내고 한국으로 와서는 20대 중반부터 10여년간 꾸준히 영어학원 강사로 일하고 있었어요. 그날도 같이 일하는 학원 선생님들이랑 이태원에 간 거고….

세은 고모 학원 선생님 여럿이? 보람씨만 사망했고요?

보람 고모 응. 넷 중에 보람이만… 이태원에서 잃어버렸다는데. 같이 간 선생님들이 외국인 선생님들이라 조금 개인주의적으로 '어디 갔나보다' 이렇게 생각했나봐. 그러다 다음 날 학원 출근을 안 하니까 전화가 왔고 그래서 알게 됐지. 그냥 일찍 헤어졌다고 해. 길이 너무 혼란스러워 같이 다닐 수가 없어서 그랬다고, 사실 나도 그 마지막이 너무 궁금한데….

세은 고모 세상에, 만나서 얘기 좀 해보지. 어디서 뭐 먹었나, 몇시에 어디 있었나.

보람 고모 학원 선생님들이 나한테 꼭 연락을 달라고 그랬어. 그래서 거의 매일, 일주일에 몇번씩 생각해. 연락하고 만나서 얘기 좀 해봐야지. 그런데 그게 너무 두려워, 보람이의 마지막 얘기를 듣는 게… 내가 이렇게까지 오랫동안 일을 미뤄본 적이 없는 사람이거든. 작년에 미국 갔다가 올해 2월에 와서 술 먹은 김에 전화를 한번 했어. 내가 꼭 한번 만나러 가겠다 얘기를 해놓고 또 서너달이 지난 거야. 이번에는 꼭 만나서 해결을 봐야지 생각했는데 지금까지 못하고 있어. 계속 그냥 무서워…

너무 가까워서도 너무 멀어서도 안 되는 '고모'라는 위치

종원 고모 초반에는 '부모도 아니면서 왜 그렇게 나서냐' 소리

꽤 들었지.

세은 고모 난 그거 다 칭찬으로 들었어.(웃음)

보람 고모 유가족협의회 운영위원회 구성할 때도 이촌까지만 운영위원 하자는 사람들이 있었잖아요. 삼촌, 고모는 빠지라고.

세은 고모 특별법에 유가족 범위가 직계 존비속으로 나와 있어요. 배·보상금 지급할 때도 고모는 유가족 범위 안에 안 들어가서 해당사항 전혀 없어. 그러니까 우리는 오히려 더 당당하고 무서울 게 없지. 얻을 것도 바라는 것도 없으니까.

보람 고모 맞아. 나 보고 운영위원 하지 말라던데 그럼 이 일 누가 해요? 그래도 10명은 있어야지. 그래서 2기 운영위원 구성할 때 처음에 일단 엄마 아빠 아닌 사람들은 제하자고 얘기가 나왔는데 반발이 너무 심했죠. 아마… 워낙 제가 일을 열심히 했기 때문에?(웃음)

세은 고모 고모는 운동의 주체가 아니라고 생각한 거 같아요. 제가 그때 느낀 점은 유가족이라는 이름 아래 다양한 생각을 가진 분들이 모였잖아요. 그중에는 가족에 대한 틀이 딱 고정된 분들이 있더라고요. 나는 '같이 밥 먹고 깊이 정을 나누는 사람이면 가족이다' 하는 가족 개념을 갖고 있는데, 어떤 분들은 엄마 아빠 아니면 남이라고 생각했던 거예요.

보람 고모 근데 지금은 그런 말 하는 사람 전혀 없죠. 오히려 너무 당연하게 생각해. 일을 너무 시켜!

종원 고모 투고가 유가족들한테 되게 든든한 존재인 거지. 시청 분향소 유가족 지킴이 스케줄을 2년 가까이 맡아서 관리하고 있지, 명랑쾌활하지, 현역 첼리스트지. 우리 쓰리고는 대전충청지부장에다 글도 잘 써, 말도 잘해. 아주 멋진 사람들이잖아.

세은 고모 사실 어제 세은 아빠한테 전화가 왔어요. 그런데 그 순간 '나 내일 인터뷰 한다'는 말을 지금 하면 안 된다, 아직 세은 아빠도 인터뷰를 안 했는데 내가 먼저 인터뷰를 한다는 말을 하면 세은 아빠가 기분 나쁠 수 있다, 이 생각이 딱 드는 거예요. 물론 세은 아빠는 제 활동을 긍정적으로 생각하지만, 이건 기분상의 문제거든요. 자기가 아빤데, 자기도 아직 안 한 인터뷰를 고모가 먼저 해? 아무리 고모 활동을 좋게 생각한다 한들 기분 나쁠 수 있거든요. 그래서 어제는 인터뷰 얘기를 못했어요. 다음 주든 다다음 주든 차차 분위기 봐서 해야죠.

어느 날 그런 생각을 한 적이 있는데, 제가 여기 와서 너무 많이 우는 거예요. '내가 미쳤나? 왜 이러지? 내가 세은이랑 뭐 그렇게 돈독했다고?' 근데 고모지만 엄마 이상으로 마음이 갈 수도 있는 거 아닌가요? 어디서 발언 요청이 오면 어떻게든 엄마나 아빠가 할 수 있게 돕고 저는 한발짝 뒤에 서 있고, 또 늘상 엄마들한테도 "고모가 엄마 마음을 어찌 알겠냐? 짐작도 못한다. 천만배도 모르고 백만배도 모른다" 그렇게 말하지만, 생각해보면 고모 마음도 굉장히 대단하긴 해요.

보람 고모 근데 고모가 또 너무 크게 울면 그것도 오바야. 내가 운영위원임에도 불구하고 인터뷰를 잘 안 하는 게 일단 매체에 고모가 나간다 하면 약간 깔고 보는 것도 있더라고. 아직도 어디 가면 '왜 쟤가 나서?' 이럴까봐 좀 신경 쓰여.

세은 고모 고모라는 위치가 그런 거 같아요. 한발 물러서 있는 게 맞는데 그렇다고 또 너무 물러서 있어도 안 되고.

종원 고모 엄마 아빠들이 나서기 어려운 일에 고모가 필요한 거 같아. 유가족 행사 끝나면 바로 집에 가는 사람들이 꽤 있더라고, 처음에. 회의 끝나고 같이 저녁 먹자는데 그냥 가는 가족들을 몇번 내가 붙잡았어. "아니 밥을 같이 먹어야 식구지. 왜 가냐" 그랬더니 바쁘대. 우리가 사실 어디 가서 맥주 한잔도 맘 편히 못 마시잖아. 여기는 다 같은 입장이니까 밥 먹으면서 반주도 좀 하고 기분 좋게 헤어지기도 하잖아. ○○ 엄마도 처음에는 그냥 가다가 한번 같이 밥 먹자고 잡았어. 얘기를 하는데, 시어머니를 오랫동안 모시고 살았더라고. 뒤늦게 늦둥이로 외동딸을 하나 얻었는데 그 애를 잃었다고. 그 슬픔을 속에 꾹꾹 눌러 담고 표현도 못하고 굉장히 힘들었던 거야. 몸도 마음도 힘들었는데 같이 어울리다보니까 언젠가부터 많이 밝아지고 건강해 보이더라고. 삭발도 나서서 하시고.

"이제는 말할 수 있다"
고모들의 투쟁 후일담

보람 고모 삭발하기 전날 유가족들 다 모여서 회의하다가 빵 터졌잖아요. 특별법이 국회 본회의에서 통과됐는데 여당이 대통령 거부권 건의하겠다고 한 날이었으니 그 엄중한 때에, 세은 고모가 냉정한 목소리로 "고모는 남이야. 무슨 삭발까지 해. 이촌까지만 삭발해. 우린 삼촌이잖아 촌수로. 직계 존속 아니면 비속이 해." 그 말이 너무나도 웃겨서 다들 엄청 웃었잖아.

세은 고모 이제는 말할 수 있지. 해명을 하자면, 삭발 전날 아무도 안 나서면 나라도 해야지 하는 마음으로 서울에 왔어요. 근데 운영위에서 삭발 신청자가 몇명인지 안 밝히는 거야! 알고 보니 '없으면 내가 해야지' 이런 사람이 너무 많았다는 거야.

종원 고모   나도 할 수는 있었어. 근데 몇오라기 안 되는 거 깎아
봐야 뭔 효과가 있겠냐고. 세은 고모 같은 긴 머리털이 효과가 있
지.

세은 고모   그날 회의 끝나고 저녁 먹으러 가서 기억나요? 어떤
단체 후원주점이었는데 가수가 민요를 부르고 장구를 쳤어요. 그
러니까 내일 삭발할 엄마 하나가 원래 흥이 많은 사람이긴 한데
거기서 막 춤을 추는 거야. 근데 저는 그 춤에서 '내가 여기서 뭘
가려? 내일 나는 민머리를 보여줄 건데 체면 차릴 게 뭐가 있어'
하는 게 느껴져서… 그 엄마는 신난다고 막 춤을 추는데 무슨 마
음으로 춤을 추는지 알겠으니 눈물이 나는 거예요.
  그런데 다음 날 결국 그 엄마 삭발 못했잖아. 나이 많은 엄마들
이 "젊은 엄마들, 저 이쁜 엄마들 머리 깎게 하지 말자"고 그러면
서 나섰지. 세상에 나 그 말 듣는데… 고모는 끼지도 못했어. 서로
하겠다는 사람 너무 많아가지고.

종원 고모   그날 낮에 영정사진 들고 시청 분향소에서 용산 대
통령실 앞까지 행진을 했었어. 그날 눈보라가 아주 대단했지.

세은 고모   맞아요. 2024년 1월 17일. 눈비 맞으면서 마스크 쓰
고 특별법 즉각 공포하라고 침묵의 영정 행진을 했죠.

종원 고모 그날 부모님이 지방에 계시거나 못 나오시는 분들은 우리가 영정을 하나씩 들어주기로 했잖아. 종원이랑 같은 직장 다닌 아이가 있어서 그 아이 영정을 내가 안았단 말이야. 안고 가는데 처음에는 진눈깨비같이 오던 게 금세 막 눈보라로 바뀌어서 질척질척한 데를 뚫고 걸었어. 근데 행진 시작하면서부터 한쪽 눈이 너무 아픈 거야. 내가 50년 콘텍트렌즈를 껴온 사람인데 이물질이 들어갔는지 눈물이 그렇게 나와. 너무 아파갖고 눈물을 닦다가 안약도 한번 넣었다가 또 영정사진 젖으니까 닦다가 막 이랬는데, 걔 숙모가 동영상으로 그걸 봤대. 처음에는 '종원 고모가 우리 조카를 안아주었구나' 싶어 고맙더래. 그런데 확대해서 보니까 내가 계속 울더라는 거야. '아니 저 양반은 자기 조카도 아닌데 뭐가 서러워서 저렇게까지 우나' 의아했다는 거지 나중에는. 내가 계속 눈물을 닦고 가니까.

세은 고모 행진 있던 1월에 눈 많이 오던 날, 특별법 때문에 여의도에서 오체투지도 했어요. 제가 저질체력인데, 눈 위에서 하니까 너무 좋더라고요. 시원해서 땀도 안 나고 폭신폭신하고 흙도 하나 안 묻고. 기름때, 진흙 묻을 테니 오체투지 끝내고 버릴 마음으로 홈쇼핑에서 잘못 산 바지를 일부러 입고 나왔는데 그 바지가 깨끗할 정도로. 근데 그날 언론에서 그림은 제일 불쌍하게 나왔어요. 그때 사회 보던 조계종 노동사회위원회 활동가분도 가족들이 빙판길에서 오체투지 한다고 너무 안됐다며, 도로로 내려오시라고 하는데 오히려 도로는 눈이 녹아 진흙탕이어서 우리가 막 눈 위에서 하겠다고 다시 올라가고 그랬죠.

그렇게 국회를 한바퀴 도는데 다 벚꽃나무예요. '아, 내가 지방에서만 살아서 몰랐는데 여기가 그 유명한 여의도 벚꽃길인가보다. 봄이 오면 이 나무에도 꽃이라는 게 필까? 우리가 이 벚꽃을 아름답게 볼 수 있을까?' 그런 생각을 했었어요.

세상을 변화시키는 게 이렇게 어렵구나

종원 고모 아이고, 국회 말도 마. 2023년 6월에 특별법 패스트트랙 지정해달라고 유가족 부모들이 손편지 써서 국회의원실 돌렸잖아. 나도 쫓아가서 같이 하는데, 보니까 국민의힘을 다 건너뛰는 거야. 어차피 받지도 않을 거고 받아도 쓰레기통에 버릴 거라고. 국회의원이어도 그 윗선들, 대통령 눈치 보느라고 그런다는 게 정말 서글프기 짝이 없고 방에 막 쳐들어가고 싶고 그랬다니까. 자기 키우던 강아지, 고양이조차도 아프면 얼마나 사람 가슴이 아파. 동물이라도 그럴 텐데 생때같은 자식들을 159명이나 떠나보낸 유가족들한테 어떻게 미안하단 말 한마디를 안 할까. 저게 과연 사람인가 생각이 들더라고.

나는 평생 보수로 살아왔던 사람이에요. 진보는 다 좀 이상한 사람들인 줄 알았어. 다 좌파고 무조건 반대를 위한 반대만 하는 사람들이구나 생각했는데. 평생 내 멋대로만 해석하고 산 거지. 우리 조카 일에 이렇게 한발 들어서면서 많이 바뀌었어요. 내가 선입견을 갖고 있었구나. 또 언론도 정확한 사실만 내보내는 게 아니구나, 너무 많이 가리고 감추는구나를 알았죠.

보람 고모 저는 사실 정치와 너무나 무관하게 살아왔어요. 우리나라가 굉장히 살기 좋은 나라인 줄 알았고, 시스템이 완벽하다고는 할 수 없어도 선진국이라고 생각했죠. 그런데 이렇게 겪고 보니 정치가 너무나 많이 퇴보돼 있다는 걸 알았어요. 노무현 대통령이 청와대를 떠나면서 당신이 나라를 바꿀 수 있을 줄 알았는데 아무것도 할 수 있는 게 없더라고 얘기하셨대요. 그걸 듣고 생각했죠. 대통령이 아무것도 바꿀 수 없었다고 무기력함을 얘기하는 이 대한민국은 대체 어떤 나라일까? 앞으로 안전에 대한 문제가 나올 때 이태원 참사를 빼고 말할 수는 없을 테니 좋은 나라가 되는 방향으로 우리가 꼭 앞에 서야겠다고 생각해요.

세은 고모 저는 법 하나 만들고 조사 한번 하는 게 보통 일이 아니라는 걸 가장 크게 깨달았어요. 그냥 시민으로서 볼 때와 운동의 당사자로서 보는 정치는 차원이 다르구나. 야당이 좀 나서고 국회가 좀 나서면 되는 줄 알았는데 매 순간 가족들이 행진하고 집회하고 요구해야 되고, 그래도 눈 하나 깜짝도 안 하고. 진짜

법 하나 만드는데 너무 어려운 거예요. 세상을 변화시키는 게 이렇게 어렵구나 싶었죠.

길고 긴 싸움, 쓰리고는 계속 남아서 할 거예요

종원 고모 그래서 유가족 단체 카톡방에서 날카롭게 대하는 거 보면 걱정돼. 마음 합치고 힘 모아도 모자란데. 같은 목표와 열의를 가지고 활동했던 처음으로 돌아가야 되지 않을까? 지금 남아 있는 과제들이 너무 힘들고, 할 일도 많은데 유가족들이 갈라져서는 안 된다는 염려가 있어요.

세은 고모 근데 각자 말씀 들어보면 다 아이를 위해서 하는 일이거든요. 누구 하나 진심 아닌 사람이 없는데 감정이 자꾸 부딪쳐. 서로 다 진심이고 서로 다 아이를 위하는데 서로 방법이 너무 달라요. 저는 사실 유가족 분란은 예측을 했었는데, 예측 못한 건 우리를 도와주는 분들에 대한 제 이상과 현실의 괴리였어요. 우리를 모이게 하고, 모이면 울기만 했던 우리를 웃게 만들던 너무나 능력 좋은 시민단체 활동가들, 변호사들, 쟁쟁한 야당 의원들… 그분들과 함께하면 뭐라도 할 수 있을 것 같고 세월호보다 더 강력한 법안도 나올 수 있고 진실규명에 다가갈 수 있을 줄 알았는데, 특별법 만들 때도 상황과 현실에 내몰려 많은 양보를 하게 됐고 분향소도 한시적인 장소로 옮겨야 했죠. 유가족 활동이 정말 외롭고 고달프기 짝이 없어요. 그리고 예상대로 되는 게 거의 없고요.

유가족협의회 운영위나 도와주시는 분들 모두 최선을 다해주셨어요. 그 모습을 보면서 우리가 이것밖에 안 되는구나, 속으로 안타까운 거죠. 유가족으로서 할 수 있는 게 많이 없어요. 이상민 장관 탄핵 기각될 때도 국회랑 법원 밖에서 울부짖을 수밖에 없고 국정조사 할 때도 제대로 된 질문 하나 못하고. 피해자가 주체가 된 적이 있었나 하는 고민이 들어요,

보람 고모　시청 분향소 이전하는 거 오늘 보도자료 나갔어요. 지금은 분향소 이전이 유가족들 사이에서 가장 큰 이슈고 힘든 사안인데. 우리가 지금 들어가는 별들의 집이 2024년 11월 2일까지만 쓸 수 있는 임시공간이기 때문에 올 10월부터 또 새로운 공간으로 옮길 준비를 해야 하니 사실 시간이 별로 없거든요.

그런데 자꾸 서울시에서는 '가족들이 원하는 게 뭔지를 모르겠다' 이렇게 얘기해요. 나는 그런 소리를 들을 때마다 답답해. 유가족들이 원하는 게 뭐겠어? 각자 A가 좋다, B가 좋다 얘기하지만 결국은 다 같이 모여서 소통할 수 있는 공간을 원하는 거지. 별들의 집이 그래도 '국가에서 정말로 잘못했다고 인정했기 때문에 이 정도의 공간을 우리에게 주는구나'라고 할 수 있는 그런 흡족한 장소잖아. 어디 처박아놓은 게 아니라. 근데 원하는 게 뭔지

를 모르겠다니. 그러면 구체적으로 평수는 몇평, 위치는 어디, 이거를 얘기해달라는 건가? 그러니까 협상이 안 돼요. 아까 세은 고모 얘기하듯이 우리가 그런 협상을 막 능숙하게 할 수 있는 능력도 못 돼, 초보라. 그래서 11월에 2차 장소로 옮겨갈 때 모든 유가족들이 '왜 이런 데를 얻었느냐' 실망할까봐, 나는 그게 요즘 제일 큰 고민이에요.

임시장소도 어차피 11월 2일까지인데 굳이 지금 시청 분향소를 옮길 필요가 있느냐 반대하는 분도 계셨지만, 저는 일단 장마가 너무 무서웠어요. 다들 비 걱정은 해요. 하지만 저는 야외에 있는 시청 분향소를 책임지는 사람 중 하나예요. 먼 지역 사람들은 '어떻게 해' 걱정만 하지, 폭우 쏟아지고 강풍 불면 시민대책회의 분들이나 집 가까운 유가족들이 달려와서 분향소 무너지는 것을 잡아야 하는데 솔직히 너무 힘든 일이에요. 작년 폭우에 영정사진들이 떨어졌을 때 국가에서 '불법적인 일 하지 말라 그랬잖아! 진작에 치우라 그랬잖아!' 뭐라뭐라 하는데 그런 일들이 너무 두려운 거예요.

세은 고모   운영위 하는 일에 열심히 반대하는 게 저예요. 지난번에 45명 모여서 투표하는데 44대 1, 반대 하나가 저였어요. 그런 일이 있어도 저는 악착같이 나오거든요. 감정이 쌓였어도, 운영위가 내 생각대로 안 해도 나와야 된다고 생각해. 끝까지 나올 거예요. 정치인들, 책임 있는 사람들이 사법적 책임뿐 아니라 도의적, 정치적 책임을 질 때까지.

해보니까 그런 날이 쉽게 안 올 것 같은데요. 근데 세월호 엄마 아빠들이 10년을 그렇게 했잖아. 어떤 사람들은 세월호 할 만큼 다 했다, 거의 다 밝혀졌다 이렇게 얘기하지만, 그 부모들은 아직 다 안 됐다, 해야 할 일이 남았다고 하잖아요. 광주민주화운동 엄마들도 그렇고 제주 4·3도 그렇죠. 저는 그냥 평생 이렇게 살아도 될 것 같아요. 계속 진실 요구하고 더 나은 피해자 권리 요구하면서 평생 이러고 살아도 될 것 같아. 이 싸움이 쉽게 안 끝날 것 같아. 어차피 유가족이 된 건 내 운명이고 인생에서 지워질 수 있는 것도 아니고, 답도 없고 희망도 없는데 그냥 이렇게 살면 어때. 모여서 울고, 싸우고, 비판하면서. 살 만해요.

이 안에서도 너무 좋은 사람들 많이 만나고, 우정도 있고 사랑도 있고 즐거움도 있어요. 그냥 이렇게 살아도 돼요. '빨리 해결하고 유가족 아닌 삶을 살아야지?' 우리 마음에 이만큼이면 됐다 하는 순간은 없을지도 몰라요. 유가족들이 갈라질 수도 있고 유가협을 나갈 수도 있지만 그래도 할 사람은 하는 거지. 쓰리고는 계속 남아서 할 거예요.

종원 고모 점차 활동을 흐지부지하게 되는 사람들도 있고, 끝까지 하겠다는 유가족도 있을 거예요. 물론 나갔다가 돌아오는 사람도 있을 거고.

세은 고모 다시 돌아오는 사람들은 우리가 고모로서 잔소리 한 마디씩 해요. 그냥은 못 들어와. 각서 써. 뭔가 반성은 하고 들어와야지.(웃음)

종원 고모 길고 긴 싸움이 될 거 같아. 그래도 희망을 가져야지. 지금보다는 무엇인가 더 해결되고 무엇인가 더 이루어진다는 희망은 그래도 놓지 말아야지.

세은 고모 희망? 희망은 너무 어려워요. 차라리 그냥 삶으로 받아들여야죠.

종원 고모 특별법 통과됐지만 지난한 과정들이 남아 있을 거야. 참, 세상을 다 안다고 생각했는데 아는 게 하나도 없었어, 이제 와 보면. 세상에 쉬운 게 없어.

세은 고모 우리 왕고 연세에 지금 그 얘기 하시면 투고, 쓰리고는 어쩌라고요? 우리는 언제쯤 그런 경지에 가보나.

보람 고모 유가족 활동을 한 지 2년 가까이 되다보니까 동력이 많이 떨어졌어요. 사실 어떤 투쟁을 하자 해도 예전 같을지 잘 모르겠어요. 그래서 제가 운영위에 여러가지 건의를 많이 했어요. 나이가 비슷한 엄마들끼리 모으든지 뭔가 같이 해보든지, 편하게 나올 수 있는 동기를 만들어보자.

세은 고모 그거 되게 좋다. 우리가 쓰리고로 모여 더 즐거운 것처럼 다른 엄마 아빠들도 나이별로 동네별로 취미별로 소모임을 만들 수도 있겠고. 우리 쓰리고 연대가 씨앗이 돼서 다른 유가족들도 우리처럼 이렇게 연대하면 좋겠어요.

보람 고모 세월호 부모님들이 합창으로 하나 될 수 있었던 것도 굉장히 좋은 아이디어잖아요. 유가족들은 아이들의 참상을 알리기 위해서 무대에 서고 싶어했을 테고, 또 모여서 자꾸 소리 내연습하다보면 성취감도 느꼈을 테고. 그런 것처럼 우리도 뭔가조직해서 유가족들이 끝까지 같이 모일 수 있게 해보는 거죠.

유가족 활동에 나오기를 편안해하고 좋아하는 사람들도 있지만, 소외감을 느끼는 사람도 있을 거예요. 나오는 걸 꺼려 가끔 한번씩 나오는 분도 있어요. 유가족들끼리 서로 사이가 다 좋을 수도 없어요. 사람 모이는 데다보니 개성들도 강하고 싫어지는 사람도 생기겠죠.

그래도 우리는 10년이 지나도 20년이 지나도, 10월 29일이 되면 살아 있는 한은 꼭 봐야 되는 사람들이잖아요. 그러니까 유가족들이 끝까지 같이 갈 수 있었으면 하는 바람이에요.

세 친구 그리고
세 엄마

조예진씨 어머니 박지연씨
추인영씨 어머니 황명자씨
강가희씨 어머니 이숙자씨 이야기

조예진, 추인영, 강가희 셋은 '조추강'이라고 불렸다. 대학 시절 세 친구는 항상 붙어 다녔다. 함께 놀며 웃고, 같이 여행하고, 한 방에 살면서 일상을 공유하는 가족이었다. 늘 그랬듯 그날 이태원에서도 세 친구는 함께였다.

이태원 참사의 진실을 찾는 여정에서 세 엄마는 서로를 찾았다. 의문투성이를 해결하고 싶었던 예진 어머니가 인영 어머니에게 연락하고, 참사에 대한 기사 한줄도 보지 못하던 가희 어머니가 인영 어머니를 찾아왔다. 기억도 웃음도 분노도 나눌 수 있는 세 엄마는 금세 가까워졌다. 추모 집회에서 만나고, 아이의 영정을 대신 들어주고, 세 친구의 사진을 보며 웃음도 짓고, 생일이면 아이들의 추모관에 음식을 싸들고 찾아간다. 이젠 서로가 서로에게 가족과도 같다. 세 친구가 그랬듯이.

작가기록단 **구파란, 홍세미**

97년생 조예진과 98년생 강가희, 99년생 추인영은 대전의 한 대학교 해양스포츠 동아리에서 만났다. 가희는 재밌는 성격에 속이 깊어 주변에 사람이 많았다. 예진은 겉으로는 강인해 보이지만 알고 보면 누구보다 여리고 섬세해 누군가 어려움을 겪고 있으면 가장 먼저 나서는 성격이다. 인영은 어리지만 성숙하고 이성적인 성격이라 두 언니가 믿고 의지하는 든든한 동생이다. 엉뚱한 면이 있는 인영을 두 언니는 많이 귀여워했다. 2019년 5월, 외향적이고 활발한 성격이 자매처럼 닮은 셋은 작지만 환한 동아리방에서 처음 만났다.

셋이 뭉쳐 '조추강'
세 친구 이야기

전주가 고향인 인영은 대학교 앞에서 자취를 했다. 셋은 인영의 원룸을 아지트 삼아 자주 모였다. 수업을 마치고 허기져 배를 채우려고 만나고, 아르바이트 마치고 피로를 풀려고 모이고, 시험을 끝내고 놀기 위해 서로를 불렀다. 인영의 집에서 밤새 수다를 떨다가 인영의 옷을 입고 잠이 들고, 다음날 인영의 화장품을 바르고 같이 등교했다.

어차피 매일 뭉쳐 있으니 같이 살기로 한 셋은 학교 앞에 집을 얻었다. 함께 살기 위한 규칙도 정했다. 각자 살 때는 방 청소 한 번 제대로 한 적 없었다지만 함께 살고부터는 야무지게 집안일을 해냈다. 동물을 아끼던 셋은 유기견 임시보호도 시작했다. 처음 임시보호를 했던 강아지가 5개월 만에 해외로 입양되었고 두번째로 임시보호를 했던 강아지는 입양이 안 되어 자연스레 가족처럼 같이 자고 같이 먹고 같이 산책했다.

셋은 항상 붙어 다녔고 동아리 사람들은 이 셋을 '조추강'이라고 불렀다. 후배도 선배도 조추강을 사랑했다. 혼자 있으면 조용한데 셋이 함께면 어느 자리든 환해졌다. 셋은 공부하는 틈틈이 동아리 활동도 열심히 했다. 해양스포츠 동아리라 방학이면 바닷가로 엠티를 갔는데 여행을 좋아하는 셋의 성격과 잘 맞았다. 예진과 가희가 졸업을 앞둔 2020년, 셋은 동아리 해외 엠티에 참가했다. 셋은 다양한 해양 스포츠를 경험하고 스킨스쿠버 자격증도 취득했다. 당시 유행이었던 '아무노래 챌린지'를 여행 틈틈이 찍어 SNS에 올렸다. 셋이 있는 자리에는 웃음이 떠나지 않았다. 여행 마지막 날, 숙소에서 친구들과 이야기를 나누며 바라본, 별이 무수히 떠 있던 밤하늘을 셋은 오래 기억했다.

한국으로 돌아오는 날이 마침 10월 29일이었다. 동아리 회원 누군가 대전으로 내려가는 길에 이태원 핼러윈 축제를 경험해보자고 했다. 호기심 많고 활동적인 모두에게 즐거운 시간이었다. 셋은 2021년에도 축제에 참가했다.

2021년 예진과 가희는 졸업을 했다. 2022년 제주도를 사랑했던 예진은 제주살이를 시작했고 가희는 군무원 시험에 합격해 논산에서 살게 되었다. 인영은 졸업을 앞두고 대전에서 학교를 다니고 있었다. 각자 다른 지역에 살게 되었지만, 힘든 일이나 좋은 일이 생기면 가장 먼저 연락하고 서둘러 만났다. 메신저로 서로의 일상을 공유하다가 시간을 맞추어 대전 인영 집에서, 제주 예진 집에서, 논산 가희 집에서 뭉쳤다.

우리 애 너무 추웠겠다
예진 엄마 이야기

예진이가 외동딸이라 사소한 것도 엄마에게 조잘조잘 이야기를 잘했어요. 예진이가 제주에 사는데 대전 집에 들렀다 이태원 축제에 간다고 코스튬 복장을 대전 집으로 시켰어요. 알라딘 공주 복장이었는데 코가 뾰족한 금색 신발이 짝짝이로 배송됐다고 작게 푸념하더라고요. 그래도 코로나가 끝나서 축제다운 축제가 될 것 같다고 예진이가 기대를 많이 했었어요. 저는 그전에 서울에 산 적이 있어 이태원을 가본 적도 있고, 그전 해에도, 전전 해에도 세놈이 멀쩡히 다녀왔으니, 무슨 일이 있을 거라고 생각을 못했어요. 잘 다녀오라고, 재밌게 놀다 오라고 했어요. (예진 엄마 박지연)

참사 당일 밤, '이태원 압사 사고' 뉴스를 보자마자 예진 엄마는 예진에게 전화를 걸었다. 통화가 되지 않아 밤새 잠을 이루지 못했던 엄마는 새벽에 무작정 서울로 향했다. 서울로 가는 차 안에서 용산경찰서로 100번 넘게 전화를 걸었다. 겨우 전화가 연결되었고 경찰은 예진이가 동국대학교일산병원에 있다고 했다. 엄마가 도착했을 때 예진이는 이미 숨을 거둔 상태였다. 예진은 발견 당시 바로 사망자로 분류되어 119구급일지에 어떤 처치를 했는지, 몇시에 사망했는지 등의 정보가 남아 있지 않았다. 아이의 마지막을 엄마는 알 수 없었다.

예진이가 죽고 제가 빌었던 게 딱 하나예요. 고통의 시간이 길지 않았기를. 내 아이가 애타게 나를 찾았을 그 시간이 제발 길지 않았기를 바랐어요. 그러다 참사 당일에 어느 가게에서 녹화된 CCTV에 우리 아이가 찍힌 것 같다고 화면을 캡처해 보내주셨더라고요. 아이가 길 위에 누워 있었어요. 그때 이미 사망했는지 아이 얼굴에 A4 종이가 덮여 있었어요. 영상이 찍힌 시간이 밤 12시 5분이었어요. 이미 그전에 사망했다는 거죠. 아이가 알라딘 재스민 공주 코스튬을 입었는데 그 옷이 항아리바지에 상의는 배가 드러나는 톱이거든요. 바지도 얇은데 아이 배가 드러난 채로 차가운 아스팔트에 누워 있었어요. 우리 애 너무 추웠겠다. 그 생각이 먼저 들었어요. (예진 엄마 박지연)

장례를 치르고 며칠이 지난 뒤 인영 엄마와 연락이 닿았다. 그때 인영 엄마로부터 인영이 마지막으로 연락한 시간이 29일 밤 10시 10분이라고 전해 들었다. '그럼 그때까지는 살아 있었겠구나.' 예진 엄마는 2시간도 채 되지 않는 시간에 예진이 죽음으로 내몰렸다는 사실이 비통하면서도 예진이 고통스러웠던 시간이 아주 길지는 않았겠구나 하는 생각에 아주 조금 안도했다.

예진의 발인 날, 공무원이 찾아와 사인을 하라며 피해보상확인서를 내밀었다. 피해보상의 의미와 절차에 대한 설명은 없었다. 예진이가 떠나는 순간부터 의문투성이였던 예진 엄마는 대전 희생자 가족의 연락처를 수소문했다. 겨우 연락처를 얻은 몇몇 유가족과 통화를 할 수 있었다.

모두가 지옥에 있었어요. 인영 아빠와 통화가 되었는데 인영 엄마는 몸을 추스르지 못하고 있다고 했어요. 가희 언니랑도 통화했는데 가희 엄마는 통화를 할 수도 없는 상황이라고 했고요. 그때 민변에서 가족들 첫 모임이 있어서 그 소식만 겨우 전했어요. (예진 엄마 박지연)

국화꽃 그려진 빈 영정을 보니
인영 엄마 이야기

인영 엄마는 장례를 치르고 일주일 넘게 집에 누워만 있었다. 몸과 마음이 부서져 움직일 힘이 남아 있지 않았다. 그러다 인영의 핸드폰을 받았고 29일 밤 10시 13분에 찍은 사진을 발견했다. 인영의 구급일지에 쓰여진 사망추정시간은 10시 15분이었다. 인영 엄마는 몸을 일으켰다.

> 우리 아이가 어떻게 죽었는지, 언제 죽었는지, 죽기까지 어떤 일이 있었는지 알아야겠더라고요. 그게 너무 궁금해서 미칠 것 같았어요. 그게 궁금해서 길 위로 나선 거예요. (인영 엄마 황명자)

인영 엄마는 예진 엄마에게 민변에서 유가족을 모으고 있다는 이야기를 전해 들었다. 서울에서 유가족들이 모이기로 한 날짜에 인영 엄마와 인영 아빠는 함께 서울에 올라갔다. 인영 엄마는 그날 예진 엄마와 처음 만났다. 인영이 거리에서 죽었다는 사실을 받아들이기 어려웠는데 예진 엄마와 유가족들을 만나면서 응어리가 조금씩 풀렸다.

인영 엄마는 이태원 참사를 알리는 자리가 있다면 어디든 참여해야겠다고 생각했다. 하지만 분향소에는 가기가 어려웠다. 초와

향 뒤에 놓인 인영의 얼굴을 보기가 힘들었다. 인영 엄마는 큰마음을 먹고 분향소 지킴이를 하기 위해 녹사평역으로 향했다. 분향소의 수많은 얼굴들 사이 인영의 얼굴이 가장 먼저 눈에 들어왔다. 인영의 눈을 보자마자 눈물이 먼저 쏟아졌다. 인영 엄마는 인영이 얼굴을 가슴에 담고, 습관처럼 예진의 얼굴을 찾고, 비어 있는 영정 어딘가에 있을 가희를 떠올렸다.

2022년 11월에 유가족 모임을 민변에서 하고 나서 참사 100일 집회를 했던 2023년 2월 4일에 예진 엄마를 다시 만났어요. 그날 녹사평에서 서울시청으로 행진을 했는데 마음을 추스르지 못한 상태에서 얼굴만 겨우 봤어요. (인영 엄마 황명자)

인영 엄마와 예진 엄마는 이태원에서 광화문광장까지 시민들과 함께 걸었다. 서울시청 앞에서 기습적으로 분향소를 설치할 때 인영 엄마와 예진 엄마는 유가족들과 울부짖으며 경찰에 맞섰다. 활동가들과 시민들이 경찰을 막고 천막을 설치하고 제단을 마련했다. 시민들과 함께 사수한 분향소에 유가족은 영정을 하나하나 올렸다. 인영 엄마와 예진 엄마는 인영과 예진의 영정사진을 부여잡고 한참을 울었다. 새로 설치된 분향소에 159개의 영정이 올라왔다. 연락이 닿지 않거나 유가족이 허락하지 않는 희생자의 영정에는 국화꽃이 그려졌다. 예진과 인영의 곁에 가희 자리는 아직도 비어 있었다. 예진 엄마와 인영 엄마는 분향소를 찾을 때마다 국화꽃이 그려진 빈 영정을 바라보았다. 인영과 예진 곁에 가희 사진을 찾아주고 싶었다.

처음으로 펑펑 소리 내 울었던
가희 엄마 이야기

2022년 10월 30일 새벽 1시 50분, 누군가 초인종을 눌렀다. 경찰이었다. 경찰은 가희 엄마에게 가희가 강북삼성병원 응급실에 있다고 했다. 엄마는 한달음에 병원으로 달려갔다. 가희는 전날 밤 11시 45분 심정지 상태로 병원에 도착했다고 했다. 어떻게 소식을 알았는지 중환자실 앞으로 가희 친구들이 찾아왔다. 31일 저녁 8시 45분, 가희는 더 버티지 못하고 세상을 떠났다.

가희 엄마는 가희 장례를 치르고 집 안에서만 지냈다. 살가운 막내딸의 부재를 온몸으로 견디며 고통스러운 시간을 보냈다. 의문스러운 것들이 많았지만 이태원 참사에 대해 안 좋게 이야기하는 댓글을 볼까 싶어 기사도 찾아보지 못했다. 참사 유가족들이 유가족협의회를 만들어 싸우고 있다는 사실도 알지 못했다. 엄마는 반년을 홀로 고통 속에 고립되어 있었다.

그러다 우연히 가희 엄마는 인영 엄마의 기사를 보았다. 기사에서 인영과 예진, 가희 이야기를 본 가희 엄마는 인영 엄마를 만나야겠다고 생각했다. 가희 친구를 통해 인영 엄마 전화번호를 얻었다. 가희 엄마의 전화를 받았을 때 인영 엄마는 오랫동안 만나지 못한 자매를 만난 것처럼 반가웠다. 인영 엄마와 예진 엄마는 가희 엄마가 유가족들을 만날 마음이 들 때를 기다렸다. 통화를 한 당시는 유가족협의회에서 이태원 참사의 진상을 알리기 위해 진실버스를 타고 전국을 순회하던 때였다. 인영 엄마는 2023년 4월 4일에 진실버스가 대전에 도착한다고, 그날 꼭 만나자고 하고 전화를 끊었다.

진실버스를 탄 유가족들은 오전에 대전시청 앞에서 기자회견을 하고 시가지에서 대전의 시민사회단체 활동가 및 시민들과 함께 피케팅을 한 뒤 저녁 7시에 집회를 진행했다. 그 자리에 인영 엄마와 예진 엄마가 함께했다. 가희 엄마는 그전까지 자신이 이태원 참사의 유가족이라는 사실을 주변에 이야기해본 적이 없었다. 밝은 낮에는 더더욱 자신이 자식을 잃은 부모라는 것을 드러낼 자신이 없었다. 가희 엄마는 용기를 내어 저녁 집회에 참가해보기로 했다.

비 오는 저녁, 모두가 우비를 입고 있었다. '누가 인영 엄마고, 예진 엄마일까?' 가희 엄마는 예진 엄마에게 전화를 걸며 집회 장소로 향했다. 한 청년이 다가와 가희 어머니냐고 물었다. 예진의 남자친구였다. 집회를 마치고 예진 엄마와 예진 남자친구와 근처 카페로 향했다. 예진 엄마와 가희 엄마는 서로 손을 잡고 밀린 눈물과 이야기를 나누었다. 처음 만나는 자리였지만 마치 오래전부터 알고 지낸 사이처럼 서로의 손을 놓지 않았다. 가희 엄마는 이

자리에서 서울에 이태원 참사 희생자를 기리는 시민분향소가 있다는 소식을 전해 들었다. 가희의 영정이 비어 있다는 이야기를 듣고 가희 엄마는 가슴이 아파 눈물을 쏟았다.

서울시청 분향소에 희생자 영정사진을 두었는데. 가희 사진이 없었대요. 예진이도 있고 인영이도 있었는데 가희는 없었대요. 저는 몰랐어요.(눈물) 나 혼자 슬픔을 이겨내야 되는가 생각하면서 혼자 집에 있었어요. 유가족들 모임이 있다고 예진 엄마 통해서 알게 되었어요. 그렇게 유가협에 등록했는데 유가협에서 가희가 떠난 날짜와 가희 영정사진을 보내달라고 하더라고요. 3일인가 뒤에 분향소에 가희 영정사진이 올라갔다고 연락을 받았어요. 그 주에 바로 서울로 올라갔어요. 태어나서 처음 서울에 간 거였어요. 지하철도 어떻게 타는지 몰랐는데 애들 고모가 같이 가줘서 겨우 다녀왔어요. 분향소에 도착하자마자 가희를 보고, 인영이도 보고, 예진이도 봤어요. 절대 헤어지지 말고 그곳에서 꼭 붙어 있으라고 그 말만 계속했어요. (가희 엄마 이숙자)

그 이후로 가희 엄마는 이태원 참사 유가족과 함께 새로운 가족이 되었다. 유가족들과 같이 있으면 더는 억울하고 나약한 엄마가 아니었다. 2023년 6월부터 유가족들은 이태원 참사 특별법 마련을 촉구하는 행진과 단식, 집회를 이어나갔다.

피켓 들면서 많이 울었던 게 기억나요. 우리 이야기 안 듣고 지나가는 사람들도 많고, 지나가면서 안 좋게 말씀하시는 분들도 많고, 나이 드신 분들은 욕도 하시고. 왜 아직까지 떼쓰고 있냐고 고함 지르는 어르신도 있었어요. 속상해서 눈물도 많이 흘렸어요. 고함을 질러야 되겠는데 처음에는 말이 안 나오더라고요. 마스크 쓴 상태에서 눈물만 계속 흘렸어요. 예진 엄마랑 인영 엄마가 그러더라고요. 속으로 울지 말고 펑펑 소리 내 울어도 된다고. 내 마음을 아는 사람이 한꺼번에 생겼어요. 그때 엄청 눈물이 나더라고요. (가희 엄마 이숙자)

셋이 뭉쳐 새로운 가족
세 엄마 이야기

대전에서는 매년 4월 16일에 세월호 참사를 기억하고 추모하는 기억식을 현충원에서 진행한다. 올해는 이태원 참사 대전·충남 유가족들도 기억식에 참가했다. 가희 엄마는 이태원참사 유가족 대표로 연대발언을 했다.

기자회견에서 마이크 처음 들어봤어요. 저는 그런 말을 해본 적도 글을 써본 적도 없는데. 한줄마다 세번은 울면서 몇날 며칠을 쓴 거예요. '가희야' 이름 한번 적고 눈물 나서 도저히 못 쓴 채로 놔두고 또 놔두고. 다른 유가족들이 도와줬어요. 천천히 하라고, 울어도 괜찮다고, 눈물 나는 대로 괜찮다고. 그래서 용기를 냈어요. 일평생 어디 나가서 마이크 잡고 노래도 못 불렀던 사람인데, 변화된 것 같아요. 뿌듯했어요. 유가협 들어와서 처음으로 해본 활동이잖아요. 가희 친구들 연락도 받았어요. 어머니 활동하는 모습 계속 지켜보고 있다고 이야기해주더라고요. (가희 엄마 이숙자)

이제 가희 엄마는 어디든 간다. 가계를 책임지고 있어 시간이 자유롭진 못하지만, 집회나 투쟁이 있는 날은 휴가를 내서 꼭 참여하려고 애쓴다. 보라색 외투를 걸치고 보라색 손수건을 목에 감고 가희 엄마는 거리로 나간다. 인영 엄마를 만나고, 예진 엄마를 만나고, 활동가들을 만나고, 시민들을 만난다. 서울에 올라가는 것도 이제는 익숙하다.

2024년 6월 16일, 서울시청 앞에 있던 분향소가 별들의 집으로 이전했다. 특별법 이후 진상규명 활동 지원을 위해 마련한 공간이지만 5개월 남짓만 지낼 수 있는 임시장소였다. 예진 엄마는 이동이 갑작스럽게 느껴졌고, 임시장소라는 사실에 이동이 내키지 않았다. 시청 분향소는 시민들과 만나는 자리였는데 더 이상 시민들도 찾지 않게 될까 걱정되기도 했다. 이런 마음들이 겹쳐 예진 엄마는 분향소를 이전할 때 서울에 올라가지 않았다. 시청 분향소에서 150미터 떨어진 별들의 집으로 이동하던 날, 부모들은 2년 만에 자기 자녀의 영정사진을 내렸다. 액자의 먼지를 닦고 사진 속 아이 얼굴도 만져보며 부모들은 아이 영정을 품에 곱게 안았다. 비어 있는 영정과 가족이 미처 오지 못한 희생자의 영정은 유가족들과 활동가, 시민들이 나눠 들었다. 인영 아빠가 인영의 사진을 들고, 인영 엄마가 예진이 사진을 받았다. 인영 엄마는 예진의 영정사진을 들고 흰 천으로 꼼꼼히 먼지를 닦았다. "예진아, 엄마가 대신 들게. 괜찮지?"

인영 엄마가 인영이 사진을 안 들고 우리 아이 사진을 들어 주었어요. 영정사진 하나 드는 거지만, 심적으로는 돌이 가슴에 박히는 것 같은 느낌이거든요. 영정사진을 든다는 건 정말 가벼운 일이 아니에요. 그래서 부탁하지 못했어요. 내 아이와 내 짐을 누군가에게 떠맡기는 거잖아요. 그런데 우리 예진이 사진을 들어주어 얼마나 고마웠는지. 다른 사람이 아니라 인영 엄마가 들어줘서 고마웠어요. (예진엄마 박지연)

인영 엄마는 예진이 사진을 품에 곱게 안고 인영이 사진을 든 인영 아빠 뒤를 따랐다. 인영 엄마 뒤엔 가희를 꼭 안은 가희 엄마가 있었다.

그전에는 이유 없이 울기만 했는데 요즘은 그때처럼은 안 울어요. 혼자 있으면 훌쩍훌쩍 울고 그랬는데 이제는 안 그래. 반가워서 웃고, 껴안고 그러면서 사람들 만나고. 얘기도 하고, 농담도 하고. 분향소 안에서 보라 리본 만들다가 가희 한번 또 쳐다보는데, 내가 우니까 다른 아이 아빠가 장난치는 거야. 청소기로 다리에 확 바람 일으키고. 애 얼굴 쳐다보면 눈물 나다가도, 사람들 만나면 웃고 그래요. (가희 엄마 이숙자)

예진 엄마랑 가희 엄마는 마음이 더 많이 쓰이죠. 속마음도 편하게 말할 수가 있어요. 다른 유가족도 친하지만, 아무래도 사람이 많다보면 이렇게 마음이 가는 사람이 있고 저렇게 마음이 가는 사람이 있고 그렇잖아요.(웃음) 인영이 작년 10월 생일 때도 가희 엄마가 떡 케이크 만들어줘서 인영이 추모관에 같이 갔어요. 나도 예진이하고 가희가 있는 대전 추모관에 찾아가고요. 명절 때도 자주 왔다 가요. 새로 생긴 가족이지. (인영 엄마 황명자)

세 엄마는 만나면 웃는다. 수다를 떨고 먹을 것을 나누면서 마치 여고 시절 동창을 만난 듯이 웃는다. 예진 엄마가 스마트폰에 저장된 아이들 사진을 클릭해 인영 엄마와 가희 엄마에게 보여주며 오늘도 이야기를 시작한다.

내가 사는 이곳에서는
우리 애 이야기를 할 수가 없어

**홍의성씨 아버지
홍두표씨 이야기**

"할 말도 없는데 뭐 하러 멀리까지 왔습니까?" 의성 아버지가 나에게 건
낸 첫 마디였다. 인터뷰가 쉽지 않겠다고 생각했다. 안동역 인근에는 인터
뷰할 만한 장소가 마땅치 않아 우리는 의성 아버지의 차를 타고 의성씨네
집으로 향했다. 한적한 주택가에 있는 흔한 양옥집이었는데 1층은 의성 아
버지와 어머니가 살고, 2층에는 두성씨가 산다고 했다. 외부 계단을 통해 2
층으로 올라가 현관문을 열자마자 하얀 개 두마리가 크게 짖으며 뛰어나왔
다. 의성 아버지는 개 두마리를 연신 쓰다듬으면서 거실을 사이에 둔 양쪽
방을 각각 가리켰다.

"여기는 의성이 방, 저기는 두성이 방이에요."

두성씨는 의성씨의 쌍둥이 동생으로 2022년 10월 29일 이태원에 함께
갔다가 형 의성씨를 잃었다. 의성씨 방에 들어가자 한쪽 벽에 옷이 걸려 있

었고 책상 위에는 생전에 의성씨가 쓰던 컴퓨터, 거울, 소지품과 의성씨의 사진이 가지런히 놓여 있었다.

의성 아버지를 따라 테라스로 나가니 캠핑용 의자와 테이블, 텐트가 펼쳐져 있었다. 의성 아버지는 나에게 그늘에 있는 의자를 권하고는 시원한 캔커피를 가져다주었다. 의성 아버지가 의자에 앉자 개 두마리가 쓰다듬어달라고 번갈아가며 머리를 들이밀었다. 의성 아버지는 의성씨가 서울에서 키우던 아이들이라고 소개하며 부지런히 개들을 어루만졌다. 의성 아버지를 처음 인터뷰한 그날은 이태원 참사 특별법이 통과된 지 얼마 지나지 않은 때였다. 인터뷰가 시작되자 의성 아버지는 개에게서 손을 거두면서 무뚝뚝한 목소리로 특별법에 대한 아쉬움, 지역에 사는 유가족이 겪는 어려움과 고립감 등을 건조하게 이야기했다. 가끔은 화를 내는 듯도 했다.

두번째 만남 때 의성 아버지에게 물었다. 이 책을 읽는 사람들에게 전하고 싶은 이야기가 무엇이냐고. 의성 아버지는 '의성이 이야기'라고 말했다. 나는 의성씨와 두성씨의 생애와 꿈, 참사가 벌어진 날과 의성씨의 장례식, 아직도 진행 중인 두성씨의 트라우마에 대해 묻고 들었다. 의성 아버지는 첫 만남 때보다 한결 부드러워진 표정으로 천천히 모두 답해주었다. 의성씨에 대해 이야기할 때는 간혹 숨을 크게 들이마셨지만 단 한번도 울지는 않았다. 의성 아버지는 의성씨의 장례식 이후로 운 적이 없다고 말하면서, 지금까지도 주변 사람에게 이태원 참사 유가족이라는 것을 말하지 못하는 의성 어머니와 여전히 트라우마에 시달리는 두성씨가 있기 때문에 자신은 감정을 표현할 수가 없다고 했다.

원고를 검토받기 위해 다시 만난 날, 일흔이 넘은 의성 아버지는 원고를 받자마자 기다렸다는 듯 가방에서 돋보기를 꺼냈다. 그러고는 40분 동안 묵묵히 원고를 읽었다. 첫장을 넘기면서 흐르기 시작한 눈물이 끝날 때까지 멈추지 않았다. 마치 의성씨를 떠나보낸 그날 이후로 내내 흐르고 있었던 것처럼. 아버지는 아무런 소리도 내지 않고 눈물을 닦았다.

작가기록단 **홍세미**

부모 마음은 그래요. 항상 자식들 생각만 하죠. 부모들이 겉으로 보기에는 멀쩡한 것 같아도 속은 다 문드러졌다니까. 문득 아이가 생각나면 정신이 멍해져. 올해 종합 건강검진을 받아보니까 우리 와이프도 나도 우울증이라 카더라고. 그게 극복이 안 돼. 살면서 즐거운 게 없어. 뭘 먹어도 맛을 몰라. 맛을 모르니까 물만 먹는 거야. 참사 나고 모든 일을 다 접었어요.

안동은 좁아요. 와이프하고 나하고 둘이 매일 아침 목욕탕에 가거든. 와이프가 씻고 나오는데 뒤에서 누가 이태원 참사에 대해 안 좋게 이야기를 했대요. 와이프가 유가족인 걸 알고 들으라는 듯 이야기한 거지. 안동은 정말 보수적인 곳이야. 안동 사람들은 아직도 이태원 참사를 두고 놀러 가서 죽은 사람들을 왜 국가가 책임져야 하냐고 카대. 대화가 안 됩니다. 상세하게 알아보고 얘기하는 사람이 없어. 아예 관심조차 없어요. 모진 소리를 안 들어도 되니 좋다고 해야 할지, 관심이 없는 게 답답하다고 해야 할지….

아빠 생일선물을 사러 간 이태원에서

의성이랑 두성이는 일란성 쌍둥이예요. 태어나고부터 늘 붙어 다녔어. 그날도 이태원에 같이 갔어요. 두성이가 참사 이후에 트라우마가 너무 심해서 8개월이 지나서야 그날 이태원에 왜 간 거냐고 물어봤거든. 두성이 생일이 음력으로 7월 21일이고 내 생일이 7월 23일이란 말이에요. 애들이 전부 서울에 있다보니까 내 선물을 못 해준 거야. 엄마 아빠 선물 살 게 있는지 이태원에 잠시 들렀대. 근데 막상 가보니까 마땅히 살 게 없어서 이태원 온 김에 한번 구경이나 해보자 그랬나봐.

둘이 뒷길(세계음식거리)에 있었는데 사고가 난 골목 방향으로 계속 밀렸대요. 손을 잡고 가다가 중간에서 헤어진 것 같아. 서로 이름을 부르면서 찾았대. 그러다가 두성이는 길가로 밀리면서 기절했고 의성이는 사고 난 골목으로 밀려 들어갔나보더라고. 두성이가 기절했다가 정신이 들어서 막 형을 찾았대요. 밤 11시가 다 된 시간이었나봐요. 해밀톤호텔 앞 큰 도로 있잖아요. 거기에 편의점이 하나 있는데 그 앞에 의성이가 누워 있더래. 맥박도 뛰고

참사 현장 골목　이태원 참사가 발생했던 해밀톤호텔 옆 골목은 이제 '10·29 기억과 안전의 길'
로 조성되었다. 이 길의 맞은편 초입에는 '우리에겐 아직 기억해야 할 이름들이 있습니다'라는
문구가 새겨져 있다.

있었대요. 두성이도 작업치료사였으니까 바로 맥을 잡아본 거지. 본인도 많이 힘들었을 텐데 계속 심폐소생술을 했나보더라고요. 11시 40분인가 돼갖고 병원으로 갔대요. 의사가 한시간 반 정도 심폐소생술 하다가 새벽 1시쯤에 사망신고를 했더라고. 두성이가 큰형한테 먼저 연락을 했어요. 거제도 사는 형이 바로 차를 가지고 올라갔고, 나한테는 아침에 전화가 온 거죠.

나는 다음날 아침에도 사고가 난지 몰랐어요. 와이프하고 늘상 아침 6시에 목욕탕에 가서 헬스랑 사우나 하고 8시에 나온단 말이야. 사우나에 텔레비전이 있어요. 아침 7시 30분엔가 뉴스에 150명이 압사 사고로 사망했다는 속보가 나오는데 나는 외국에서 난 사고인 줄만 알았어. 정말 한국에서 일어난 일이라고 생각을 못했어. 대한민국에서 어떻게 그런 사고가 일어나요? 내가 아는 대한민국은 선진국인데, 이 나라에서 압사 사고라니. 뉴스는 흘려들었지.

샤워하고 나왔는데 거제도 사는 큰아들한테 부재중전화가 세 통이나 와 있는 거야. 내가 전화하니까 큰아들이 "아버지 놀라지 마소" 그래. 자기가 아침 8시에 시체 검안서가 통과되면 서울에서 의성이를 데리고 안동으로 간다고, 의성이 사고 소식을 엄마한테 전해달라는 거예요. 의사가 사망 선고 내리고 검안서가 통과돼야 시신을 옮길 수가 있거든.

우리 의성이가 서울 한복판에서 갑자기 죽었다니. 믿을 수가 없는 소리잖아. 청천벽력이지. 그런데 이 이야기를 아이 엄마한테 어떻게 전해요. 원래 사우나 하고 나오면 와이프는 가게로 출근하고 나는 나대로 운동을 가거든요. 그날은 일단 와이프를 데리고 식당에 갔어요. 따뜻한 국밥 한그릇을 다 비우고 청심환을 먹었어요. 그러고 아침 10시엔가 이야기를 했어요. 그때부터는 기억이 없어요.

지방에서 슬픔을 겪는다는 것

큰아들이 다시 전화가 와서는 분명 아침에 검안서가 나왔는데 병원이 못 떠나게 막는다는 거예요, 그래서 저녁 6시가 넘어 출발해 안동에는 밤 8시 무렵 도착했어요. 저는 큰아들이 의성이랑 두성이 데리고 서울에서 출발하기 전에 안동병원에 장례식장을 먼저 마련해뒀어요. 근데 이상하지. 우리가 의성이 장례 소식을 어디 알리지도 않았는데 안동시 국민의힘 시의원들이 의성이보다 먼저 장례식장에 왔어요. 안동시장부터 시작해갖고 다 왔다 갔다고요. 참사 초기에 정부가 유가족 정보를 모른다고 안 알려준 바람에 유가족이 서로 모이지 못했잖아요. 그런데 그런 거 보면 정부가 했던 말은 전부 거짓말이에요.

내가 아들이 셋이고 딸이 하나거든. 우리 의성이는 셋째, 두성이가 막내예요. 의성이는 순하고 착한 아들이었지. 아무리 하고 싶은 일이 있어도 부모가 하지 마라 그러면 안 해. 그 정도로 애가 부모 말을 잘 들었어요. 성격이 원만해서 사회생활도 얼마나 잘했는데. 내가 안동병원 장례식장에서 가장 큰 방을 잡았어요. 첫날에도 조문객이 많이 왔는데 갈수록 더 많이 오는 거예요. 의성이 친구들이 얼마나 많이 오는지 잘 데가 없는 거야. 안동병원 장례식장에 있는 방을 모두 잡아야 했어요. 친구들이 500명이 넘게 왔어요. 그 친구들이 왔다가 바로 가는 게 아니고 울다가 밥때 되면 밥을 먹고 또 울다가 자고 가는 아이들이 많았어요. 편의점 다섯군데를 돌아 아침에 쓸 칫솔 120개를 사 갔는데 하루 만에 다 없어져버렸어요. 120명 이상 잤다는 거죠. 식대만 2,700만원이 나왔어요. 그래도 친구들이 많이 와주니까 정말 위로가 됐죠.

아이를 하나 잃었지만 지켜야 할 아이가 남아 있잖아요. 슬픔에만 잠겨 있을 수는 없었어요. 두성이를 지켜봐야 했어요. 애가 장례식 내내 밥도 안 먹고 계속 울기만 하고, 장례 마치고 집에 와서도 내내 울었으니까…. 우리는 두성이마저 어떻게 될까봐 너무 불안했지. 우리는 울 겨를이 없었어요.

그때 우리 딸이 만삭이었거든요. 잠깐 일어서는 것도 힘드니까 장례식장에는 오지 말라고 했는데 3일 내내 장례식장에 있었죠. 그 몸으로 엉엉 울면서 계속 부모하고 두성이를 챙긴 거예요. 장례 마지막 날 저녁 6시 넘었을 즈음에 몸이 이상하다고 하더라고. 출산까지 한달 반이나 남았는데 양수가 터진 거예요. 바로 안동병원으로 갔는데, 자기네는 시설이 부족해서 수술 못한다고 헬기로 서울이나 부산으로 가라고 하더라고요. 부산, 대구, 서울에 연락을 했는데 받아주지를 않아요. 일요일에 산부인과 수술을 하는 곳이 없더라고요. 안동병원에서 헬기 시동까지 걸어놓고 있었거든. 갈 수 있는 병원이 없으니까 안동병원 산부인과 선생님이 자기가 해보겠다고 나서주셨어.

결국 애를 낳았는데 일주일 동안 위험했어요. 아이가 배 속에서 양수를 먹은 거야. 아이가 제대로 울지도 않고 몸이 처져 있으니까 우리는 의성이 생각도 제대로 못했어요. 일주일 동안 병실 밖 복도에서 계속 서성였죠. 그 아이가 한달인가 인큐베이터 안에 있었어. 당시에 의성이를 잃어서도 힘들었지만 두성이 때문에도 괴로웠고 손주마저 어떻게 될까봐 너무 불안했지.

의성이 여자친구가 장례식 마치고도 서울에 안 갔어. 49재를 함께 치르고도 한달을 더 함께 살았어요. 우리가 의성이 어렸을 때 사진 보여주면서 그때 이야기를 해주면, 의성이 여자친구는 연애할 때 찍은 사진이랑 동영상 보여주면서 이야기를 해줬지. 둘이 얼마나 예쁘던지. 부모는 모르는 모습이잖아. 아침에 밥도 같이 먹고, 49재 지낸 절에 가고 싶다고 하면 내가 운전해서 데리고 가고. 밤에 우리 두성이랑 울면서 같이 술 마시고. 딸처럼 누이처럼 지냈지.

참사 다음 해에 유가족협의회 일로 서울에 가야 하는데 내가 그전에 지하철을 타본 적이 있어야지. 청량리역에 내렸는데 막막한 거야. 근데 의성이 여자친구가 나와 있더라고. 그 아이가 나를 데리고 서울시청 분향소로 함께 가면서 지하철 타는 법도 알려주고 환승하는 법도 알려줬어. 지하철이 너무 복잡하니까 처음에는 어렵게 느껴지더라고. 내가 다리 수술 때문에 서울의 어느 병원에도 가야 했는데 그때도 의성이 여자친구가 청량리역에 데리러 나왔어. 병원에 몇번 함께 가줬지. 덕분에 이제는 서울에 가도 지하철 잘 타요. 어디든 가지. 지금도 우리 딸하고는 가끔 연락하는가 보더라고. 우리 손주 생일에 선물도 보내주고 그런대. 지금은 잘살고 있을 거야. 우리 의성이 잊고 잘 살아야지.

평생을 함께한 쌍둥이 형제를 잃고

제가 서른다섯에 우리 와이프가 아들 쌍둥이를 낳았어요. 막둥이들이 큰아들이랑 나이차가 10살이나 나요. 아들 하나 딸 하나를 둔 상태라 쌍둥이라고 했을 때는 조금 난감했지. 애들 키우는게 쉬운 일이 아니잖아요. 둘을 한번에 키우려면 돈이 많이 들어가니까. 우리가 아이들 키울 때는 나라에서 하나도 지원을 안 해줬어. 초등학교부터 고등학교까지 월사금도 다 내던 시절이거든.
　의성이랑 두성이는 초등학교부터 대학교까지 다 같이 다녔어요. 군대도 같은 내무반으로 갔다니까. 의성이는 간호학과에, 두성이는 작업치료학과에 들어갔어요. 대학 졸업하고 의성이는 안동에 있는 병원에서 2년 동안 일할 때 두성이는 대구에서 일했어요. 그러다 의성이가 스물아홉 되던 해에 삼성서울병원으로 취직이 돼서 서울로 올라갔지.

두성이는 작업치료사로 일해보니까 잘 안 맞는 것 같더래. 그래서 그해에 의성이가 있는 서울로 올라간 거예요. 자기는 자영업을 한번 해보겠다고 남대문시장으로 들어갔어. 의성이는 삼성서울병원에서 일하면서 성균관대학교 간호학 대학원에 들어갔어요. 그러니까 둘이 두성이가 대구에 있던 2년을 제외하고 평생을 붙어 있었던 거야. 뭐든지 둘이 같이했어. 서로 이렇게 한번 해볼까 저렇게 한번 해볼까 상의하고 된다 안 된다 의논하면서 결정하고.

둘이 성격은 참 달라요. 의성이는 부모가 하지 마라 그러면 안 하는 앤데 두성이는 안 그래요. 두성이는 내가 하지 마라 그러면 대번에 왜 안 되는데? 대꾸하는 성격이죠. 두성이는 나를 닮았고 의성이는 자기 엄마를 닮았어요. 의성이는 성격이 부드럽고 두성이는 자기주장이 센 편이고. 의성이는 순해서 어릴 때부터 갖고 놀던 장난감도 동생한테 뺏기고 그랬어요. 둘이 말을 할 때부터 의성이는 형님이고 두성이는 동생이라고 서열을 정해줬어. 남자 애들이라 안 그러면 많이 싸우거든. 어릴 때부터 두성이가 의성이한테 "형님, 형님" 그랬어요. 다 커서도 항상 형이라고 안 하고 형님이라고 불렀어. 둘 사이는 그렇다 쳐도 걔네 친구들은 다 동갑일 텐데 두성이 친구들도 의성이한테 형님 형님 그랬어.(웃음)

참사 이후 8개월까지 두성이한테 말도 못 걸었어. 두성이가 술 안 마시면 잠을 못 잤어요. 백화수복 한병을 밤새 다 비웠어. 그러고 수면제 먹고 겨우 조금 자고 그랬어요. 그걸 먹지 마라 소리를 못 했어. 안 먹으면 생각이 계속 나고 잠을 못 자니까. 의성이랑 이태원에 같이 간 것부터가 두성이에게 죄책감으로 남아서….

집에서 의성이 이야기를 할 수가 없었어. 우리는 모든 초점을 두성이에게 맞출 수밖에 없었어요. 두성이가 1년 동안 거의 집 밖으로 안 나갔어. 우리 부부가 계속 곁을 지켰지. 정말 불안했어요. 두성이가 헤어진 여자친구를 5년 만에 의성이 장례식장에서 만났거든. 그 친구랑 만나면서 조금씩 회복이 되었어요. 원래 올해 5월에 결혼식을 올리려고 했는데 식장이 없어서 식은 내년 4월에 하기로 했어요. 정신없이 일을 하면 조금 나아질까 싶어서 안동 시내에 패스트푸드점도 내주었어요. 일이 바쁘면 잡생각이 안 나잖아요. 두성이가 일을 하루에 12시간씩 해요. 지금은 시내에 작은 카페도 하나 새로 개업했어요. 며느리하고 함께 운영해요. 아침 6시에 출근을 하더라고. 오후 7시까지 밥 먹을 시간도 없대요.

아무도 찾지 않은 상영회

안동에서 이태원 참사 다큐멘터리 「별은 알고 있다」 상영회를 연 적이 있어요. 안동에서 이태원 참사 관련한 행사를 한 적이 한 번도 없거든요. 1주기 추모식도 안 했어요. 집회도 한 적 없고. 이태원 참사 관련 행사는 상영회가 처음이었어요. 영화 상영회 한다고 안동 시내에 있는 조그마한 상영관을 빌렸는데, 관객이 몇 명 왔는지 알아요? 여섯명 왔어요. 그래도 스무명은 오지 않을까 했는데…. 그중 세명은 우리 부부하고 딸이고, 한명은 민주노총 간부고, 나머지는 영화 관계자였어. 사실상 아무도 안 온 거죠. 그 때 마음이 무너졌지. 사람들이 안 오니까 서울에서 영화감독님이 오셨는데 참 미안했어요. 딸도 너무 속상해하고.

안동은 아직도 호랑이 담배 피우는 시절 같아. 이태원 참사에 대해서는 대부분 안 좋게 생각하죠. 놀러 갔다 죽은 걸 왜 국가가 책임져야 하냐고 해요. 안동이라는 데는 있잖아요, 국민의힘이 꽉 잡은 곳이에요. 나를 이태원 유가족이라는 이유로 비난해도 내가 국민의힘 국회의원 후보로 출마하면 당선시켜줄걸. 그런 곳이에 요. 참사 1주기 때 이태원 참사 관련한 행사가 아예 없었던 것만 봐도 알 수 있잖아요. 안동뿐만 아니라 경상북도 전체에 1주기 추 모식 같은 건 없었을걸요. 대구, 부산에서 했는지 몰라도 경상북 도 다른 곳에서는 없었던 걸로 알아요.

이곳에는 우리 가족이 이태원 참사나 의성이에 대해서 터놓고 이야기할 사람이 없죠. 와이프하고 딸뿐이에요. 와이프하고 나하 고는 의성이 이야기를 자주 해요. 그 아이 어릴 적 얘기도 하고 그 러다가 의성이 생각나면 일찍 가게 문 닫고 의성이 줄 커피 한잔 사들고 의성이 보러 가요. 의성이가 커피를 좋아했어요. 근데 겨 울에도 아이스 아메리카노 먹었다고 해요. 그래서 겨울에도 가끔 아이스 아메리카노를 가지고 가요.

여기든 서울이든 자식 잃은 마음은 다 똑같어

내가 정년퇴직을 하고 사과농사를 10년 넘게 지었어요. 그 일도 참사 나고 다 정리했어요. 친구들 만나면 다들 이태원 참사가 다 해결된 줄 알아. 우리 일이 이슈가 너무 안 돼. 요 며칠 특별법 통과됐다고 텔레비전에 계속 나오더라고. 아는 후배가 내 속도 모르고, "형님, 특별법이 통과돼서 좋겠습니다" 그러는 거야. 특별법에 대해 아쉬운 게 많지만, 좋다고 해야지 뭐라고 하겠어.

물론 특별법 통과가 새로운 시작이 될 수는 있겠죠. 단, 보상은 차후 문제예요. 대통령 사과, 책임자 처벌이 먼저예요. 죽은 아이들 명예회복이 우선입니다. 죽은 애들 명예를 지켜줘야 해요. 왜 죽을 수밖에 없었는지 밝혀야죠. 그걸 못 밝히면 특별법은 아무것도 아닌 거예요. 두번 다시 이런 참사 같은 일이 안 일어나야죠. 이태원 참사 한번으로 끝나야지. 이 한번으로 끝내기 위해서 우리가 이 법을 제대로 만들려는 거죠. 책임자를 처벌하고 대통령이 직접 사과하라고 요구하는 이유가 거기에 있잖아요. 그래야 사람들한테 각인이 될 테니까.

올해부터 유가족협의회에서 지역별 간담회를 시작했어요. 유가족협의회 간부들이 지역에 가서 그간 해온 여러 활동에 대해 이야기를 하는 자리예요. 한달에 한번씩 저녁 먹으면서 이야기를 나눠요. 지역별 간담회를 하기 전에는 지역의 의견이 가닿기가 조금 어려웠던 것 같아요. 서울에서 유가족 모임을 하면 가고 싶어도 못 갈 때가 더 많아. 서울 모임 일정을 일찍 결정해서 알려주면 좋은데 3~4일 전에 통지되는 경우가 있어요. 그러면 서울 가는 기차표를 못 구해요. 안동에서 서울역 가는 KTX가 하루 네번밖에 없어요. 주말 기차표는 한달 전에는 구해야 돼. 서울 계시는 분들이 그걸 모르더라고. 어떤 분은 버스 타고 올라오면 되지 않느냐고 하는데 버스는 훨씬 오래 걸리고 불편하지.

처음에는 기차표를 못 구하면 자가용으로 갔어요. 근데 문제가 뭐냐면 서울 한번 차 타고 다녀오면 사람이 녹초가 돼버려. 왕복 10시간 운전해야 돼, 주차할 데 없어…. 내가 열 받아서 부산이나 대전으로 이사 가야겠다고 했거든. 거기는 서울 가는 기차가 많다 하대요. 서울 모임 가는 날엔 안동에 돌아가는 밤 10시 기차를 끊어놓거든요. 그런데 어떤 때는 모임이 저녁 6시에 끝나버려. 부산이나 대전 같으면 기차표를 바꿔서 일찍 내려갈 수 있는데 안동은 기차가 없으니까 막차를 기다렸다가 타고 내려가는 거예요. 그런 게 불편하죠. 그러니까 전국의 유가족이 서울에서 모이기가 참 힘들었는데 이제 지역별 간담회를 하면 그래도 80퍼센트 이상이 모여요.

그렇게 모인 유가족들이 부딪치기도 참 많이 부딪쳐요. 그런데 내가 직장생활을 오래 하면서 느낀 게 있어요. 내 생각이랑 달라도 과반수 이상이 찬성하는 사안엔 따라가야 해요. 끝까지 내 의견만 밀고 나가면 결국 단체가 파괴될 수밖에 없어요. 내 생각과 다르다고 뛰쳐나가면 단체를 부정하는 것밖에 안 되잖아요. 운영

진들이 나름대로 고민을 많이 하며 애쓰고 있단 말이에요. 유가족이 100명 넘게 모였는데 생각이 일사불란하게 똑같을 수 없잖아. 나와 생각이 다르더라도 격려해주는 게 맞는 거고. 하지만 아이들을 생각하는 마음은 다 똑같죠. 생각해봐요. 나이도 달라, 성도 달라, 사는 지역도 다 달라요. 그런 사람들이 아이들을 사랑하고 기억하고 안타까워하는 그 마음 하나만으로 모인 거예요. 자기 자식 생각 안 하는 부모가 어디 있겠어요?

그러니까 우리 유가족끼리는 갈등이 있어도 모일 수 있어요. 자식 잃은 마음이 다 똑같으니까요. 여기 안동에서는 다른 사람들하고 참사에 대해, 우리 가족이 겪는 아픔에 대해 편히 말을 못 해요. 허심탄회하게 털어놓지를 못해요. 근데 유가족은 서로 어떤 이야기든 할 수가 있잖아.

진심으로 함께해준 시민들 덕분에

2023년 2월에 기습적으로 서울시청 앞으로 분향소를 이전하고 시청에서 불시에 철거할까봐 24시간 분향소를 지켰잖아요. 그때 겨울이었는데 천막에서 덜덜 떨면서 조마조마했던 기억이 나요. 밤에 교대로 2시간씩 자면서 지켰다니까요. 3개월 정도는 그랬을 거야. 우리 아이 지킨다는 마음으로 했죠. 더 이상 물러날 곳이 없었잖아요.

요즘은 한달에 한번씩 분향소 지킴이를 하러 가요. 지금은 분향소에서 유가족이 할 일이 많이 없어요. 자원봉사자가 두명씩 나오거든요. 우리는 그냥 애들 보러 가는 거지. 분향소 도착하면 우리 아들이랑 159명 애들 보는 게 일이지. 다른 특별한 일을 하는 건 아니에요. 159명 중에 이제 눈에 익은 애들이 몇명 있죠. 그 아이들한테는 눈길이 더 가지. 산하도 보고, 채림이도 보고, 도훈이도 보고. 친하게 지내는 가족 자녀가 눈에 더 들어오지. 그리고 분향소에 시민분들도 오는데, 우리를 생각해주는 시민분들이 많아요. 아기들 데리고 오는 분도 있고, 젊은 분들이 와서 향도 태우고 가고. 정말 고맙죠.

일주일에 세번 온다는 30대 초반의 청년도 있었고, 분향소에서 한시간 동안 계속 애들 영정사진 만지고 간 분도 있었어요. 그런 분들이 기억에 남아요. 자원봉사 오는 시민분들도 다 기억나요. 우리는 유가족이잖아. 내 자식이 있는 곳이니까 당연히 나도 있는 거잖아요. 그런데 봉사하는 분들은 사실 그렇게까지 할 필요는 없는 거잖아요. 진심이 우러나와야 할 수 있는 일인데 참 대단한 것 같아요.

내가 겪어보니까 이태원 참사 진상규명과 책임자 처벌은 유가족만 애쓴다고 될 일이 아니고 시민의 호응이 반드시 있어야 돼요. 유가족으로 활동하면서 나도 시민단체나 사회문제에 관심을 가져야 된다는 걸 많이 느꼈어요. 솔직히 전에는 별로 관심 없었어. 겪어보니까 이제야 알게 되는 게 있더라고. 민주노총이나 시민단체에서 연대 요청해오면 다 나가요. 발언할 거 있으면 발언하고. 매체에서 인터뷰하자고 하면 인터뷰도 하고요. 내가 할 수 있는 데까지는 빠짐없이 연대하는 거예요. 처음 집회에서 마이크 들고 발언할 때는 기분이 좀 이상했죠. 살면서 내가 남들 앞에서 이런 말을 할 거라고는 생각을 못했으니까. 그래도 우리 아이들 억울함을 알려야 하니까 발언을 한 거죠.

가슴 속에 자식을 항상 품고 있는 게 부모야

내가 가장 후회하는 게 의성이 서울 보낸 거예요. 의성이가 안동에서 하던 병원 일을 그만두고 아프리카 의료봉사를 가고 싶어 했어요. 에티오피아로 3년 자원봉사를 다녀오겠대. 그때 아프리카가 내전 중이고 위험하니까 가지 말라고 했지. 그런데 "아빠, 그럼 서울 갈게" 그러는 거야. 내가 서울은 가도 된다고 했거든. 지금 최고 후회하는 게 그렇게 말한 거예요. 차라리 아프리카로 갔으면 이런 일을 안 당했을지도 모르는데.(한숨)

우리 의성이는 지금 나무도 많고 풀도 많은 곳에 있어요. 화장 안 하고 매장했어. 의성이는 밖을 돌아다니는 걸 좋아해서 납골당은 답답할 것 같더라고. 수목장으로 해놔서 와이프랑 자주 찾아가요. 내년 한식에 가족묘가 있는 선산으로 옮길 예정이에요.

안동은 그런 게 좀 있어요. 아니, 안동뿐 아니라 대한민국 풍습이 그렇다나봐. 의성이가 총각이잖아. 결혼을 안 하고 죽은 아이는 가족묘지에 묘지를 못 만들어. 처음에 의성이를 바로 선산으로 데리고 가려고 하니까 집안에서 반대를 했어. 너무 마음이 안 좋았지. 그래도 계속 데리고 간다고 이야기를 했어요. 지금은 의성이를 데려가기로 결정했고 묘지를 조성하고 있어요.

의성이 옮겨갈 곳에 나무도 심어서 가꾸고 있어요. 의성이 옆이 우리 부부 자리예요. 형제가 아무리 우애가 좋다 해도 세월이 흐르면 챙기기 어려울 수 있어. 그리고 의성이 조카들은 의성이를 기억 못할 수 있잖아. 그래도 할아버지 할머니 옆에 삼촌이 있다고 하면 우리랑 함께 기억해줄 수 있지 않을까? 의성이란 사람이 있었다는 걸 우리 가족이 오래오래 기억해주면 좋겠어. 그런 취지에서 옮기는 거예요. 단지 그거예요. 부모 마음은 옛날이나 지금이나 똑같아요. 그런 말 있잖아요. 자식은 죽으면 부모 가슴에 묻는다. 가슴 속에 자식을 항상 품고 있는 게 부모야. 내가 살아 있을 때까지는 의성이도 살아 있겠죠. 내가 올해 일흔하나예요. 많이 살아봐야 앞으로 20년, 짧게는 10년이에요. 내가 죽으면 의성이는 점점 잊히겠지. 잊어버리지 말라고 옮겨놓는 거야. 우리 가족이라도 의성이를 끝까지 기억하라고.

지연이 없는 서울로
지연이 찾으러 갑니다

오지연씨 아버지
오영교씨 이야기

"좋은 일로 인터뷰를 해야 하는데…" 그는 몇번이나 이렇게 말했다. 딸이 죽은 후 자신의 삶은 모두 후회뿐이라고도 했다. 큰딸이니 모범이 되라는 말도, 부모로서의 역할에 애쓰느라 함께 보내지 못한 시간도 모두 후회뿐이다. 그런 후회를 이제라도 남기지 않기 위해 서울행 기차를 탔다. 딸을 만나러 가던 즐거운 여행길은 더 이상 즐겁지 않다. 딸이 없는 서울에 도착하면 이 큰 도시가 더 휑하게만 느껴졌다.

그럼에도 광주에서 서울로, 서울에서 광주로 비를 맞으며 눈보라를 뚫고, 한여름 폭염도 이겨가며 오로지 지연이의 명예를 회복하기 위해 쉴 새 없이 움직여야 했다. 도로 한복판에서 피켓을 들고, 사람들에게 서명을 받으러 무릎을 꿇고 머리를 숙였다. 그렇게 하루를 보내고 집으로 돌아오면 지연이가 있어야 할 텅 빈 방에서 사진에 말을 건다. 아빠가 잘하고 있는지,

부족하거나 서운하게 한 게 아니라면 이제 꿈에라도 자주 나와달라고 부탁해본다.

아무리 말을 걸어도 돌아오는 답은 없지만, 사람들이 지연씨를, 이태원을, 이 비극을 잊지 않았으면 해서 또 서울행 기차를 탄다.

작가기록단 박내현

서울 가면 우리 지연이가 마중 나와 있을까? 그런 생각을 해요. 지연이가 서울에서 살기 시작하면서 저희도 종종 갔었거든요. 처음에는 우리가 서울 지리를 잘 모르니까 지연이가 마중 나오고 그랬어요. 그러다가 한번 두번 잦아지면서 천천히 안 나오게 됐죠. 근데 아직도 서울에 갈 때면 처음 우리 지연이 서울 갔을 때처럼 마중 나와 있겠지, 그런 생각이 들어요. 그래서 서울에 다니면서 많이 힘들었어요. 이제 2년이 다 됐지만 그냥… 우리 애가 이 세상에 없다고 생각해본 적이… 그 자체를 안 해봤으니까 진짜 너무 힘들어요. 서울 도착해서 지하철 타고 어디론가 가다보면 지연이랑 서울에서 같이 갔던 곳이 떠오르고, 우리 지연이랑 이렇게 같이 걸었던 곳을 가면 생각나서 또 울고.

면접을 앞둔 딸에게 닥친 참사

지연이는 중학교 때부터 연기를 했어요. 뭐를 시켜봐도 적성에 맞는 게 없다더라고요. 그러다가 연기를 시작했는데 또 2개월 지나니까 안 하겠다는 걸 최소한 3개월은 해보자 설득했죠. 그랬더니 금세 애가 열정을 보이더라고요. 학원에서도 칭찬을 많이 해주고 하니까 신났던가봐요. 근데 연기를 하려면 서울로 대학을 와야 하니까 이게 또 만만치 않았던 거죠. 서울에서도 학원 다니고 재수도 하다가 정 하고 싶으면 일단 대학은 가고 나중에 오디션을 보든 뭘 하자고, 네가 자신 있고 하고 싶어하는 일이면 해보라고 했어요. 그렇게 대학 졸업하더니 은행에서 일하다 그만두고 다시 수협에 시험을 본 거예요. 그래서 또 서울로 간 거죠. 필기시험 합격하고 면접 앞두고서 그렇게 됐어요.

연희라고, 이태원에서 같이 희생당한 친구가 있어요. 광주에서부터 친했던 친구라 같이 서울로 가게 되어서 둘 다 엄청 좋아했어요. 그래서 연희 생일도 축하할 겸 이태원에 갔던 모양이에요. 그날 저녁에 만난다고 하더라고요. 이태원역에 갔는데 사람이 너무 많다고 지하철역에서 나오자마자 사진을 찍어서 보냈더라고요. 조심해서 다녀라, 시험공부 하느라고 고생했으니 오늘 하루 잘 놀아라 했는데 그게 마지막이었던 거죠. 이태원 소식 듣자마자 우리는 첫 차 타고 서울로 왔어요. 문정동에 있는 지연이 집에 갔더니 아무도 없길래, 연희네 집에도 들렀는데 아무 기척이 없더라고요. 새벽 5시에 지연이 핸드폰으로 전화했는데 용산경찰서에서 분실물이라고 받더라고요. 우리 애가 어디 있는지 당장 물어볼 데가 거기밖에 없으니까 핸드폰이라도 찾자 해서 달려갔어요.

그때 이미 희생자가 149명이라고 나왔는데 경찰서에서 아무 것도 모른대요. 16개 병원으로 다 분산됐다는데 우리 애는 어디로 갔는지 좀 알려달라고 해도 사망자 수가 몇명인지, 어느 병원으로 갔는지도 모른대요. 그럼 핸드폰이라도 달라니까 그것도 못 준대요. 검사도 해야 하고 핸드폰을 돌려주려면 검사인지 판사인지의 허락이 있어야 한다는 거예요. 이게 뭔 소리입니까? 말이 안 통하는 거예요. 그래서 오전 10시 반쯤 경찰서에서 나왔어요. 이제는 도저히 안 되겠더라고요. 일단 16개 병원 중에 가장 가까운 병원으로 가자 하고 택시를 잡아 탔어요. 국립중앙의료원이 제일 가까운데 이태원을 지나야 해서 시간이 오래 걸린다더라고요.

가는 도중에 모르는 번호로 전화가 왔어요. 용인 세브란스병원인데 오지연양 아버지 맞느냐고, 신원확인이 필요하다고. 하늘이 무너지는 것 같았어요. 기사님이 전화통화 내용을 듣고는 자꾸 위로를 해주더라고요. 사람 잘못 봤을 것이다, 아닐 것이다. 한시간이 걸려서 가는데 계속 전화가 와요. 언제 오냐, 왜 안 오냐, 도착하면 전화해라, 중간에 어디냐. 그렇게 도착하니까 문 앞에 나와 있더라고요. 신원확인을 빨리 해야 한다는데 지연이 엄마가 도저히 못 가겠다고, 못 보러 가겠다고 하더라고요. 저 혼자 가는데… 막 한참 걸리는 것 같더라고요. 우리 애를 보러 가는 그 길이… 형사 네명인가, 다섯명인가가 그냥 저를 막 데려가는데 가는 도중에 나도 못 가겠다, 못 보겠다 하고 멈춰서기를 반복하다가 결국 영안실로 갔어요.

마약 운운하며 권유하던 부검

지연이 얼굴만 간신히 보고 나오는데 형사인지 누가 바로 와서 애를 어떻게 할 거냐고 여기서 장례를 치를지 다른 데로 데리고 갈지 묻대요. 자식을 잃은 부모인데, 왜 이렇게 슬퍼할 시간도 안 주고, 왜 이런 일을 일사천리로 해야 하는지 속이 터질 것 같았어요. 데리고 내려가겠다니까 검안서를 받아야 한대요. 비용 주고 한시간 반 있다가 검안서를 받아서 앰뷸런스 타고 광주로 내려왔어요. 와서 어떻게 장례를 할지 의논하는데 검사와 경찰이 우르르 오더니 대뜸 부검을 하시겠냐고 물어보더라고요. 나는 그냥 안 한다고 했는데 이모가 묻더라고요. 부검을 왜 하냐고. 압사에 의한 사망이라고 알고 있는데 부검을 왜 해야 하는지 이유를 말하라니까 검사인 듯한 사람이 그러는 거예요. 마약을 했다는 정황은 없지만 혹시 모르니까 부검을 해봐야 좋지 않겠냐고요. 단호하게 안 한다고 했어요.

나중에 한참 있다가 마약 수사에 대해 알게 됐죠. 다른 유가족들도 아마 부검을 하자는 말을 들었을 텐데 왜 해야 하는지 안 물어봤을 거예요. 저도 경황이 없었는데 다행히 애 이모가 물어봤던 거죠. 이태원에 마약 수사를 위해 경찰 50여명이 현장에 있었다는 뉴스가 나왔을 때예요. 우리한테 마약 운운하며 부검을 권유하던 게 생각나더라고요. 유가족협의회에 그 얘기를 했더니 MBC에서 인터뷰를 나왔어요. 저희 증언 덕분에 광주에서는 마약 관련 우려가 있어서 부검을 하자 했다고 인정한 거예요. 관할 경찰서고 서울청이고 다들 마약 수사한 일 없다고 발뺌을 하는데 말이죠. 개인적인 소견이라고 했지만 무슨 지시가 내려왔는지 어떻게 알겠어요.

그것만이 아니었어요. 지연이가 어떻게 용인까지 왔는지 알고 싶어 구급일지를 달라니까 없대요. 그래서 지연이 엄마가 역추적을 했어요. 용인 세브란스병원에 데려온 구급차 번호를 병원에 문의했어요. 알아보니 안산에 있는 정부 구급차더라고요. 그 차량을 운전하셨던 분이 어떻게 지연이를 데려왔는지 알려주셨어요.

저희가 그렇게 자체적으로 알아본 후에 언론에서 구급일지를 찾아야 한다는 뉴스가 나왔어요. 그래서 다른 유가족들도 구급일지를 찾기 시작했죠. 그러니까 아무리 문의를 해도 모른다던 저희 차 번호가 다-42번이었다고 갑자기 알려주는 거예요. 부랴부랴 짜맞춘 건지 말이 달라지더라고요. 우왕좌왕, 모든 게 그런 식이었어요. 구급일지도 없고 바디캠도 없다, 저희가 당시 사건기록 보존 신청도 다 했는데 CCTV도 지금 수사 중이라 못 보여준다,

삭제됐다, 녹화가 안 됐다…. 이런 식이었기 때문에 처음부터 믿을 수가 없었어요. 지금 이 순간까지 아무것도 믿을 수가 없었어요.

광주에 보라 리본이 세워지기까지

그렇게 정신없이 광주로 와서 장례식을 치렀어요. 저희는 3층, 연희네는 1층. 같은 장례식장에 있다가 우리가 먼저 발인을 했어요. 발인하고 나가는 마지막 날에 또 한 가족이 들어왔는데 이태원에서 같이 희생된 분이더라고요. 그분은 변호사였는데, 그 가족분들께 우리 연락처를 드렸죠. 너무 억울했어요. 우리 애들이 왜 이런 대접을 받아야 하는지 그 원인은 알아야겠다, 그래서 장례식장에 엄청 많이 모여 있던 기자들에게 인터뷰도 하고 다 해줬죠. 그런데 발인 딱 끝나니까 연락이 안 오더라고요.

그때 그 변호사분의 유가족들이 민변에 연락을 해 11월 3일에 민변에서 세분이 내려오셨어요. 그때까지 딱 3일간 있었던 일을 다 얘기했죠. 며칠 지나고 민변에서 신문에 광고를 냈어요. 이태원 유가족 모임을 한다고. 그렇게 광주에서 여덟 가족이 연락이 돼서 만났어요. 그렇게 시작됐어요, 광주에서도.

광주에서도 주말마다 거리 행진을 했거든요, 열아홉번인가. 한 시간씩 시내 골목골목마다 힘든지도 모르고 열심히 다녔어요. 서울에서 활동을 많이 하니까 우리도 광주에서 뭔가 해야겠다는 마음으로 고민했는데, 같이해주시는 종교 단체에서 세월호 때도 행진을 했다고 조언해주셨어요. 행진할 때만큼은 서울에 있는 유가족들한테 좀 덜 미안했죠. 서울에서 내려와 같이 행진해주고, 부산·전주·대전에서 와서 같이 걷고, 그렇게 또 하루하루 활동해나갔던 것 같아요.

저희가 보통 토요일 아침에 행진을 했거든요. 주말이라 밖에 돌아다니는 사람은 별로 없지만, 가끔 차 타고 지나가는 분들이 창문 내려서 박수 쳐주기도 하시고, 또 떡집에서 고생한다고 힘내라고 떡도 주시고. 다른 시민단체에서도 많이 참석해주시고. 서울에서처럼 독립투사하다 죽었냐는 식의 비아냥을 듣지는 않았어요, 광주에서는.

광주에 진실버스가 왔을 때는 5·18 민주화운동 희생자 유가족들을 만났어요. 그때 어머님들이 43년 동안 진실규명을 그렇게 외쳤어도 제대로 이루어진 게 없다며 "잘 먹어라, 잘 먹고 버텨야 된다. 느그들이 건강해야 계속 싸울 수 있다. 진짜 잘 먹고 힘을 내라" 그렇게 말씀하시더라고요.

다들 '특별법 제정하라' 피켓 들고 소리 치고, 이런 거 어디서 해봤겠습니까? 저도 창피하더라고요. 그래서 피켓만은 안 들려고 좀 빠져보려고 했는데 안 되더라고요. 다들 돌아가면서 하는데 내가 안 하면 다른 사람이 힘들잖아요. 그걸 보고 있을 수 있겠습니까? 창피함을 무릅쓰고 하는 거예요. 159킬로미터 행진, 삼보일배, 시위… 다 힘들었지만 우리 지연이 생각하면 이건 아무것도 아니라는 생각이 들고, 힘든지도 창피한지도 모르겠어요. 지연이한테 그거 하나는 좀 떳떳하지 않을까 싶어요.

광주에 유가족이 여덟 가족 계신데 전부 다 활동하지는 못하세요. 정신과 치료 받으시는 분들도 계시고, 괜찮아져서 활동하다가 또 안 좋아져서 다시 치료받는 분도 계시고. 저는 심리치료 한 번도 안 받았어요. 물론 꼭 필요하다는 건 알지만, 정부에서 해주는 건 아무것도 받고 싶지 않아서 그랬어요. 참사 이후로는 정규 방송을 본 적이 없는 것 같아요. 어차피 다 예능 프로그램이잖아요. 내 자식이 이렇게 됐는데 뭐 희희낙락거리면서 그거 보고 있을 수가 없더라고요. 그래서 유튜브만 보는데 2차 가해 피해서 우리한테 도움 되는 사람들 이야기를 많이 듣죠.

우리는 어떻게 보면 다른 일에는 관심이 없어요. 그저 자식의 명예회복이나 어떻게 하면 억울함을 풀어줄 수 있을까 하는 거죠. 내가 무엇을 해야 나중에 우리 지연이 보러 갔을 때 떳떳하게 만날 수 있는 그런 부모가 될까, 그런 생각밖에 없어요. 보상금 같은 거 다 필요 없어요. 당장 도움 받아야 할 정도로 어렵지도 않고 여태 잘 살아왔어요. 우리는 그냥 우리 애들 명예회복, 그거 하나만을 위해서 지금 여기까지 버티고 있다고 생각해요. 오로지 애도의 시간만 가져도 부족할 판에 정부하고 싸워야 한다는 사실이 힘들 뿐이죠.

참사 나고 초기에 광주에도 분향소가 차려지긴 했어요. 한 일주일 정도 광주시청 앞에 차린 걸로 알고 있는데, 그때는 경황도 없고 가볼 수 있는 상황이 아니어서 못 가봤어요. 그러고는 아무런 연락이나 조치는 없었어요. 그런데 지난 5월 남구청에서 만나자고 연락을 주셨어요. 이태원 특별법 통과된 후에 간담회를 갖고 세월호 조형물을 만들려는데, 이태원 유가족들도 필요한 게 있는지 물으시더라고요. 그래서 조형물 설치해달라고 하고 이태원 참사 다큐 「별은 알고 있다」도 한번 상영해달라고 했어요. 일단 남구청 공무원들부터 같이 한번 보고, 시민들과도 같이 볼 수 있는 시간을 마련해보겠다고 했어요. 그분 말씀이 자식 잃은 부모 심정을 모르는 사람은 정말 모를 거라고, 당신이 자식을 잃어본 것은 아니지만 그런 일을 당하면 똑같았을 거라고 우리 마음을 알아주시더라고요.

얼마 전에 조형물이 설치됐어요. 세월호 노란 리본과 저희 보라색 리본. 구청 앞을 새롭게 단장하면서 굉장히 넓어졌거든요. 구청 앞 도로 한쪽에다가 조형물 조성을 해줬어요. 특별법에 그런 조항이 있다더라고요, 추모행사나 상징물을 각 지방자치단체에 요청할 수 있다고. 광주시는 아니지만 그래도 구에서, 우리 지역에서 뭔가를 하고 있다는 게 저는 좀 뿌듯하고요. 남구에 처음으로 조형물이 세워졌다는 데에 저희들 나름대로 큰 의의를 두고 있습니다.

우리 지연이는 여행 간 거라 생각해요

참사 전 추석 때 지연이가 백화점에서 제 옷을 사서 내려왔더라고요. 막 뭐라 그랬어요. 너희들 옷이나 사지 왜 아빠 옷 같은 거 챙기냐고, 쓸데없는 짓 하지 말라고. 그렇게 뭐라고 하고 제대로 사과도 못한 채 서울 보냈었는데 그게 마지막이었어요. 지연이가 서울 은평구에서 살다가 문정동으로 이사 가면서 새살림을 해줬거든요. 근데 두달도 못 쓰고 간 거예요. 서울 살 때, 자기 엄마하고는 날마다 통화를 했어요. 퇴근하면서 엄마 오늘은 이런 일 저런 일 있었어, 엄마 오늘은 집에서 나 뭐 시켜 먹을게, 엄마 오늘 나 친구 누구 만나…. 엄마하고 통화하면 저는 옆에서 듣고만 있죠. 원래 아버지들이 좀 무뚝뚝하잖아요. 지금 와서 보니까 옆에서 듣는 것만으로도 그냥 좋았던 것 같아요.

처음에는 지연이 엄마가 제일 걱정이었어요. 날마다 통화했으니 얼마나 허전하겠어요. 저녁에 지연이한테 전화 오던 시간만 되면 지연이 보고 싶다, 보고 싶다 그래요. 그래서 저는 되도록 지연이 이야기를 안 해요. 안 그래도 힘들어하는데 저도 보고 싶다고 무너지면 안 될 거 같아서 절대로 내 입으로 먼저 지연이 이야기를 안 꺼내거든요. 누구하고도 이야기 안 하고 그냥 혼자, 애 엄마 거실에 있고 나는 이렇게 안방에 있으면 사진 보면서 삭혀요. 사진 보면서 눈물 흘리고 나갈 때는 닦고 아무 일 없었던 것처럼. 저 혼자 삭히고 혼자 울고 혼자 극복하고 있어요. 제가 약해져버리면 삶이 더 힘들어질 것 같아서 저라도 그런 내색을 안 하려고 많이 노력해요.

막내한테는 또 미안하죠. 자식 앞에서 할 말이 아닌데, 죽고 싶다고 한 적이 있어요. 애가 '그럼 나는 뭐냐'면서 서운해한 거예요. 그래서 애 앞에서는 다시는 그런 얘기는 안 하고 되도록 눈물도 안 흘리려고 해요. 근데 보고 싶은 감정이 울컥 올라오면 그때만큼은 자제를 못하겠어요. 보고 싶은 마음에 우는 것은, 막내한테는 그 울음조차도 안 알려야겠다는 생각을 갖고 있지만 잘 안 되더라고요. 지연이 엄마가 저한테 하는 말이 있어요. 자기 울고 싶을 때 절대 막지 말라고. 그냥 울고 싶을 때 울겠다고. 그 약속은 계속 지키고 있어요. 자제하는 게 잘하는 것만은 아닌 것 같아요.

아침에 일어나서 눈 뜨면 지연이 사진 보고 잘 잤냐고 인사해주는 거, 이게 우리 죽을 때까지 일상이 될 것 같아요. 일상 뭐 다른 거 없어요. 우리 애들이 여행 가는 걸 굉장히 좋아했거든요. 저는 우리 지연이가 여행 간 거라 생각해요. 또 어디 좋은 데 여행하고 있겠지, 어디 갔는지 꿈에라도 나와서 얘기 좀 해주면 좋겠다, 그 정도로만 생각해요. 처음 몇개월은 제 꿈에도 나왔었는데 요즘엔 통 안 나오더라고요. 아빠한테 미안한 게 있나, 내가 잘못한 게 많은가.

슬픔으로 연대하는 마음

저희가 여기저기 할 수 있는 한 많이 연대하려고 해요. 오송 참사도 그렇고 이후로도 얼마나 많은 죽음이 있었습니까. 얼마 전 광주 학동 철거건물 붕괴 참사 3주기 행사에도 저희가 가서 발언도 했어요. 힘들어도 차츰차츰 잊히지 않게 하려면 그렇게 연대하고 같이 안타까워해야 해요. 이태원 참사, 오송 참사, 학동 참사… 어차피 유가족은 마찬가지니까. 유가족 마음은 유가족밖에 모른다고요. 저희도 이런 참사를 당했을 때 하다못해 가족한테도 털어놓고 이야기를 못해요. 이렇게 다 이야기할 수 있는 사람이 누구였겠습니까? 우리 유가족밖에 없어요. 사실 다 처음 본 사람들이잖아요. 그런데도 내 자식은 누구였네, 내 자식은 어디에 있었네, 내 자식은 어떻게 됐네, 그런 이야기를 나누고 공감할 수 있는 존재는 유가족뿐이에요.

사람들이 기억할 수 있도록 연대하는 게 우리 유가족의 의무가 된 것 같아요. 이런 참사가 다시는 일어나지 않게, 다시는 우리처럼 자식을 잃은 부모가 안 나왔으면 하는 바람이죠. 앞으로 어떤 참사와 유가족이 또 생길지 모르지만, 계속 가서 위로하고 같이 애도하고 슬퍼해주고 할 거예요. 세월호도 저희들하고 같이 해주잖아요. 이렇게 계속 연대하고 기억하다보면 다시는 우리 같은 유가족이 안 생길 것 같아요. 다시는 이런 사람이 없길 바라는 게 진짜 우리 마음이에요.

괜히 특별법 만들어서 보상금 많이 받으려고 한다는 사람들도 있긴 해요. 근데 닥쳐보니까 돈은요, 우리 돈 안 받는다고 했어요. 그런 돈 필요 없다고, 10조를 주든 20조를 주든 나는 우리 자식하고는 안 바꾼다고 했어요. 한창 심할 때는 놀러가서 죽었는데 뭐가 잘나서 그러냐고, 부모가 애들 간수도 제대로 못했으면서 부모 자격이 있냐고도 했어요. 그래요. 우리 애들은 놀러 갔어요. 근데 놀러 간 사람은 죽어서 돌아와도 되나요? 그런 2차 가해만 없었어도 이렇게까지는 안 했을지도 몰라요. 시체팔이라니… 몇백억 줘도 우리 지연이랑 안 바꿔요.

보상이나 사과, 이제 와서 솔직히 중요하지 않아요. 이미 애는 없는데… 죽어서는 안 되는 애들이 정부의 부재로 희생된 것에 대해 최선을 다해 위로했었다면 달랐을 거예요. 피해자의 가족들은 그걸 바랄 뿐이에요. 책임자 처벌하고 성역 없는 조사 해서 원인을 규명해 책임질 사람은 합당한 책임을 지고, 추모시설 만들어주면 그게 명예회복이지 않겠어요? 이제 2주기가 얼마 안 남았잖아요. 그사이에라도 조금이나마 진상규명의 성과가 있기를 바라요. 그래야 기쁜 마음까지는 아니더라도 어느정도 마음의 위안이 되지 않을까 싶습니다. 제발 이제는 저희가 온전하게 애도할 수 있는 시간이 왔으면 좋겠습니다.

재난 피해와 재난 피해자를 상상하는 일

유해정 (재난피해자권리센터 '우리함께' 센터장)

한국을 너무 사랑해서, 한국어 문장을 제대로 읽을 때면 하늘을 나는 듯한 기분을 느끼던 스물네살 레이하네씨의 시계가 2022년 10월 29일 이태원에서 멈췄다. 이란에 한국 레스토랑을, 한국에는 이란 레스토랑을 여는 꿈을 안고 한국에 어학연수를 온 지 불과 55일 만의 일이었다.

일주일 후, 레이하네의 엄마는 두달 전 딸을 배웅했던 테헤란 공항에서 딸의 시신을 인계받았다. 다음 날, 레이하네의 장례식이 엄수됐다. "사랑하는 레이하네의 몸이 흙에 묻혔을 때, 나의 영혼도 딸과 함께 묻혔습니다." 가족의 삶이 멈췄다. 그러나 어떤 설명도, 위로도, 조력도 받지 못했다. 연락이라고는 이란으로의 시신 송환을 위해 주한 이란 대사관, 주이란 한국 대사관에서 걸려온 전화가 전부였다. 그 이후 양 대사관은 가족들의 연락에도, 면담 요청에도 응하지 않았다. 딸의 2주기가 코앞으로 다가왔지만, 이태원 참사 이후 관련 진척 상황에 대한 정보는커녕 한국에 있는 딸의 유품조차 채 돌려받지 못했다. 딸의 부재를 직면할 수 없어 인터뷰를 거듭 고사하다가, 혹시나 인터뷰를 하면 유품을 돌려받을 길이 열리지 않을까 하는 마음에 책 출간 직전에야 입을 뗀 레이하네의 엄마가 말했다. "우리는 끝이 전혀 보이지 않는 길을 가고 있어요."

레이하네 가족의 경험은 14개국 외국인 희생자 26명의 가족들이 겪고 있는 일이기도 하다. 그들은 한국의 피해자들보다 더 고립되었고 방치되었다. 재난의 유일한 유산이 '성찰을 통한 학습'임에도 불구하고 한국 사회는 외국인 희생자들의 죽음을 어떻게 애도하고, 타국에서 가족을 잃은 유가족들을 어찌 위로하고 조력할지, 비극이 열어놓은 시간을 흘려보내고만 있다.

불명확한 '재난 피해'와 '재난 피해자'

재난이 빈번한 사회임에도 불구하고 재난과 재난 피해자에 대한 규정은 명확하지 않다. '재난 및 안전관리 기본법'은 재난을 "국민의 생명·신체·재산과 국가에 피해를 주거나 줄 수 있는 것"으로 규정한다. 광범위한 재난 정의는 재난에 대한 행정과 정치의 개입 범위를 넓힌다. 이태원 참사는 '압사 사건에 대한 매뉴얼이 없었다'는 이유로 신종 재난으로 분류해 국가 책임을 탈각시킨 반면, 그해 8월 화물연대 노동자들의 파업은 유례없이 재난으로 규정해 국가 차원의 강압적 대응에 나선 것이 대표적이다.•

모호한 규정과 이에 따른 행정과 정치의 자의적인 개입은 무엇을 재난 피해로, 누구를 재난 피해자를 볼 것인가에도 적잖은 영향을 미친다. 한편에서 보면 재난 특성이 반영될 여지가 생기고, 달리 말하면 힘의 정치가 작동한다. 재난을 둘러싼 정치, 여론, 피해자들의 운동 등에 따라 피해와 피해자의 범주가 넓혀지기도 하고 좁혀지기도 하는 것이다.

진상규명을 위한 특별법 제정 운동이 활발히 전개되었던 4·16 세월호 참사와 10·29 이태원 참사는 특별법 제정을 통해 재난 피해와 피해자의 범주가 확장된 드문 사례다. 4·16 세월호 운동은 오랜 싸움을 통해 세월호 참사 희생자 및 생존자의 가족은 물론 가족에 준하는 관계였던 친인척, 구조 및 수습 활동에 참여한 민간 잠수사, 당시 경제적 손실을 본 진도 어업인과 진도군 거주자 등으로까지 피해자의 범주를 확대시켰다. 이태원 참사 특별법 제정 운동 역시 참사 당시는 물론 이후 신체적·정신적 피해로 인해 사망한 사람과 신체적·정신적 고통을 경험 중인 구조자, 지역상인 및 노동자 등으로까지 피해자의 범위를 확대해 심리적·간접

• 정부는 2024년 7월 재난 및 안전관리 기본법 시행령 개정을 통해 법으로 규정된 노동자들의 쟁의행위 및 이에 준하는 조치 등까지도 사회재난의 한 유형으로 규정했다.

적 피해까지 인정하는 길을 열었다.

이는 피해자 운동의 성과인 동시에, 다른 한편으로 사회적 관심에서 소외된 다른 재난의 경우 그 피해와 피해자의 범주가 여전히 협소하다는 반증이기도 하다. 재난 관련 법률에 따르면 여전히 '피해자'는 사망자, 실종자, 부상자와 그 가족, 그리고 재산 피해자에 한정된다. 재해구호법과 그 시행령에 근거해 재난의 직접적 목격자, 현장에서 구호·자원봉사 또는 복구 활동에 참여한 사람들 중 심리적 안정과 사회적응 등이 필요한 사람들에게도 지원의 가능성을 열어놓고는 있지만 직접적 피해가 아닌 심리적·간접적 피해는 쉽게 인정되지 않는다.

결국 한없이 유연하다가도 놀랄 만큼 경직된 행정과 정치에 시민들은 재난이 발생할 때마다 재난 피해는 무엇이고, 누구를 재난 피해자로 규정할 것인가에 대한 과제를 부여받는다.

동심원으로서의 피해

일반적으로 법·제도와 행정은 '물질적 지원을 받을 만한' 사람만을 피해자로 한정하려는 경향이 강하다. "그러나 세월호 참사의 피해 규모가 304명의 죽음에서 그친다고 인정할 수 있는 사람은 우리 중 누구도 없을 것이다."•• '가만히 있으라'는 선장과 해경의 명령에 맞서 참사 이후 시민들의 입에서 터져 나온 '가만히 있지 않겠다'라는 슬로건과 전국민적 애도는, 세월호 참사로 인한 고통과 슬픔이 세월호의 승객과 그 가족들에게만 한정되지 않음을 보여준다.

마찬가지로, 정부 집계에 따르면 이태원 참사의 공식 피해자는 사망자 159명, 부상자 195명이다. 그러나 신체적 부상자가 195명일 수는 있어도, 결코 심리적 외상자까지 포함한 수일 수는 없다. 실제로 나는 이태원 참사 직후 대학 수업에서 참사 당일 이태원 핼러윈 축제에 참여했다가 먼저 빠져나왔기에 혹은 올해는 부득이 참여하지 못했기에 '살아남았다'며 울먹이던 학생들을 여럿 만났다. 또한 세월호 참사 이후 세상을 바꾸지 못해 이태원 참사가 났다는 죄책감에 누구보다 오래, 깊게 비통해하는 세월호 엄마들을 보았다. 당일 현장에서 최선을 다해 구조에 임했음에도 이태원에 있었다는 이유로 혐오와 조롱의 대상이 될까 두려워 자신의 존재와 외상을 숨긴 구조자와 목격자 들의 이야기도 알고 있다. 특히 수만명이 몰려든 이태원에서 참사 당시의 상황이 다양한 미디어를 통해 인터넷상에 실시간으로 퍼져 나갔던 점을 고려한다면 재난의 파장과 영향의 전체 범위를 파악하는 것이 불가능하다는 것도 인정해야 한다. 이는 기존의 법·제도와 통계에서 피해자로 셈해지지 않는 수많은 사람들이 재난으로부터 영향을 받고 있음을, 피해자와 비(非)피해자 사이의 경계가 명확해 보이

●● 416 인권실태조사단 『세월호 참사, 4.16 인권실태조사 보고서』 2015, 135면.

지만 사실 명확하지 않음을 일깨운다.

피해와 피해자 범주의 확장은 각종 지원의 확장과 연결되기도 하지만 늘 그러한 것은 아니다. 예를 들어 현장을 우연히 비껴갔기에 살아남은 이들이 느끼는 고통과 희생자들에 대한 죄책감은 이러한 경험을 이야기하고 이해받는 것, 희생자와 유가족들을 위해 기도할 수 있도록 하는 사회 분위기의 형성으로도 충분할 수 있다. 참사로 인해 일상의 불안이 높아지고, 사회적 유대감에 손상을 입고, 정치공동체에 대해 불신을 갖게 된 집단적 피해와 고통은 안전에 대한 국가의 책무를 높이고, 사회적 쇄신을 통해 해결을 모색할 수밖에 없다.

결국 "재난에 직접 연관된 사람들의 수는 시작점으로만 봐야 한다. 재난에 영향을 받는 사람들의 수는 고요한 연못에 조약돌을 떨어뜨렸을 때의 효과에 비유될 수 있다. 연못에 생긴 파장은 중앙에서 동심원 모양으로 퍼져 나간다."● 따라서 이러한 동심원으로서의 피해와 연관을 이해할 때, 우리는 우리 앞에 당도한 재난을 제대로 이해하고 직접적 피해자만이 아닌 '우리'의 일로 재난 이후의 길을 모색해 나갈 수 있다.

● Gibson M, "Managing People's Social and Psychological Needs after a Disaster – Experiences from Belfast and the M1 Plane Crash" in Wallace et al. *Management of Disasters and their Aftermath*, London: BMJ Publishing Group, 1994, 137면.

위계화된 피해와 고통 너머

한편 재난 피해란 무엇이고, 누가 재난 피해자인가에 대한 성찰은 피해자 내에서도 숨겨진 또는 차별받는 피해와 고통을 드러내는 일이기도 하다.

세월호 운동의 중요한 사회적 기여 중 하나는, 피해자는 균질한 그룹이 아니며 그 안에도 매우 다양한 피해자가 있음을, 피해와 고통에도 사회가 등급을 매기고 있음을 깨닫게 했다는 점이다. 세월호 참사로 희생된 이들은 단원고 학생들만이 아니었다. 사망한 단원고 교사 중에는 비정규직 교사도 있었으며, 소위 비단원고 희생자 중에는 노인도, 아이도, 이주민, 노동자도 있었다. 하지만 이들의 죽음은 사회적으로 평등한 애도를 받지 못했다. 또한 사회는 꽃다운 청춘의 죽음을 슬퍼했지만, 살아 있는 10~20대 형제자매 유가족의 고통은 제대로 이해하려 들지 않거나 생존 학생들의 목소리에는 주목하지 않았다. 연령, 계급, 인종, 사회적 위치 등 우리 사회에 내재된 위계가 죽은 자와 산 자들 안에도 위계를 만들어냈고, '더 많은 애도와 위로를 받을 자격'을 존속시켰다.

이태원 참사 희생자 레이하네의 사례는 세월호 참사의 교훈에도 불구하고 이태원 참사에서도 불평등한 애도가 건재함을 보여준다. 또한 이태원 참사에 대한 빈약한 사회적 애도는 20~30대 청춘에 대한, 쉼과 놀이에 대한, 이태원과 핼러윈에 대한 무시와 편견, 터부에 터 잡고 있기도 하다. 주디스 버틀러는 누구의 삶이 애도할 만한 것으로 인정되는가는 누가 인간으로 인정받는가와 연결돼 있다고 말했다.[*] 애도 받지 못한 죽음은 공적 담론의 장에서 비실재화되고 탈인간화되어진 삶을 살고 있는 이들이라는 것이다.

따라서 우리는 피해자 모두가 누군가로 대체되거나 환원될 수 없는 고유한 세계를 가진 존엄한 인간임을 성찰할 필요가 있다. 사회적 위치와 무관하게 누군가에게는 우주이자 세상의 중심임을 인정해야 한다. 참담한 고통은 법적 관계가 아닌 관계의 친밀감에서 비롯한다는 진실 또한 직시해야 한다.

재난 피해와 재난 피해자를 규정하는 일은 결국 행정과 정치의 한계를 넘어 재난과 사회의 구조를 세심히 들여다봄을 통해 우리 앞에 당도한 이 비극적 사건을 어떻게 규정할 것인지에 관한 일이다. 또한 이를 어떠한 사회적 사건으로 기억하게 할 것인가에 대한 질문을 찾아가는 여정이다. 그리고 보다 본질적으로 재난 이후 어떤 사회를 만들어갈 것인가에 대한 문제이다. 새로운 사회를 향해 당신과 함께 걷고 싶다.

● 주디스 버틀러『위태로운 삶』, 필로소픽 2018, 47면.

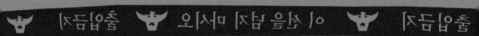

참사가 물었다,
어디로 나아갈 테냐고

3부

군중유체화는 참사의
원인이 아니다

신애진씨 어머니
김남희씨 이야기

김남희씨의 싸움은 서류 한장에서 시작됐다. 유가족들에게 '구급일지'로 불리는 이 공문서의 정식 명칭은 '구급활동일지'다. 119구급대원이 작성한 기록으로, 구급활동 상황이 상세히 담긴다. 이태원 참사가 발생하고 대응 매뉴얼에 따라 중앙응급의료센터와 해당권역 응급의료센터 재난대응팀이 현장에 출동했다. 사망자와 부상자가 워낙 많아 인근 병원만으로는 감당할 수 없어 서울 전지역으로 이송됐다. 특히 희생자들은 참사 현장에서 아주 멀리 떨어진 경기도 소재 병원까지 보내진 경우가 상당수다. 그런데 이상한 일은 신원 파악과 가족 인계에 아주 오랜 시간이 소요됐다는 점이다. 게다가 희생자가 어떻게 그곳까지 갔는지 기본적인 설명조차 가족들은 들을 수 없었다.

유가족들은 영문도 모른 채 답답한 가슴을 부여잡고 각자 알아서 그 정보를 찾아 나섰다. 몇몇 사람들이 우연히 구급일지의 존재를 찾아 세상에 알렸다. 김남희씨도 그걸 보고 딸 신애진씨의 구급일지를 찾아 나섰다. 그러나 그가 관련 기관으로부터 처음 들은 말은 '모른다'였다. 이 한 토막의 말 앞에서 그는 황당하고 막막했다. 홀로 낯선 사막을 헤매는 사람처럼 길 잃은 도시를 헤맸다. 그리하여 겨우 손에 넣은 구급일지는 반쪽짜리 정보에 불과했다. 신애진씨는 참사 현장에서 가장 가까운 순천향대학교 서울병원으로 옮겨진 후, 다시 안양의 한 병원으로 재이송됐다. 김남희씨가 알 수 있었던 건 두번째 이송에 관한 약간의 정보뿐이고, 첫 이송 상황에 대한 기록은 끝내 얻을 수 없었다. 소실되었거나 작성되지 않았거나, 두가지의 경우 중 어느 쪽인지는 정확히 알 수 없다. 다만 하나 분명한 것은 이 상황이, 참사 현장이 통제 부재로 비롯되었다는 점이다. 재난 대응 체계가 충분히 작동하지 않은 것이다.

이태원 참사 수습을 위해 꾸려진 중앙재난안전대책본부는 2022년 11월 30일 유가족 지원을 전담할 '이태원 참사 행정안전부 지원단'을 꾸렸다. 유가족들과 수시로 소통하며 유가족 요청사항을 관계부처와 협력해 지원하겠다는 게 설립 취지였다. 그러나 정부는 유가족들이 정보공개 청구 등 복잡한 절차를 거쳐 요청할 때에만 개별적으로 구급일지를 발급했고, 2023년 1월 31일에서야 겨우 구급일지 발급 안내를 공식화했다. 그러나 이마저도 외국인 유가족들은 소외된 채였다.

작가기록단 **박희정**

2022년 11월쯤 유가족협의회와 연락이 닿았어요. 유가족 단체 카톡방을 알게 됐고 남편이 거기 들어갔어요. 같이 들어갈 거냐고 남편이 물어봤을 때 저는 싫다고 했어요. 새로운 정보를 아는 게 무서웠거든요. 당시 새로운 정보는 대부분 참사 현장에 대한 거였어요. 참사 상황을 접하는 게 지금도 힘들어요. 남편이 단체 카톡방에 올라오는 소식을 보고 있다가 중요한 것만 저한테 전달해줬죠.

　참사 나고 100일 무렵까지는 아무 활동을 하지 않았어요. 물론 참사의 진상을 알고 싶었죠. 아이가 그렇게 간 걸 받아들일 수가 없었으니까. 한편으로는 아이가 이제 없는데 진상규명이 무슨 소용이겠냐는 생각도 들었어요. 그 마음을 추스르는 데 시간이 오래 걸렸어요.

　참사가 일어났을 때 직장에 다니고 있었는데 바로 휴직했어요. 그렇다고 집에 있기도 힘들었어요. 모든 곳에 아이의 흔적이 있으니까. 그저 눈 뜨면 밖에 나가서 종일 걸었어요. 골목마다 마주치는 성당에서 기도를 했어요. 12월에는 태국 치앙마이에 있었어요. 축제 분위기인 연말연시를 한국에서 버티기가 힘들었거든요. 치앙마이는 애진이랑 여행 갔던 곳이기도 해요. 딸이 남긴 사진을 보면서 애진이가 아빠랑 갔던 곳을 따라갔어요. 치앙마이는 사원이 많아 기도하기 좋았어요. 말이 안 통하니까 내가 소리를 지르든 울든 누가 뭐라고 하는지 신경 쓰지 않을 수 있잖아요. 건다 힘들면 길에 주저앉아 울었어요.

대체 누구를 위한 것일까

상황이 바뀐 계기는 구급일지의 존재를 알게 되면서예요. 유가족 카톡방에 자기 아이의 구급일지를 올려주는 분들이 계셨고, 그때 처음 알게 됐어요. 그런 기록이 있다는 걸 전혀 몰랐죠. 분명 애진이도 구급일지가 있을 테니 찾아봐야겠다는 생각이 들었어요. 그걸 찾는 과정에서 여러 문제들을 보게 된 거죠. 꼭 알아야겠다는 의지가 그때 굳어졌어요. 최소한 엄마로서 아이가 어떻게 떠났는지는 알아야 하겠기에 유가족 카톡방에 들어갔어요. 아마도 2023년 1월 중순쯤이었던 것 같아요.

용산소방서에 먼저 전화했어요. 구급일지에 대해 문의했더니 모른다는 답변만 들었죠. 뭘 더 어떻게 해야 하는지 알 길이 없어서 신문기사나 인터넷에 올라온 자료 등을 찾아가며 애진이의 이송경로를 추적했어요. 여러날 자료를 검색하다가 우연히 찾은 자료에서 애진이가 서울 순천향대병원에서 안양에 있는 한 병원으로 이송된 다섯명 중 한명이란 사실을 알게 되었어요. 구급차로 이송하면 기록이 남는다는 것도요. 안양에 있는 병원에 전화해 그 기록을 확인했어요. 말로 설명하니 잠깐이지만, 혼자서 몇날 며칠을 소방서 경찰서 쫓아가고 병원에 숱하게 전화하면서 겨우 알아낸 거예요. 그동안 정부로부터는 아무런 설명을 못 들었어요. 처음 용산소방서에 전화했을 때 안양 병원에 기록이 남았다는 이야기를 해줬더라면 좀더 빨리 이송경로를 확인할 수 있었을 텐데….

애진이가 참사 현장에서 순천향대병원으로 이송된 상황도 확인하고 싶었어요. 그런데 순천향대병원에는 기록도 없고 담당자 통화도 불가능했어요. 또다시 그 1차 이송경로를 찾아 헤매고 있을 때, 유가족 카톡방에 공지가 하나 올라왔어요. 거주지 소방서에 가면 구급일지를 받을 수 있다는 행정안전부 지원단의 안내였죠. 그래서 소방서에 찾아갔으나, 소방서에서 받은 구급일지는 제가 이미 확인한 2차 이송에 대한 구급일지였고, 사망환자 이송을 적시한 것 외에 유의미한 내용은 없더라고요. 애진이가 이태원 참사 현장에서 순천향대병원까지 어떻게 갔는지는 여전히 모른 채로 남아 있죠.

이태원 참사 유가족들의 요청사항을 처리해주기 위해 행정안전부 지원단이 만들어졌다고 해서, 저는 유가족들이 처한 문제를 실질적으로 해결해주는 곳인 줄 알았어요. 민원이 많은 사항부터 수합해 유목화(類目化, 비슷한 것끼리 범주화하는 일)하고 우선순위를 정해서 적극적으로 처리해줄 것이라 기대했어요. 그런데 알고 보니 그저 관련 부서에 요청 공문을 보내고 그 결과를 통보해줄 뿐이었어요.

예를 들어 구급대원들이 바디캠을 차고 있었잖아요. 구급일지가 없는 유가족들은 바디캠에 기록된 정보를 요청했어요. 소방청은 개인정보보호 등을 이유로 바디캠 영상 공개가 불가능하다는 입장이었어요. 그런데 행안부 지원단에서는 소방청과 협의를 하거나 해결방안을 모색하는 게 아니라, 유가족들의 요청사항을 소방청에 공문으로 전달하고, 소방청의 답변이 오면 그걸 다시 유가족들에게 전달하기만 했어요. 단순히 공문을 주고받는 정도의 지원을 한다면 정부 지원단이 왜 필요하겠어요? 제가 소방청에 직접 연락하면 되죠.

바디캠에 기록된 영상에 개인정보가 드러나는 게 문제라면 정부에서 영상을 분석해 유가족에게 필요한 정보만 전달해주면 되는 게 아닌가요? 가능한 방안을 고민하려는 노력조차 보이지 않았어요. 행안부 지원단에 몇차례 전화하다 결국 그만뒀어요. 거기 남은 건 관련 부서들이 서로 주고받은 공문서뿐일 것 같아요. 저는 실질적인 도움을 받지 못했지만, 행정기관은 답변으로 전달한 공문이 있으니 '민원처리완료'로 기록하지 않았을까요? 과연 이것이 누구를 위한 지원단일까요. 유가족을 위한 걸까요, 아니면 정부의 면피용일까요.

군중유체화는 참사의 원인이 아니다

이태원 참사와 관련해 유가족이 볼 수 있는 자료가 많지 않아요. 정부에서 유가족을 대상으로 참사에 대한 어떠한 브리핑도 하지 않았고 관련 정보도 제공해주지 않았어요. 경찰 특별수사본부가 73일간 수사하고 2023년 1월 13일에 수사결과를 발표했어요. 그 결과가 몇쪽짜리 문서에 담겨 우편으로 왔습니다. 거기에는 수사 대상자를 어떻게 처리했다는 단순 결과만 적혀 있고, 사건 경위에 대해서는 전혀 알 수가 없어요. 참사에 대한 정보는 대부분 신문기사를 통해 얻었어요. 공판이 있을 때마다 여러 신문사의 보도를 보며 퍼즐 맞추듯 정보를 채워나갔죠. 정부 기관에 정보공개 요청과 민원을 수도 없이 넣었어요. 답변 받으면 다시 전화해서 답변에 대한 근거를 묻고, 그러다보면 또 얻을 수 있는 정보가 있거든요. 그걸 두세달을 반복했어요.

경찰 특별수사본부가 참사의 원인이 '군중유체화'라고 발표했어요. 그런데 군중유체화는 참사의 원인이 아니에요. 사망의 원인이죠. 사람이 너무나 많이 몰려서 압사하게 된 거잖아요. 군중유체화는 사람이 많이 모였을 때 발생하는 물리적 현상일 뿐이에요. 참사의 원인은 군중유체화가 발생할 때까지 행정기관이 움직이지 않았다는 사실에서 찾아야 합니다.

용산구청과 용산경찰서는 핼러윈데이에 이태원에 10만 인파가 모일 것으로 예상했어요. 문건으로 확인된 사실입니다. 그런데 그 어디도 인파관리에 대한 계획을 세우지 않았어요. 참사 당일 오후 6시 34분부터 압사 우려 신고가 들어갔는데도 경찰은 출동하지 않았어요.

사후 수습과정에서도 행정기관의 대처는 엉망이었죠. 용산구청 안전재난과 과장은 술을 먹고 있다가 참사 소식을 듣고 현장으로 오던 중에 택시를 돌려서 집에 돌아갔어요. 다음 날에서야 나타났죠. 박희영 용산구청장은 0시 50분에야 비상회의를 소집했어요. 게다가 책임론이 불거지니까 "핼러윈 축제는 명확한 주최 측이 없는 만큼 축제가 아닌 하나의 '현상'으로 봐야 한다"라고 망언했죠.* 이상민 행정안전부 장관은 어땠나요? 재난안전관리 주무부처의 장이 일선 소방서장에게 모든 책임을 돌렸어요.

경찰 특별수사본부의 수사를 보면서 납득할 수 없었던 것 중 하나가 바로 경찰의 '셀프수사'죠. 대규모 참사는 검사가 수사할 수 없다는 이유로 경찰 과실이 포함된 이태원 참사 수사를 경찰에게 맡겼어요. 수사를 받아야 할 자들에게 수사를 맡기면 진실을 파헤치기보다는 덮으려 하지 않을까요? 더구나 이태원 참사는 용산경찰서만의 일이 아니라 서울경찰청과 경찰청 모두 관여된 사건이에요. 경찰 특수본이 경찰청에서 독립된 조직인가요? 오송 참사의 경우에는 경찰이 수사단을 꾸려 이미 수사를 시작했

● 「"핼러윈은 축제 아니라 현상" 용산구청장 발언도 논란」, MBC 뉴스데스크, 2022.10.31. 재난 및 안전관리 기본법에는 '지자체나 민간이 주최하고, 천명 이상이 참가하는 모든 축제에는 안전대책을 세워야 한다'고 명시돼 있다.

는데도 불구하고 경찰 과실이 있다며 검사가 수사했습니다.[•]

　결국 이태원 참사는 '꼬리 자르기'였다는 비판을 받았어요. 수사 결과 23명을 기소했는데, 윤희근 전 경찰청장과 김광호 전 서울경찰청장 같은 윗선은 기소하지 않았습니다. 심지어 윤희근 경찰청장은 조사조차 안 받았어요. 당일 서울에는 이태원 핼러윈 축제에 모인 10만 인파에다 각종 집회로 4만의 인파가 운집했어요. 경찰의 수장이라면 이런 상황에서 최소한의 대비는 하고 있어야죠. 하지만 윤희근 경찰청장은 참사 당시 충북 제천의 한 캠핑장에서 휴가를 보내고 있었어요. 비상상황인데 연락도 제때 되지 않았고요. 답변이라고 한 게 술을 마시고 자느라고 몰랐다더군요. 자정 넘어서 참사를 인지했음에도 불구하고 경찰 지휘권도 발동하지 않았어요. 이 사람의 권한이 얼마나 크겠어요. 할 수 있는 일이 얼마나 많겠어요. 그런데 아무것도 안 했습니다. 저는 직무유기라고 생각해요.

　경찰 특수본의 수사에 이어진 국정조사는 어떠했나요. 파행의 연속이었죠. 국민의힘의 불참으로 한달 이상 지연되어 시작됐고, 자료는 대부분 미제출에, 관련자들이 책임을 회피하는 모습만 봐야 했어요. 여당 의원들은 사소한 걸 빌미 삼아 조사를 질질 끌거

[•] 2022년 9월 10일 시행된 검찰청법 및 형사소송법 개정안에 따라, 검사의 직접 수사 개시 범위가 축소되면서 '대형참사 범죄'는 검사가 직접 수사를 개시할 수 없다. 그러나 대통령이 정한 시행령에 따라 '경찰공무원이 범한 범죄'는 검사의 직접 수사 개시 대상에 포함된다. 오송 참사의 경우 국무조정실 감찰에서 경찰이 출동하지 않고도 출동한 것처럼 허위 보고한 사실이 드러났고, 국무조정실의 수사 의뢰로 검찰 수사본부가 구성됐다.

나 논점과 전혀 상관없는 이야기를 자꾸만 해댔어요. 이태원 참사에 대한 국정조사는 진상규명이 목적이잖아요. 일어나면 안 될 큰일이 일어났기 때문에 원인을 밝히고 재발을 막으려는 거지, 특정 정당의 잘잘못을 따지기 위한 게 아니잖아요. 대통령이나 여당은 야당이 참사를 정쟁화한다고 얘기하지만, 제가 국정조사에서 목격한 상황은 그 반대였어요.

국민의 생명을 보호하는 것은 국가의 당연한 의무예요. 참사가 일어나지 않게 예방하고, 그럼에도 불구하고 참사가 발생하면 국민의 생명을 구하기 위해 최선을 다해야죠. 안전한 사회로의 복귀에 힘쓰고요. 그때 가장 먼저 해야 하는 일이 진상규명이에요. 참사에 대한 책임은 범죄를 조사하고 벌을 주는 것으로 끝날 수 없어요. 형사적인 책임을 넘어서 사회 시스템에 대한 조사가 되어야 한다고 생각했어요. 그런 점을 그 의원들이 얼마나 이해하고 참여했는지 궁금해지더라고요. 가장 실망스러웠던 건 마지막에 보고서 채택을 앞두고 여당 의원들이 다 퇴장해버리는 모습이었어요. 진상규명이 목적이었으면 그 자리에 앉아서 끝까지 질문하고 답을 해야 되잖아요. 그저 이상민 장관 방어하느라고 급급했다는 인상을 지울 수 없어요. 지켜보는 내내 무력감과 깊은 분노를 느꼈죠.

참사는 어느 날 일어나지 않는다

이태원 참사는 10월 29일에 일어났어요. 우리가 목격한 건 그 참담한 순간이지만, 참사는 단지 그날 하루 튀어나온 어떤 문제로 인해서 발생하지는 않을 겁니다. 그 이전에 생겨난 여러가지 문제들이 누적되어서 일어났다고 생각해요. 그 구조적 문제를 밝혀야 해요.

우리나라의 행정 시스템은 허술하지 않습니다. 민원을 넣으면서 여러 답변을 받아본 결과 안전문자 발송 시스템이나 재난안전통신망과 같은 물리적 시스템이 굉장히 잘되어 있다는 걸 알 수 있었어요. 그날 재난안전통신망을 사용하긴 했는데, 제대로 작동하지 않았어요. 이태원 참사 당시 재난안전통신망 접속 기관 및 통신·통화 내역을 보면, 최초 통화는 서울재난상황실에서 이루어졌는데, 참사 발생 후 1시간 반이나 지난 시점이었어요. 그 이후에 이루어진 서울 용산재난상황실과 중앙재난상황실의 통신시간까지 모두 합치면, 겨우 195초에 불과해요. 여기에 분명히 어떤 문제가 있을 거예요. 행정조직이 움직이기 위해서는 정책 방향에 따른 의사결정이 이루어져야 해요. 그러니 정책의 방향이 어떻게 설정되었고, 그 의사결정 과정은 어떠했는지를 살펴야 하겠죠.

서울경찰청은 2022년 10월 29일, 10만 인파밀집이 예상되는 이태원은 내버려두다시피 하고 광화문과 용산 등지에서 열린 각종 집회에 경찰과 기동대를 집중적으로 배치했어요. 용산경찰서 경비과 역시 집회 경비에 나갔지요.[•] 행안부에서 경찰청, 서울경찰청, 그리고 용산경찰서까지 이어지는 의사결정 구조의 가장 위에 있는 사람은 이 결정이 미친 영향에 마땅히 정무적 책임을 져야 합니다. 그 사람이 지닌 권한의 무게는 의사결정에 대한 책임의 무게일 테니까요. 이상민 장관더러 혼잡한 거리에 직접 나가서 인파관리를 위해 지휘봉을 휘두르라는 게 아니잖아요.

용산구청도 마찬가지입니다. 구청은 지방자치의 맨 앞에 있는 행정기관이고, 당연히 지역 특성과 문화를 반영해 운영해야 해요. 핼러윈에는 매해 이태원에서 축제가 이루어졌고, 용산구청을 중심으로 인파관리를 했어요. 참사 일주일 전 '세계지구촌축제' 역시 구청 직원들이 나와 대대적으로 인파관리를 했고요. 불과 일주일 전에는 했는데, 왜 핼러윈 축제 때에는 하지 않았을까요. 납득하기가 정말 어렵습니다.

용산구청은 핼러윈 축제 기간에 비상 콜이나 민원을 받는 종합상황실을 운영했어요. 핼러윈 축제로 인파가 몰릴 것을 예상했기 때문이겠죠. 종합상황실 운영은 총무팀에서 했습니다. 정보공

[•] 「이태원 참사 그날 경찰은 어디를 보고 있었나」, 『시사IN』 2022.11.16. 『시사IN』이 보도한 경찰의 경력 운용계획 문건에 따르면, 경찰은 이날 용산 대통령실 인근 지역에서 진행될 네개 집회에 모두 4만 8,700명이 모일 것으로 예상했다. 서울 시내 모든 기동대가 집회시위 대응과 대통령 사저 경비, 주요 공관 등을 지키는 데 투입되었다. 이태원 핼러윈 축제의 인파관리를 위한 경찰 인력은 턱없이 부족했다. 참사 직전까지 실질적으로 질서유지 업무를 담당한 경찰관은 48명에 불과했고 오후 6시 34분, 압사 위험을 알리는 첫 신고가 112에 접수될 당시 현장에는 이태원파출소 주간 근무자 11명만이 있었다.

개 요청을 통해 용산구청으로부터 참사 당일 총무팀에서 작성한 당직 운영 계획서를 받았어요. 운영 목적에 인파관리의 필요성이 쓰여 있습니다. 필요성이 제기되었다면 그에 대한 대책으로 인파관리가 들어가는 것이 맞다고 생각합니다. 하지만 인파관리 대책은 없었어요. 소음하고 시설 단속만 있었죠. 안타까웠습니다. 해당 계획서 결재라인에 있는 총무팀 팀장과 과장은 인파관리를 어떻게 할 것인지를 담당자에게 물어보고 확인했어야 합니다. 하지만 아무도 묻지 않았어요. 과장이나 팀장급이면 경력이 족히 20년은 되겠죠. 용산구청 내 여러 부서에서 경력을 쌓은 사람들일 거예요. 그런데 아무도 그 문제를 걸러내지 못했어요. 어떻게 이런 일이 가능했던 걸까요? 상식적으로도 이해 불가능한 상황이 벌어졌는데, 그 이유를 알아야 하는 게 당연하지 않나요?

2020년, 2021년엔 핼러윈을 앞두고 구청에서 용산경찰서장과 용산소방서장, 이태원역장 등을 소집해 회의를 열었어요. 공판에서 검사가 그 사실을 지적하자 박희영 용산구청장의 변호인은 코로나19 때문에 거리두기를 관리했지 인파관리를 한 게 아니라고 주장했다고 해요. 거리두기는 인파관리 아닌가요? 거리두기 역시 다중인파를 분산시키고, 코로나 확산을 방지하기 위한 인파관리였어요. 교묘히 말을 돌려 인파관리가 본인들 역할이 아니라고 주장하고 싶은 거죠. 책임을 져야 하는 위치에 있는 사람 그 누구도 설명을 하는 게 아니라 책임회피만 하고 있어요.

모두가 말 뒤에 숨을 때

용산구청에는 안전재난과가 있어요. 여섯명이 일하는데 업무 효율화를 위해 재난 유형별로 업무를 나눠 가지고 있어요. 그런데 인파관리가 재난 유형의 예시에 없었다며, 누구의 담당 업무도 아니었으니 자기들 잘못이 아니라는 거예요. 이건 완전히 주객이 전도된 말이죠. 안전재난과가 왜 존재할까요? 참사와 재난을 예방하거나, 발생 시 대응하기 위해서 있는 부서 아닐까요?

현대사회에서는 우리가 예측하지 못한 재난과 참사가 있을 수 있습니다. 그러니 재난이나 참사가 발생했을 때 행정기관이 효율적으로 작동하라고 관련 지침을 만들었겠죠. 매뉴얼을 마련한 게 거기 포함된 재난이나 참사만 예방하고 대처하란 뜻은 아니겠지요. 그래서 팀장과 과장의 역할이 중요하다고 생각해요. 각 부서 과장은 최소한 그 부서 업무를 아는 사람이 발령받아야 하는 것 아닐까요?

이태원역장도 생각이 나네요. 이태원역사 안에 사람으로 가득 차 움직이는 것조차 힘들어 보이는 사진을 봤어요. 이태원역장은 상황에 따라 시민의 안전을 위해 열차를 무정차 시킬 권한을 가지고 있었어요. 하지만, 열차는 이태원역에 멈췄어요. 사람이 타고 내리는 것조차 힘든 상황이었지만, 열차를 정차시켰던 거예요. 공문을 받지 않아서 그랬다고 말한 역장은 기소조차 되지 않았습니다. 공문대로 일을 할 거라면 도대체 역장이 왜 필요하죠? 많은 월급과 권한을 주면서까지 역장을 두는 것은 비상상황에서 스스로 판단하고 책임지라는 뜻입니다. 왜 역장은 자기에게 주어진 권한을 사용하지 않았을까요. 경찰 특수본은 어째서 역장에게 책임을 묻지 않았을까요.

서울경찰청 112상황실과 용산경찰서 112상황실에도 많은 문제가 있었어요. 112상황실은 신고전화가 들어갔을 때 '코드 제로'와 '코드 원'이 뜨면 자동으로 사이렌이 울리게 되어 있다고 해요. 긴급한 상황이라 무조건 출동해야 한다는 신호죠. 그런데 시끄럽다고 사이렌 소리를 줄여놨다고 하네요. 긴급상황을 놓치지 말라고 자동으로 사이렌이 울리는 시스템을 만들어놓은 것인데, 근무하는 사람이 소리를 줄인 거예요. 상황실 근무자들은 자신의 업무가 무엇인지 정확히 인지는 하고 있었을까요? 정확히 인지했다면 어떻게 감히 사이렌 소리를 낮출 생각을 했을까요?

용산경찰서 상황실은 참사 당일 오후 6시 34분부터 참사 직전까지 신고가 빗발쳤는데도 상황의 위험성을 인지하지 못했다고 말해요. 현장상황을 제대로 확인하지 못한 거죠. '압사'를 우려하는 신고를 '통상적인 일'로 인식하고 '특이사항 없음'으로 처리했어요. 도대체 어떻게 이런 일이 가능했을까요?

서울청 상황관리반 류미진 전 총경은 그날 112상황실을 감독하게 되어 있었어요. 그런데 상황실에서 벗어나 본인 사무실에 있었어요. 당일 모니터링을 제대로 하지 않은 것입니다. 사고 발생 즉시 보고해야 하는 사람인데, 자리를 비웠으니 보고가 제대로 될 리 없었겠죠. 참사 발생 후 한참 뒤에야 상황실로 복귀한 것으로 알고 있습니다. 이태원 상황을 하나도 모르고 있었던 거죠. 이 또한 으레 그렇답니다. 당일 상황실 직원들은 '다들 그렇게 한다'는 조직문화 속에서 자신의 잘못에 대해 어떠한 반성도 하고 있지 않았습니다. 거대한 조직 뒤에 숨어서 가해자라는 인식도 죄책감도 갖지 않아요.

이런 조직문화는 어떻게 해야 할까요? 지금 인파가 많이 모이는 공원에는 인공지능이 얘기해줘요. '사람이 많으니까 거리 유지하세요.' 행정조직의 문화를 이대로 둔 채 기계적인 대처로 과연 또 다른 참사를 예방할 수 있을까요? 시민의 생명을 지킬 수 있을까요? 저는 잘 모르겠습니다.

참사 당일 용산경찰서 이태원 담당 정보관은 다중인파가 밀집하니, 자기는 집회가 아니라 이태원에 나가야 한다고 상관에게 이야기했어요. 하지만 상관의 명령을 따라야했기에 집회에 참석하게 되었죠. 이 정보관은 상을 받았을지, 저는 가끔 궁금합니다. 자신의 업무를 명확히 인지했고, 참사 당일 자신의 역할을 하겠다고 상사에게 당당히 이야기한 이 정보관. 이태원 현장에 나가진 못했지만, 이 정보관만큼은 꼭 상을 받았으면 좋겠어요. 저는 상과 벌이 명확할 때 행정기관의 조직문화가 달라질 거라고 생각해요. 이런 분들이 좀더 많이 계셨다면, 관련 결재라인에 있는 수많은 사람들 중 한 사람이라도 집회가 아니라 10만 인파가 모인다는 이태원에 관심을 두었더라면 이태원 참사는 발생하지 않았을 겁니다.

그외에도 많은 구조적 허점이 있겠지요. 참사와 관련된 몇명만을 형사처벌 한다고 해서 시민의 안전이 바로 보장될까요? 이태원 참사가 발생한 후 행안부에서 안전 매뉴얼을 만들었지만, 또다시 오송 참사가 발생했어요. 근본적인 원인조사 없이 앞으로 발생하는 참사와 재난을 막는 것은 어렵죠. 비슷한 문제가 다시 발생할 수밖에 없을 테니까요. 참사가 발생하는 데 관여한 직접적인 사람, 간접적인 사람 모두 처벌할 수는 없어요. 그렇지만 그 구조적인 문제에 대해서는 정확히 확인해야 합니다.

특별법 제정을 새로운 시작으로

서울시청 분향소가 사라지던 날 상실감에 마음이 몹시 힘들었어요. 그래서 사라지는 분향소를 꼭 봐야겠다는 생각이 들었고, 그 순간에 거기 있기로 했어요. 정리도 잘해야 되는 거니까. 그날 마지막 분향소의 모습을 사진으로 많이 찍어놨어요. 유가족에게 분향소는 마지막 진지 같은 느낌이죠. 힘들 때 올 수 있는 안전한 공간이었어요. 딱히 뭘 하지 않아도 그저 거기 있는 것만으로 위로가 됐어요. 무엇보다 저에게는 서울 하늘 아래에서 애진이를 만날 수 있는 곳이었어요. 우리 애진이가 남겨진 이 세상과 관계를 맺는 곳이지 않을까 생각했죠. 분향소 지킴이 하면서 출퇴근

길에 들러서 애진이 보고 가는 친구들을 가끔 봤거든요. 말을 걸면 저도 눈물이 터질까봐 알은척은 못했지만…. 그리고 분향소에는 함께 아파해주시는 시민분들도 계세요. 그분들의 공감 덕분에 제가 숨을 쉴 수 있었어요.

어떤 일을 하다보면 끝과 시작이 교차하는 지점이 늘 생기기 마련이죠. 시청 분향소를 정리하고 별들의 집으로 옮긴 것도 특별법 제정을 새로운 시작으로 봤기 때문일 거예요. 유가족들이 활동하는 가장 핵심적인 이유는 이 사건의 진상을 알고 싶은 거잖아요. 그날 무슨 일이 있었는지, 어떤 구조가 작동하거나 작동하지 못했는지. 특별법으로 진상규명을 하는 건 이제 시작이에요. 그 첫 발자국을 잘 떼야 하죠. 1년 3개월의 특조위 활동기간이 소비되지 않도록 알차게 진행되면 좋겠어요.

저는 힐즈버러 참사에 관심이 많아요. 진상규명의 성공 사례로 많이들 얘기를 하시더라고요. 1989년 프로축구팀 간의 경기가 열린 영국 힐즈버러 경기장에서 97명이 압사하고 700명 넘게 다치는 사고가 발생했어요. 경찰은 술에 취한 훌리건들이 난입해 벌어진 단순사고라고 발표했지만, 피해자와 시민들의 끈질긴 진상조사 요구 끝에 20년 만에 독립조사기구가 설립됐어요. 그 결과 참사의 책임이 경찰에 있었다는 게 밝혀졌죠.

힐즈버러 조사기구는 그동안 쌓여온 자료들을 모두 웹사이트에 공개하고 시민 제보를 받았어요. 이러한 대중조사 방법은 혹시라도 참사로 인해 마음의 짐이 있는 사람에게는 진상규명에 참여함으로써 그 부채감을 덜고 상처를 치유할 수 있는 기회가 될 수도 있겠다는 생각을 해요. 한편으로 참사는 꼭 유가족이나 희생자, 피해자만의 문제는 아니라고 생각하거든요. 참사의 구조적인 문제가 해결됐을 때 우리가 다 같이 안전사회로 갈 수 있는 거 잖아요. 시민들이 조사과정에 참여한다는 건 그런 사회적 책임을 함께 지는 것이기도 하겠죠. 조사과정의 투명성을 확보하는 방편이 될 수도 있고요. 이태원 참사 역시 현장에 수많은 청년들이 있었어요. 그날 생존자가 얼마나 많았겠어요. 그러니 그 참사 현장에 있었던 드러나지 않은 사람들이 참여해 폭넓은 조사가 이루어진다면 좋겠어요.

특별법을 만드는 과정에서 가장 힘들었던 건, 특별법을 만들어야 된다는 사실 그 자체였어요. 참사가 발생하면 당연히 정부가 진상을 조사할 거라고 생각했어요. 그런데 독립적 조사기구를 통해 조사하려면 특별법이 있어야 하더라고요. 그 특별법 자체를 만드는 것부터 유가족들이 싸워야 된다는 사실이 너무 충격적이었어요. 참사가 발생할 때마다 유가족이 특별법을 만들기 위한 고난의 과정을 겪어야 한다니, 이해할 수가 없어요. 그래서 '생명안전기본법'의 필요성에 공감하게 되죠.

생명안전기본법은 세월호 참사 이후에 시민사회가 함께 만든 생명과 안전에 관한 기본법이에요. 정부의 안전정책과 행정이 생명존중의 가치를 우선할 수 있게 방향을 제시하는 역할을 할 법이죠. 안전권을 명시해 국가가 재난과 참사의 진상을 조사하고 피해자들의 권리를 보호할 수 있도록 했어요. 생명안전기본법에는 이태원 참사와 같이 사회적으로 여파가 큰 참사는 특별법 없이 특별조사를 할 수 있도록 규정한 조항이 들어간다고 해요. 이 법이 빨리 제정됐으면 이태원 참사의 독립조사기구가 활동할 때까지 이렇게 오랜 시간이 걸리지 않았겠죠. 정보가 다 날아가기 전에 빠르게 조사를 할 수 있지 않았을까 싶어요.

참사를 기억하는 방법

이태원 참사뿐만 아니라 모든 재난참사의 유가족들이 다시는 이런 일이 생기지 않았으면 좋겠다고 생각할 거예요. 사회가 조금이라도 나아졌으면 좋겠어요. 허망하게 아이를 보낼 수 없으니까요. 그래서 안전사회로 나아가기 위해서 우리가 해야 될 게 뭘까 생각하게 돼요.

사실 이태원 참사 특별조사위원회가 잘 굴러간다는 보장이 없어요. 보통 법률이 나오면 시행령이 나와야 되는데 아직 안 나왔어요. 세월호 참사 때도 특별법 시행령에 문제가 많았고 특조위 활동을 어떻게 방해했는지 너무 잘 보았잖아요. 우리가 또다시 거리를 행진해야 할 수도 있어요. 분향소를 정리할 때 아쉬웠던 이유 중 하나는 그 투쟁과 연대의 장소로 기억공간보다는 분향소가 낫지 않을까라는 생각에서였죠.

신영복 선생님의 책 『담론』에 보면 "우리가 일생 동안 하는 여행 중에서 가장 먼 여행은 '머리에서 가슴까지의 여행'"*이라고 얘기하셨어요. 그게 공감이라고. 참 멋진 말이라고, 스스로 나도 공감할 수 있는 시민이라고 생각했어요. 세월호 참사가 일어났을 때도 집회에 몇번 참여했고요. 안타깝다, 부모들이 얼마나 힘들까. 하지만 제 공감은 거기에서 멈췄고 일상으로 돌아가 잊어버렸죠. 집하고 직장만 왔다 갔다 하면서 살았어요. 정치도 몰랐고 크게 관심 두지 않았죠. 사회적으로 안타까운 일들이 생기면 그냥 아파할 뿐 거기 개입할 생각은 못했어요. 그런 공감으로는 사회를 바꿀 수 없다는 걸 분향소에서 깨달았어요.

분향소에는 정말 많은 시민들이 찾아오셨어요. 시민단체분들뿐만 아니라 아이들 데리고 찾아오시는 분들, 먼 길을 달려 자원봉사 하러 오시는 분도 계시고. 한겨울에 그 추운 분향소를 지켜주시러 세시간씩 걸려서 오세요. 오셔서 같이 울어주세요. 이 시간을 내서 온다는 게 얼마나 힘든 건지 알거든요. 나의 일상을 이렇게 쪼개고 저렇게 쪼개서 온다는 걸. 분향소를 지키러 오는 대학생들도 있어요. 애진이 또래들이 칼바람 부는 추위에 들어가지도 않고 꽁꽁 언 국화를 하나씩 다 떼면서 저한테는 "어머니 들어가세요, 들어가세요" 그래요. 이게 진짜 공감이구나. 행동해야 한다는 걸 깨달았어요. 나도 이렇게 살아야 되겠다는 마음이 들었

● 신영복 『담론: 신영복의 마지막 강의』, 돌베개 2015, 19면.

어요.

참사 나고 1년 가까이 남편과 둘 다 휴직상태였거든요. 작년 (2023년) 6월 1일부터 남편은 다시 출근하고 있어요. 저도 곧 복직할 시점이 오죠. 내가 예전처럼 나의 가정만 보면서 살 수 있을까? 그렇지 못할 거라는 생각을 자주 해요. 삶의 의미가 이전과 많이 달라졌어요. 그렇다면 앞으로 어떻게 살아야 될까. 우리 애진이가 떠났는데, 나는 이 삶에서 어떤 의미를 찾을 수 있을까. 애진이의 죽음이 헛되지 않으려면 어떻게 살아야 될까. 이런 생각들을 많이 합니다.

얼마 전에 단편소설을 읽었어요. 언니가 먼저 떠났고, 동생이 언니를 회상하는 이야기예요. 마지막 문장이 "언니, 잘 가"더라고요. 그 문장을 읽는 순간 깨달았어요. 이건 내가 절대 할 수 없는 말이다. 형제의 상실과 자녀의 상실은 다르구나. 난 애진이에게 잘 가라는 말은 한번도 해본 적이 없어요. 엄마가 만나러 갈게. 기다려. 엄마 갈 때까지 잘 있어. 어디 있든지 행복해야 돼. 꼭 만나자. 사랑해. 이런 말들을 애진이에게 건넸지요.

저는 우리 애진이의 삶을 기억하는 일을 하고 싶어요. 너무 일찍 떠나서 무엇을 기억해야 할지는 잘 모르겠어요. 시간이 흐르면 애진이에 대한 기억이 흐려지는 게 당연하겠지만, 그래도 애진이가 잊히는 게 싫어요. 친구들이 애진이를 슬프게만 기억하는 것도 싫어요. 애진이가 불의의 참사로 짧은 인생을 살았지만, 애진이는 충분히 행복한 삶을 살았다고 생각하거든요. 사랑하는 가족과 연인이 있었고, 좋은 친구들이 있었어요. 저는 우리 애진이의 행복했던 삶이 기억되길 바라요. 친구들의 슬픈 기억을 모두 덜어낼 수는 없지만, 긍정적인 에너지로 바꿔주는 일을 하고 싶어요. 애진이와의 추억이 살아가는 힘으로 전환되길 바랍니다.

이제 사람들은 저를 통해서 애진이를 만나잖아요. 애진이 친구들이 특별한 날에는 저에게 꽃도 보내주고 문자도 보내주곤 해요. 애진이 생일날 연락이 오기도 하고요. 생일 아침에 "애진이 생각나서 자꾸 눈물이 나요. 아줌마 어떡해요?" 이렇게 문자가 오기도 했어요. 그래서 답해줬어요. "아줌마는 애진이를 처음 만난 날이 살면서 제일 행복한 날 중에 하루였단다. 그래서 오늘 행복하게 지낼 거야. 너도 그렇게 지내라. 행복하게. 힘내는 하루 보내고!"

참사를 기억하는 방법이 여러가지 있잖아요. 누군가의 이름을 딴 법 제정을 통해서 기억될 수도 있고, 기념관이나 추모관을 통해서 할 수도 있을 거예요. 어떠한 방법이든 참사를 기억하는 일이 안전한 사회로 나아가는 길에 한걸음이라도 보탬이 되었으면 좋겠어요. 특히 추모공간은 사회 안에서 시민들과 함께할 수 있는 곳이면 더 좋겠죠. 도서관 형태도 좋고, 청년들을 위한 공간이어도 좋을 것 같아요. 이태원 참사의 기억공간은 단순 추모관이 아니라 살아 있는 공간, 시민과 관계 맺을 수 있는 공간, 일상생활에서 우리의 안전을 위해 참사를 기억할 수 있는 그런 공간이었으면 하는 간절한 바람이 있습니다.

이태원 특별법을 생각하면 조금 걱정이 돼요. 세월호 특별법이
여야 합의로 제정되었지만, 어떻게 방해를 받으며 무력화되었는
지 뼈아픈 기억이 있으니까요. 이태원 특별법은 피해자 범위 확
대, 그리고 피해자 권리를 명시했다는 것에 중요한 의미가 있다
고 생각해요. 당일 그 자리에 있었던 수많은 생존자, 구조활동을
했던 분들, 지역상인들이 이태원 참사의 피해자로 포함되었어요.
피해자의 권리가 법에 명시된 첫 사례이기도 하고요. 세월호 특
별법이 참사를 피해자 입장에서 조명하는 계기가 되었다면 이태
원 특별법은 피해자의 권리를 입법화했다는 데 의미가 있지 않을
까 해요. 이태원 특별법에 명시된 피해자의 권리가 다른 여러 재
난참사의 진상규명과 희생자 피해자의 인권보호에 도움이 되길
간절히 바랍니다.

효균 아버지는 어떤 질문에도 기다렸다는 듯 바로 답했다. 수많은 밤 반복했을 고민과 옆 사람에게 되풀이해온 설명을 나에게도 정성껏 나누어주었다. 효균 아버지의 이야기는 그동안 해온 활동과 앞으로 해야 할 활동으로 두텁고 촘촘했다. 어느새 인터뷰를 마쳐야 할 시간이 훌쩍 지나버려 나는 효균씨에 대한 질문을 마지막으로 건넸다. 매끄럽게 흐르던 이야기가 처음 멈추었다. 아버지는 효균씨 이름을 이야기할 때마다 큰 숨을 내쉬었다. 짧은 이야기에서 만난 효균씨는 곁을 살피고 친구를 위해 앞장서는 아름다운 청년이었다.

두번의 인터뷰 이후 효균 아버지를 대전에서 다시 만났다. 대전은 시민사회단체가 이태원 참사 대전대책회의를 구성해 참사 직후부터 지금까지 대전 번화가에서 이태원 참사를 알리는 피케팅을 해오고 있다. 이날은 전북 유가족이 대전·충청 유가족과 함께 피케팅을 하기로 한 날이었다. 우리는 대전시민과 관광객이 가장 많이 모이는 유명 빵집 앞에 자리를 잡고 피켓을 들었다. 효균 아버지는 피켓을 들고 곁에 선 유가족에게 각 지역에 이태원 참사 기억공간을 운영해야 하는 이유와 운영 방식, 공간 구성에 대해 막힘 없이 이야기했다. 피케팅을 마친 후 함께 점심을 먹는 자리에서는 앞에 앉은 대전 유가족에게 이태원 특별법 이후 유가족이 해야 할 일에 대한 고민을 나누었다. 이야기는 수도권에서 지역으로, 자신에게서 곁으로 뻗어나갔다. 테이블에 앉은 모두의 얼굴이 조금씩 상기되었다. 나는 피켓을 들고 있는 효균 아버지의 얼굴에서, 사람들에게 이야기를 전하는 모습에서 효균씨를 떠올렸다.

작가기록단 **홍세미**

그날 효균이 할아버지가 뉴스에서 이태원에서 압사 사고가 났다는 소식을 듣고 바로 효균이한테 전화를 하셨대요. 사실 저도 그 뉴스를 봤지만 효균이가 이태원에 있을 거라고 아예 생각을 못 해서 전화도 안 했어요. 그렇게 사람 많은 곳에 효균이가 갔을 리 없다고 생각했어요. 그런데 아버지가 저한테 전화를 하신 거예요. 효균이에게 전화했더니 용산경찰서에서 받았다고, 아무래도 효균이에게 무슨 일이 생긴 것 같다고요.

그때가 참사 다음 날 아침 8시쯤이었어요. 바로 서울로 올라갔어요. 제발 살아만 있어라 하는 마음이었죠. 그때부터는 시간이 멈춰버린 것 같아요. 효균이 장례식을 어떻게 치렀는지도 기억이 안 나요. 장례를 마치고 효균이를 전주 모악산 아래 추모관에 안치했어요. 추모관에 갔더니 놀랍게도 효균이가 이태원 참사로 추모관에 안치된 세번째 희생자라는 거예요. 저는 장례를 치르고 나면 유가족이 모일 수 있도록 국가에서 연락을 줄 거라고 생각했어요. 일주일이 지나도, 이주일이 지나도 아무런 연락이 없었어요. 국가가 유족들을 못 만나게 하려는 거구나 싶어서 추모관에 메모를 남겼어요. '우리도 이태원 유가족입니다. 슬프고 힘들지만 고통을 같이 나누고 싶습니다. 연락을 부탁드립니다'라고요. 다음 날 바로 미정 어머니가 연락을 주었어요.

우리 효균이가 왜 이태원에 갔을까요? 아직도 이해가 안 가요. 제가 사람 많은 곳을 싫어해서 효균이도 어릴 때부터 사람 많은 곳을 안 갔어요. 그 아이도 사람 많은 데를 싫어해요. 효균이가 사고를 당한 그날에 대해서 아무것도 알 수가 없었어요. 그러다가 효균이와 같이 이태원에 갔던 친구의 지인과 연락이 닿았어요. 친구의 사망 소식을 듣고 그 친구랑 이태원에 같이 있던 효균이에게도 무슨 일이 있었겠다 싶어서 서울, 경기, 심지어 인천에 있는 장례식장까지 다 수소문했다고 해요. 그러다 효균이 고향이 전주란 걸 떠올리고 전주, 완주 장례식장에 모조리 연락해서 저를 찾아낸 거예요. 장례식 다 치르고 일주일 뒤인가 만났어요. 효균이의 그날을 아는 이들을 겨우 만났는데, 참사 유가족을 만날 기회가 없었어요. 그러다 전주 분향소를 만들면서 다른 유가족들을 만나게 되었어요.

유가족이 살아나는 곳

저는 군에서 장교 생활을 해서 사람들 앞에 나서는 게 일상이다 보니 전북 유가족협의회를 만들 때도 조직화가 중요하다는 것을 즉각적으로 깨달았어요. 누군가는 적극적으로 나서야 한다고 생각했죠. 다른 사람에게 미루지 말고 내가 하자고, 전북 유가족들을 챙겨야겠다고 마음먹었어요. 그래서 유가족협의회 전북 지부장을 누가 할 거냐고 이야기가 나올 때 가장 먼저 손을 들었어요. 인영 아버지한테 뒤에서 도와달라고 부탁하고요. 그때가 2022년 12월 26일이었어요.

이태원 참사가 일어나고 50여 일 후인 2022년 12월 21일 전북 시민사회대책위원회(이하 '시대위')가 만들어졌어요. 충격을 크게 받아서 참사가 일어난 그해 겨울은 기억이 거의 없는데 제가 시대위 대표님께 그랬대요. "아이들을 기억하고 싶으니 분향소를 만들어주세요. 그리고 아이들을 되새겨야 하니까 추모제를 지내주십시오"라고요. 시대위 대표님이 유족의 요청을 거절할 수가 없었대요.

전주는 10년이 지난 지금까지 세월호 참사 분향소가 남아 있는 유일한 지역이에요. 그래서 전주 활동가들은 처음에 이태원 참사 분향소를 전주에 만들고 싶지 않았다고 해요. 지방이다보니 활동가가 적고 여력도 부족한 편인데, 세월호 분향소처럼 기한 없이 지속될 수 있으니까요. 시대위 대표님이 전주 시민단체 활동가들을 설득한 거예요. 참사 100일이 되는 2023년 2월 5일까지만 이태원 참사 분향소를 열어두자고요. 시대위에서 이태원 참사 분향소를 설치하기로 결정하고 하루 만에 마련해주셨어요. 전주 풍남문광장 세월호 참사 분향소 바로 옆이었어요.

그리고 추모제도 열었지요. 분향소를 처음 마련했을 때는 그곳에 모인 전주 유가족이 네 가족뿐이었어요. 추모제 하면서 제가 유가족협의회에 등록돼 있는 분들 중 주소지가 전북인 분들에게 계속 연락을 드렸어요. 그렇게 한 가족, 한 가족씩 모였어요. 분향소에 나와서 아이들 얼굴 보고 이야기를 나누니까 가족들이 조금씩 살아났어요. 일주일 지나고, 또 일주일 지나면서 얼굴이 조금씩 펴지더라고요.

그런데 분향소가 12월 29일에 처음 문을 열었고 2월 5일에 닫기로 했으니, 겨우 한달 만에 분향소를 접어야 하는 거예요. 고민이 되더라고요. 가족들이 이제 만나서 겨우 살아나고 있는데 위안받고 치유받을 수 있는 유일한 공간을 없애고 싶지 않았어요.

분향소는 생명의 장소예요. 아이를 잃었을 때는 세상이 다 무너지잖아요. 저와 아내는 참사 후 두달 동안 식사를 거의 못했어요. 한 숟가락을 겨우 떠도 몸에서 안 받았어요. 분향소가 만들어지고 시대위 활동가들이 유가족한테 말했어요. "이제부터 시작하셔야 합니다. 분향소를 지키고 아이들을 위해 싸우려면 식사부터 하셔야 해요"라고요. 시대위 대표님이 유가족들을 식당으로 데려가서 숟가락을 쥐여주었어요. 그날 두달 만에 처음으로 밥 한공기를 다 비웠어요.

분향소가 만들어진 초기에는 거의 매일 분향소에 모였어요. 우리는 부모니까 아이 이야기를 너무 하고 싶었거든요. 원래 죽은 사람 이야기는 잘 안 하잖아요. 분향소는 아이들을 기억하기 위한 장소이기 때문에 아이들 이야기를 계속할 수 있었어요. 집에 가면 밥이 안 들어가는데 분향소에서 다른 유가족들과 이야기하면서 밥을 먹으면 들어가요. 분향소는 유가족들이 말을 하게 하고 밥을 먹게 한 장소였어요. 추모공간은 죽은 이들을 위한 장소가 아니라 살아 있는 사람들을 위한 곳이에요.

참사 100일을 앞둔 2023년 2월 4일에 녹사평 분향소를 서울시청 앞으로 기습 이전했잖아요. 그때도 전북 시대위 분들하고 가족들하고 버스 한대를 채워 서울로 올라갔어요. 서울시청에 새로 설치한 분향소에서 전북 유가족에게 이야기했어요.

"전주 분향소도 곧 철거해야 합니다. 하지만 분향소는 우리에게 정말 중요한 장소입니다. 특별법 통과될 때까지 무기한 연장하는 게 어떻습니까?"

가족들이 모두 찬성하며 좋아했어요. 그 결정을 전북 시대위 대표님한테 전달했더니 얼굴이 사색이 되더라고요. 참사 100일까지는 시대위에서 분향소를 함께 지켜주는데 그 이후에는 누가 지키냐고 묻더라고요. 우리 유가족이 지키겠다고 했어요. 다음 날 전주에 돌아갔는데 전주시에서 이태원 참사 분향소를 철거하라는 계고장을 보냈더라고요. 바로 기자회견을 열었어요.

"분향소는 유가족에게 소중한 곳이다. 특별법 만들어지고 진상조사위원회가 구성될 때까지 철거를 무기한 연장한다. 특별법이 통과되면 유가족이 스스로 철거하겠다. 그때까지 분향소를 절대 건드리지 말라."

그렇게 딱 이야기했어요. 이게 의지인가 봐요. 시민단체 활동가들이 항상 그랬거든요. 유가족의 의지가 중요하다고. 유가족들이 하겠다고 하면 자기들이 어떻게 할 수가 없대요. 유가족들이 분향소를 지킨다는데 우리가 곁에 같이 있어야지 어떡하냐고요.

추모, 충분히 슬퍼하고 마음을 다독이는 일

저는 유가족협의회 전북지부 대표를 맡고 있어요. 전주 유가족들은 매주 일요일에 전주 분향소에 모두 모여요. 서울지부는 특별법 관련한 굵직굵직한 일들 위주로 진행한다면 지역에 있는 지부는 지역 유가족을 챙기고 소통하는 일에 힘쓰고 있습니다. 전주가 다른 지역에 비해서 유가족끼리 소통이 잘 되는 편이라고들 해요. 자주 만나기 때문인 것 같아요. 매주 일요일 오후 1시부터 6시까지는 유가족이 분향소를 지켜요. 전주 유가족 대부분이 나오세요. 오후 3시에 회의를 하는데 제가 일주일간 있었던 활동에 대해 전달합니다. 평소 대부분의 일들이 유가족 카톡 단체방으로 전달이 돼요. 하지만 글은 의도와 다르게 해석될 수 있잖아요. A라고 이야기해도 A+로 해석하는 분도 있을 수 있고요. 전주 유가족은 매주 만나기 때문에 그 차이를 많이 줄일 수 있었죠.

마음 놓고 추모를 할 수 있는 공간이 중요해요. 여기서는 가족들끼리 편안하게 얘기할 수 있고 마음의 상처를 보듬을 수 있어요. 추모라는 게 충분히 슬퍼하면서 마음을 다독이는 일이잖아요. 애들을 떠나보내기 위한 시간이 필요해요. 하룻밤 자고 일어났는데 내 아이가 갑자기 사라져버렸잖아요. 아이와 헤어질 준비가 전혀 안 되어 있는데 생이별을 한 거잖아요. 교통사고든 무슨 사고든 인명사고는 경찰에서 관련 보고서를 수십장 내지 수백장을 작성해요. 검사든 조사든 다 완료하고 의혹이 남지 않았을 때 사망 처리가 되는 건데 우리는 제대로 조사된 게 아무것도 없어요. 왜 그런 사고가 났는지, 사고 당시 아이가 살아는 있었는지, 앰뷸런스에 아이를 싣고 어디로 갔는지, 그날의 사고에 대해 밝혀진 게 하나도 없이 시체검안서 한장으로 끝났어요. 우리 보고 이걸 어떻게 받아들이라는 건가요?

그래서 국가한테 요구를 하는 거예요. 그날 저녁에 도대체 무슨 일이 있었던 건지, 국가는 무엇을 잘못했는지, 국가가 제대로 대처를 했는지 당연히 질문할 수 있는 거 아니겠어요? 국가는 이 질문들에 대한 답을 해줘야죠. 답 없는 국가 때문에 가슴에 맺힌 응어리를 풀 수 있는 유일한 장소는 분향소였어요. 그곳에서 유가족들은 각자의 궁금증을 털어놓고 이후 우리가 어떻게 행동하면 좋을지 같은 것들을 이야기했어요.

참사 초기에는 슬픔에 너무 깊이 잠겨 있다보니까 무엇부터 해야 할지 모르다가 서로 이야기를 나누면서 앞으로 차차 해나가야 할 일을 알게 되었어요. 아이를 떠나보내는 걸로 끝나는 게 아니라 우리 아이가 왜 그렇게 떠날 수밖에 없었는지 정확하게 알아야 하고, 제도가 잘못됐으면 제도를 고쳐야 하고, 잘못한 사람도 처벌을 받아야 한다는 걸요. 이태원 참사와 같은 일이 다시는 일어나지 않도록 막는 게 우리의 소명이 됐어요.

우리 유가족의 소명은 미래의 아이들을 지키는 거예요. 집회에 나갈 때마다 같은 질문을 받아요. "왜 길에 나와 싸우십니까?"라고들 물어보죠. 우리는 "먼저 떠난 아이들을 기억하기 위해서이기도 하지만 이런 참사가 또 일어나지 않도록 하기 위해서 길에 나옵니다"라고 답합니다. 국가가 정말 정확하고 엄밀하고 투명하게 참사 원인을 조사하고 이를 바탕으로 법과 제도를 바꾸게 하기 위해 싸우는 거죠. 2023년 7월에 오송 참사가 일어났잖아요. 그때 가족들이 정말 힘들었어요. 도대체 우리가 그동안 무엇을 한 건지, 목이 터져라 외쳤는데 바뀐 게 하나도 없다는 생각에 크게 좌절했어요. 그래도 멈출 수가 없어요. 멈추면 똑같은 일이 반복될 게 뻔하니까요. 끝까지 싸워야죠.

특별법 이후를 생각하다

특별법이 통과되었으니 이태원 참사가 다 해결된 것처럼 생각하는 분들이 많아요. 하지만 이제 시작일 뿐이에요. 특조위가 구성되면 필요한 자료도 챙겨줘야 하고 조사가 제대로 이루어지는지 의사소통 창구를 두고 지켜봐야 해요. 방송에서 특별법 통과에만 초점을 맞추니까 사람들은 이제 다 마무리됐다고 생각하죠. 그럼 저는 지역에서 유가족이나 시민들을 만나서 앞으로 남은 과정을 설명해요. 가장 높고 힘들었던 첫 계단을 올라선 것뿐이라고요. 다음 계단들이 남아 있다고요. 그것들을 다 넘어가야 해요.

특별법이 통과되고 나서부터는 특조위 구성과 시행령 제정에 온 신경을 쓰고 있어요. 행정안전부가 시행령을 잘못 만들었을 때 유가족이 어떻게 대응해야 하는지도 생각하고요. 조사 기간이 1년 3개월이니 내년(2025년) 말이나 돼야 진상조사가 끝나고, 조사를 마치면 3개월 동안 백서를 만들겠죠. 진상조사가 제대로 이루어지지 않으면 좌절감이 정말 클 거예요. 그러지 않기 위해서 경험이 많은 조사위원들을 모으려고 애쓰고 있다고 해요. 공정하고 전문적인 특조위가 꾸려져도 유족들이 바라는 만큼의 진상조사가 이루어지기는 쉽지 않을 거예요. 100을 원하지만 70만 나와도 성공한 거라고 생각해요. 그 70을 근거로 삼아 운동을 계속해가야지요.

특별법 안에 진상규명과 희생자 추모, 피해자 지원에 관한 조항들이 있어요. 유가족이 해왔던 일을 앞으로는 국가가 해야 하는 거예요. 특별법을 통과시켰다는 것은 국가가 국민을 지켜주지 못했다는 것을 인정한 거예요. 희생자나 유가족 외에도 참사 당시에 수습을 도왔거나 참사 지역에서 일하던 사람들 등 다수의 피해자들이 있잖아요. 국가는 당연히 그 사람들에 대한 예우를 해야 해요. 시행령을 통해 피해구제심의위원회 또한 만들어져서 지원 방법을 모색하게 될 거예요.

전주시는 시장이 나서서 전주 분향소를 없애려고 했지만, 이제는 추모 공간을 마련해야 하는 입장이 되었죠. 특별법에 지방자치단체는 피해구제와 피해자의 권리보장에 관한 종합적인 시책을 수립하고 시행해야 한다고 명시되어 있거든요. 전주 분향소는 철거하겠지만 우리 지역에 새로운 기억공간이 생길 거예요. 그곳을 시민사회 거점으로 만들고 싶어요. 제 경험상 많은 사람들이 모여도 조직화되고 체계화되지 않으면 큰 힘을 발휘하지 못하더라고요. 시민단체들도 기관별로 활동하기보다는 연합체로 움직이면 좋을 거예요. 전주도 기억공간이 필요해요. 전주의 기억공간을 우리 애들의 추모관뿐 아니라 시민사회에 어떤 일이 일어났을 때 바로 힘을 모을 수 있는 시민단체의 거점 공간으로 만들자고 제안했어요. 전북에서 이태원 참사를 중심으로 움직였던 힘들을 체계화하는 거죠. 수시로 모이고 회의하는 공간이 필요하더라고요. 분향소에서 깨달은 거예요.

유가족협의회의 활동이 사회에 좋은 자양분이 되면 좋겠어요. 가족들이 흩어지지 않고 미래의 아이들을 지키는 일을 계속해나가면 기쁠 것 같아요. 예를 들어서 보육원의 미자립 청년들 있잖아요. 자녀를 잃은 우리가 그런 청년들을 지원해주는 일을 하면 어떨까요? 꼭 금전적 지원에 한하지 않고 청년이 자립하면서 마음의 안정을 가질 수 있도록 옆에서 챙겨줄 수 있어도 좋을 것 같아요. 회사를 다닐 때도 노조가 있으면 도움이 되잖아요. 그런 비빌 언덕 같은 역할을 해주는 거죠. 그러려면 우리에게 반드시 사무실이 있어야 해요. 사무실이 있으면 우리도 정기적으로 모이고 무언가 시작을 해볼 수 있을 것 같아요.

별들의 집은 환하고 넓고 시민들이 많이 오갈 수 있는 곳이라 좋더라고요. 전주에도 그런 공간이 분명 있을 거예요. 동이 통폐합되는 곳들의 동사무소 건물을 받으면 어떨까 싶어요. 보통 그런 건물은 2층짜리거든요. 1층은 기억공간으로 활용하고 2층은 시민단체를 위한 회의실로 쓰면 좋을 것 같아요. 분향소라고 하면 너무 엄숙하니까 더 편안하게 추억할 수 있는 공간이 되었으면 좋겠어요. 시민들이 편안하게 오가며 기억하고 추모할 수 있길 바라요.

국회에 재난참사 피해자가 있다면

2024년 3월, 세월호 참사 10주년을 앞두고 세월호 참사 가족협의회와 함께 전라도 지역에서 도보행진을 했어요. 그때 만난 세월호 참사 유가족인 한 어머니께서 그런 이야기를 했어요. 정치적으로 자기를 대변할 수 있는 사람이 없으면 시간이 갈수록 힘들다고요. 이태원 참사 유가족들은 더 늦기 전에 정치세력화를 하라고요. 인물을 키우라고요. 이 말의 의미를 투쟁하면서 절감했어요.

국회의원은 예산을 심의하고 법률을 제정하는 중요한 역할을 하잖아요. 그런데 그들은 당의 이익에 따라서 움직이니까 예측이 안 돼요. 결코 우리의 필요에 따라 움직여주지 않아요. 매번 우리 이야기를 들어달라고 사정해야 해요. 국회에서 투쟁할 때 국회의원 만나기가 정말 힘든 거예요. 우리의 목소리를 국회의원한테 전해야 하는데 만나는 것조차 어려웠어요. 특별법 합의가 어떻게 진행되는지 내부 상황을 알고 싶은데 알 수가 없었죠. 그래서 국회에 우리 사람이 있으면 좋겠다는 생각 정도만 했지, 정치세력화에 대해서는 구체적으로 상상해본 적이 없어요.

세월호 참사 10주년을 지켜보고 이태원 특별법이 통과되는 과정을 겪으면서 앞으로를 더 진지하게 고민하기 시작했어요. 피해 당사자를 사회적 재난 관리나 안전 시스템 전문가로 키워서 국회로 보내면 어떨까 해요. 재난피해자권리센터에서 재난참사피해자연대를 발족했잖아요. 재난참사피해자연대에 각 재난참사 유가족들이 함께하고 있어요. 그중 정치에 뜻이 있고 소신 있는 분들이 국회에서 활동하면 어떨까 상상해봅니다.

이제는 당사자가 정치에 직접 참여해야 해요. 비례대표의원 후보로 나서고 시의원이나 도의원에도 출마를 하고요. 우리나라는 재난참사가 일어나도 후속처리가 미비한 경우가 많아요. 재난참사는 절대 그런 식으로 다뤄져선 안 돼요. 후속처리가 투명하고 면밀하게 진행되는지 끝까지 감시하고 예산을 보충하고 제도를 보완해야 해요. 재난참사 매뉴얼을 만들고 누군가 그 매뉴얼을 실제 사고에 적용하면서 제도와 법을 고치고 또 새로 만들며 참사가 반복되지 않도록 해야 해요.

그런데 우리나라는 참사가 일어나고 나서야 급하게 매뉴얼을 만들기 시작하니 재난참사 구조 시스템이 다 이벤트성이고 땜빵식이에요. 유가족이 국회의원으로 매 국회에 들어간다고 생각해보세요. 이 사람이 매년 재난참사 매뉴얼을 바탕으로 참사 현장을 살펴요. 필요하면 주무장관 불러서 점검하고, '내년에도 확인할 테니까 끝까지 제대로 복구하십시오. 4년간 지켜볼 테니까 똑바로 하십시오'라고 경고도 하고요.

참사와 정치는 밀접해요. 재난참사피해자연대 가족들이 모두 뭉치면 비례대표 한명은 요구할 수 있잖아요. 대구지하철 참사, 세월호 참사, 이태원 참사, 광주 학동 참사, 오송 참사, 화성 아리셀 화재 참사 유가족들이 다 뭉치면 할 수 있어요. 사실 유가족이

나 시민단체 위치에서는 집회 이상의 일을 하기 어려워요. 조사위원회든 공무원이든 결국 이들을 움직이는 사람은 정치인이에요. 공무원을 감시하고 예산을 심의하고 법안을 발의할 권한과 힘은 국회에 있어요. 지금까지는 언론이 이태원 참사와 유가족들을 다루어주니까 국민 눈치가 보여서 뭐라도 하는 척하지만, 우리가 언론에서 사라지면 국회의원들도 이태원 참사 사안에 대해서는 조용해지겠죠.

2025년 12월이면 이태원 참사 특별조사가 마무리되고 2~3개월 뒤에 백서가 나와요. 백서 발간되면 다 끝났다고 생각할 거예요. 하지만 진짜 중요한 건 조사 결과를 바탕으로 그간의 행정제도를 쇄신하는 일인데, 거기에 힘을 쏟을 수 있는 사람이 없다는 게 문제예요. 백서도 매뉴얼도 만들었는데 이 자료들이 이후에 제대로 안 쓰인다면 무슨 의미가 있겠어요? 국회에 참사 피해 당사자가 들어가야 재난참사에 관해 집중적으로 문제를 제기할 수 있어요. 정치는 누구에게 맡겨두어선 안 된다고 생각해요. 정말 뜻이 있는 누군가가 국회에 나서서 재난참사 피해자를 구제하고 재난 관리 시스템을 구축하는 데 지속적으로 공을 들여야 해요.

당사자에서 연대자로

참사 초기부터 지금까지 변함없이 연대해주시는 분들이 있어요. 우리가 가장 힘들 때, 마음 둘 데도 없고 뭘 해야 되는지도 모르고 식사도 못할 때 곁에 와주셨어요. 그분들 덕분에 어떻게 투쟁해야 하는지 알게 된 거죠. 시민단체 활동가분들에게 힘을 많이 얻고 운동의 방향을 잡았어요. 그분들과 함께 세월호 참사 이후 10년을 되돌아보고 안전을 위한 길을 고민하면서 여기까지 온 거죠.

저는 연대에 유효기간이 있다고 생각합니다. 우리 유가족들에게도 꼭 이야기해요. 시민단체 활동가분들이 지금까지 우리 일에 열성적으로 함께해주셨지만 그 유효기간이 얼마 남지 않았다고요. 당연한 거죠. 그분들에게도 자신이 집중하는 이슈가 있고, 생활이 있으니까요. 연대는 주고받기라고 생각해요. 우리와 연대해주는 시민단체의 활동에 항상 관심을 두려고 합니다. 전주에서 집회를 하면 거의 찾아가려고 해요. 현장에 가면 활동가분들이 매번 "어머님 아버님 너무 힘드실 것 같아 연락을 안 드렸어요"라고 그래요. 그럼 제가 대답하죠. "그런 소리 하지 마세요. 죽어가는 우리를 다시 살아나게 만든 사람이 당신들이에요"라고요.

참사 이전에도 사회문제에 관심은 많았는데 집회에 나간다든지 행동으로 옮기지는 못했어요. 세월호 참사 때도 주변 사람들하고 언쟁을 많이 했죠. 진상규명이 제대로 돼야 다시는 그런 일이 안 일어난다고 이야기하고 다녔어요. 제가 그때 더 노력했다면 뭔가 바뀌지 않았을까 하는 생각을 합니다. 이젠 제가 피해자가 됐지만 더 이상 다른 피해자를 만들지 않기 위해서 할 수 있는 건 다 해보자는 마음이에요. 개인의 힘으로 가능한 일이 아니에요. 그래서 유가족들이 똘똘 뭉쳤고, 유가족협의회만으로도 부족하니까 우리 옆에 있는 시민단체들과 손을 잡았죠.

작년과 올해는 많이 달라요. 작년이 지옥이었다면 요즘은 일상이 회복되었다고까진 할 수 없지만 그래도 정신이 조금씩 돌아오고 있죠. 우리 곁에 서주신 연대자분들이 우리가 스스로 생각하고 판단하고 행동할 수 있게 만들어주셨어요. 이제는 어느 정도 우리가 운동의 방향을 잡을 수 있어요. 우리 아이들의 명예를 회복하는 데 나름대로 자신감도 붙었고요.

지부장으로서 제가 늘 기억하려고 하는 것은 지역 유가족끼리 더 끈끈해져서 유가족협의회가 힘을 발휘하게 하는 것이에요. 말했지만 개인은 힘이 없어요. 똘똘 뭉쳐야 해요. 풀뿌리가 강해야 중앙도 힘을 받거든요. 그러려면 연대도 더 긴밀하고 단단해야죠. 우리 곁에 있던 활동가분들이 시간이 지나면서 자기 자리로 돌아가잖아요. 이제는 우리가 그분들 곁에 서려고 해요. 당신들 덕택에 우리가 한 고비를 넘어섰으니 우리도 당신들 곁에 서겠다고, 힘내라고 말해줘야죠.

최근에 군산의 새만금신공항백지화공동행동에서도 우리를 불러줬어요. 사실상 군산 미군기지의 확장이나 다름없는 신공항 건설을 반대하는 운동이에요. 제 생각에는 그분들의 고민이 곧 우리의 고민이더라고요. 사실 본질은 거의 같아요. 다 같은 국가폭력의 피해자죠. 우리도 그분들의 활동을 전할 수 있어야 해요. 그러려면 무엇이 왜 문제인지 알아야 되잖아요. 제가 집회에 연대하려고 공부도 하면서 이태원 참사 유가족이나 다른 단체의 활동가들에게 군산의 상황을 전해요.

전주에서 촛불집회, 퀴어문화축제 등 진보적인 색채를 띠는 집회는 대개 풍남문광장에서 하거든요. 저는 가능하면 다 가요. 전북에 있는 시민단체 활동가들만 뭉쳐도 엄청 커요. 제가 일전에 정읍에 갔는데 정읍도 시민단체가 잘 조직되어 있더라고요. 대전도 그 지역 시민단체들끼리 이태원 참사 연대회의를 구성해서 참사 49일부터 지금까지 매일 피케팅을 하고 있어요. 이런 모습을 보면서 지역 시민운동은 조직화만 잘하면 되겠다 싶었어요. 연대하는 시민은 어디에나 있어요. 그들이 뭉칠 수 있게 누군가가 거점 역할을 하면 돼요. 서로의 문제에 관심을 가지고 함께하면서 문제와 문제를 연결하는 거죠.

저는 채상병 사건에 계속 관심을 두고 있어요. 그 일도 국가가 방관해서 일어난 거잖아요. 이태원 참사와 똑같다고 봐요. 개인 자격으로 가서 응원한다고 힘내시라고 인사드리고 오려고요. 모두 따로 싸우는 게 아니에요. 국가가 잘못해서 일어난 일이라는 점에서 다 일맥상통하잖아요. 어떻게 하면 더 빈틈없고 제대로 작동하는 시스템을 만들 수 있을까 고민해야죠. 그렇게 힘을 합쳐 싸우다보면 조금 더 안전한 사회가 되지 않을까요. 이제 우리가 곁에 서야죠.

나의 영웅, 문효균

효균이가 고등학교 다닐 때 이야기는 대개 효균이 장례식장에서 들었어요. 장례식장에 온 친구들이 해준 이야기예요. 친구들이 효균이 별명이 영웅이었대요. 학교에서 힘 센 아이들이 약한 아이들을 많이 괴롭혔었나봐요. 매점에서 빵 사 오라고 시키고. 효균이가 그 현장을 목격할 때까지 기다렸다고 해요. 그러다 그중 한 아이가 친구한테 천원을 주면서 빵을 사 오라고 시키는 장면을 본 거죠. 효균이가 그 천원을 달라고 해서 상대 아이 얼굴에 던졌대요. 바로 주먹이 날아와서 싸웠다고 하더라고요. 학교에서 폭력이 일어났으니까 선생님이 두 아이를 교무실로 불러서 아무리 그래도 학교에서 싸워선 안 된다고 훈육을 했는데, 그러고는 교실로 돌아가는 효균이 엉덩이를 칭찬하듯 툭툭 치셨대요. 애들은 효균이한테 박수를 막 쳐주고요. 그날부터 영웅이라는 별명으로 불렸대요.

저도 남고를 다니면서 농구를 했거든요. 제가 효균이한테 얘기해줬어요. 주먹 쓰는 애를 피하는 방법 중에 제일 좋은 게 운동하는 그룹을 만드는 거라고요. 축구 팀을 만들어서 약한 아이들을 그 팀에 넣으라고 조언해줬어요. 그래서 효균이가 축구 팀을 만들었고 그후로는 약한 아이들이 괴롭힘 당하는 일이 없어졌다고 하더라고요.

또 언젠가 효균이가 친한 친구가 점심 때마다 밥을 안 먹고 교실 밖으로 나간다는 이야기를 한 적이 있어요. 나중에 알고 보니까 밥값이 없어서 그랬던 거라고. 같이 어울리는 친구들하고 돈을 조금씩 걷어서 그 친구와 함께 밥을 먹었다고 하더라고요. 그 친구도 장례식장에서 만났어요. 그 친구가 그러더라고요. 그때 효균이 아니었으면 자기는 나쁜 길로 빠졌을 거라고. 당시에 가정환경이 어려웠는데 효균이가 고등학교 다니는 3년 동안 자기가 나쁜 길로 빠지지 않게 옆에서 항상 챙겨주고 많은 힘을 주었다고요.

우리 효균이 이야기를 들으면 이런 아름다운 아이가 일찍 세상을 떠났다는 게 한없이 아까워요. 효균이뿐만 아니라 우리 아이들이 살아온 날이 너무나 아름다워요. 가족들에게는 행복의 원천이었어요. 그런 우리 아이들의 존재와 삶이 잊히지 않았으면 좋겠어요. 우리 아이들이 잊히지 않게 하는 방법은 결국 누구도 다시는 길을 걷다가 죽지 않는 사회를 만드는 거예요. 그것만이 남아 있는 우리가 해야 할 일이지 않을까요?

딸이 떠난 자리에서
다시 시작할 거예요

김지현씨 어머니
김채선씨 이야기

김채선씨는 아파트 놀이터나 동네 마트, 교회에서 쉽게 만날 수 있는 보통의 아줌마였다. 밝고 카랑카랑한 목소리로 먼저 말을 걸고 혼자서도 끝없이 이야기를 풀어내는, 처음 만나도 어색하지 않은 편한 이웃집 엄마였다. 그런 그가 이제는 얼굴에 빛을 잃은 채 아름답다는 게 도대체 뭔지 모르겠다고 한다. 어떤 일에도 조금도 설레지 않는다고 한다. 딸 지현씨가 이 세상을 떠난 뒤로 모든 게 멈췄다. 체구는 작아도 옹골차 보이는 채선씨이지만 지현씨 이야기만 나오면 어김없이 무너지고 만다. 눈물이 가득 고여 빨개진 눈가가 모든 것을 말해준다. 채선씨가 얼마 전까지만 해도 웃음을 달고 살았다는 게 상상이 가지 않는다.

그날 지현씨는 백설공주 옷을 입고 집을 나서며 잔뜩 신이 나서 카메라에 대고 사과를 흔드는 영상을 남겼다. 이태원 핼러윈데이는 이렇게 깜찍하고 발랄한 아이들의 향연이었다. 하지만 그토록 예뻤던 딸의 마지막 모습을 채선씨는 아직도 보지 못한다. 딸이 고통스러워하던 그 시간에 아름다운 단풍을 보며 행복해했던 자신이 밉고 원망스럽기 때문이다. 채선씨는 그날 입었던 단풍 색깔의 점퍼도 버렸고, 그날 본 풍경도 기억에서 영원히 삭제하려고 발버둥친다. 그날 이후 채선씨는 어떻게 살아가야 할지도 모르겠고 내일이 무섭기만 했다. 절친했던 이들, 가까웠던 가족들도 점점 낯설어 갔다. 자식 잃은 슬픔을 겪어보지 않은 그들이 툭 던지는 말에 외로움과 고립감을 온 신경으로 느꼈다.

그러다 다른 '유가족'들을 만났다. 비록 슬픈 인연으로 만났지만, 유가족들과 함께 있으면 몸과 마음이 편안해졌다. 기운을 차리고 싶어졌고, 살고 싶어졌다. 채선씨에게 유가족이란, 서로를 들여다보며 진심을 털어놓고 맘껏 자식 이야기를 할 수 있는 유일한 안식처이자 안전지대였다.

유가족들과 함께 지현씨를 곰곰이 추억할수록 딸이 살아 있을 적 자신에게 해준 한마디가 선명하게 떠오른다. "남 의식하지 말고 엄마 인생을 살아." 채선씨는 이제야 그 말에 담긴 깊은 응원과 사랑을 실감한다. 덕분에 하루에도 수십번 뒤엉키는 마음을 붙잡을 수 있다. 그 소중한 진심에 힘입어 딸과 함께 남은 삶을 잘 그려가려고 한다. 딸이 떠난 자리에서 다른 아픈 이들의 손을 잡아주며 다시 시작하고 있다.

작가기록단 **김혜영**

너무 미안한 게 10월 29일 그날, 저는 친구들과 속리산으로 단풍놀이를 갔어요. 우리 딸이 이태원에 가리라고는 생각도 못했지요. 딸이 아침에 전화로 당직이라고 하길래 회사 잘 다녀오라고 한 게 다였어요. 저는 단풍에 취해 정말 아름답다, 어쩜 이렇게 황홀할까, 오늘 너무 좋다 감탄을 해가면서 돌아다녔어요. 딸이 운명을 달리한 날에 엄마가 그렇게 행복해한 거예요. 그랬던 제 자신이 너무 혐오스러워 그날 입었던 단풍 색깔 점퍼를 버렸어요. 그날을 기억에서 영원히 삭제하고 싶어요.

나는 왜 우리 딸을 안아주지 않았을까요

지금은 세상에 아름다운 게 하나도 없어요. 그 어느 것도 마음에 와닿지가 않아요. 딸이 떠나기 전에는 세상 모든 게 아름다웠는데 지금은 아무런 느낌이 없어요. 아니 아름답다는 게 뭔지 모르겠어요. 자식이 이 세상에 없으면 엄마의 감정도 같이 사라지나봐요. 지금은 완전 다른 세상에 살고 있는 것 같아요. 울긋불긋 단풍이 없어도, 색색의 봄꽃이 만발하지 않아도 좋으니 딸과 함께했던 그 세상으로 돌아가고 싶어요. 꽃도 딸이 있을 때야 예쁘고 아름다운 거지, 지금은 꽃이 피어도 그냥 피었나보다 해요. 아름다운 걸 보고도 아름다움을 느끼지 못하는 제가 가엾지만 어떡해요? 그런 마음이 안 일어나고 조금도 설레지 않는데.

지현이가 사망했다는 연락을 받고 수원의 성빈센트병원으로 가는데 믿기지가 않았어요. 일주일 전에 딸이 아빠 생일파티 해준다고 집에 왔거든요. 그렇게 엄마 아빠를 기쁘게 해주고 갔는데, 그게 마지막이라잖아요. 영안실에서 지현이를 봤어요. 헝클어진 머리에 얼굴에는 빨간 깨알 같은 상처가 잔뜩 있고 몸 위로 덮인 흰 천에는 피가 묻어 있었어요. 어떻게 이런 모습으로 마주할 수가 있을까요? 눈앞에 펼쳐진 상황이 분명 꿈이 아니라는 걸 알면서도 인정할 수가 없었어요. 세상이 잠깐 정지된 것 같기도 하고 드라마 속 한 장면 같기도 하고 모든 것들이 붕 떠 있는 것만 같았어요. 아냐, 아니야. 여기서 나가면 모든 게 원래대로 돌아와 있을 거야. 그러니까 저 문만 나가면 되겠지? 하면서 막연히 문이 열리기만을 기다렸던 것 같아요.

그런데 그때 왜 나는 단 한번이라도 우리 딸을 꼭 껴안아주지 않았을까요? 그저 엎어져 딸을 붙잡고 울기만 했지 그럴 생각을 아예 못했어요. 우느라 정신없는 상태에서 '우리 딸이 정말 죽었나? 지금 이 모든 게 정말 진짜일까?' 믿기지 않고 혼란스러웠어요. 아, 그래도 마지막이었는데 왜? 왜 우리 딸을 안아주지 않았을까요? 지금까지도 제 자신이 원망스럽고 딸에게 미안해요.

나중에 알았는데 그 병원에는 이태원에서 실려 온 사망자가 우리 딸 말고 여섯명이 더 있었대요. 다 뿔뿔이 떨어뜨려놓고 알려주지도 않아 전혀 몰랐어요. 알았다면 만났을 거예요. 장례 절차 등을 의논해서 같이 진행했을 거고요. 저는 당연히 그 병원에서 장례를 치르는 줄 알았거든요. 그런데 전담 경찰이랑 검사가 찾아와서 고향 가까운 데로 가야 하지 않겠느냐고 하는 거예요. 무슨 얘기냐고, 일은 서울에서 벌어졌는데 아이를 이렇게 먼 데까지 데려다놓고는 또 다른 데로 옮기려는 거냐고 항의했어요. 그러던 중 친척 한분이 그래도 장례는 집 가까운 데서 하는 게 좋지 않겠냐고 해서 당진으로 갔어요. 운구차를 타고 당진에 도착하니 많은 성당 교우들이 기다리고 있었어요. 신부님께서 위로해주시고 교우분들이 내내 연도해주셔서 장례를 치를 수 있었어요.

지금은 청주에 살아요. 당진은 딸이 어렸을 때부터 살던 곳인데 딸이 떠나고 나니 거기에 살고 싶지 않았어요. 청주도 딸이 대학 생활을 했던 곳이라 곳곳에서 딸의 흔적과 마주쳐 고통스럽지만, 친정도 가까이 있어 깊게 고민하지 않고 그냥 이사 왔어요.

사랑한다고 꼭 말하고 싶어서

저와 남편은 지방에 살고 있었지만 지현이 주소가 서울시 서대문구로 되어 있어서 유가족협의회에 일찍 합류할 수 있었어요.

은지 아버지 송후봉님이 서대문구에 또 다른 희생자가 있나 찾다가 지현이를 발견하고 수소문해서 남편한테 연락을 했어요. 어떤 분들은 다른 유가족을 만나고 싶어도 연락할 방법이 없었다는데 저희는 감사한 일이지요.

은지 아버지를 만나서 유가족협의회가 만들어진다는 소식을 들었어요. 몇몇 유가족이 서로 연락이 닿으면서 온라인 카페를 만들었고, 계속 알음알음으로 다른 유가족한테 연락해 유가족협의회를 창립하게 됐다는 것을 알게 됐어요. 유가족 몇분이 정말 애쓰신 덕분이었지요. 저는 지현이가 왜 어떻게 죽었는지, 지현이의 마지막을 알고 싶었기에 유가족협의회 소식이 반가웠어요.

유가족협의회가 출범하는 날● 자녀한테 편지를 낭독할 사람 있냐고 해서 제가 하겠다고 했어요. 사람들 앞에 나서서 뭔가를 한다는 게 겁이 났지만 지현이에게 하고 싶은 말이 있어서 용기를 냈어요. '아무 일 없었다는 듯 다들 평온한 일상을 보내고 있는데 사랑하는 우리 딸 지현이가 이 세상에 없다는 사실이 엄마 아빠는 힘들어서 견딜 수가 없다' '다음 생이 있다면 엄마 아빠의 딸로 다시 태어나줬으면 좋겠다' '그때는 못해준 것들 다 해줄게. 너무너무 보고 싶고 사랑한다, 지현아'라고 지현이에게 꼭 말하고 싶었어요.

● 2022년 12월 10일, 당시 희생자 158명 중 89명의 유가족이 모여 유가족협의회를 공식 출범했다. 정부가 유족들의 만남을 적극적으로 지원하지 않는 상황에서 희생자 158명 중 절반이 넘는 유족들은 알음알음 모였고 참사 발생 42일 만에 공통의 목소리를 낼 모임을 꾸렸다.

유가족협의회 구성에 대한 논의를 마치고 다른 장소로 이동했는데 기자들이 빙 둘러앉아 막 카메라 플래시를 터뜨리고 있는 거예요. 기자회견장이었어요. 저는 깜짝 놀라서 편지 낭독을 못하겠다고 했어요. 같은 아픔을 가진 가족들을 만나서 함께 이야기하며 실컷 울고 싶었지, 기자들 앞에서 낭독하는 줄은 몰랐거든요. 계속 못하겠다고 실랑이를 하는데 지한이 어머니가 먼저 편지를 낭독하기 시작했어요. 아들을 향한 지한이 어머니의 마음이 너무 절절했고 우리 유가족의 존재를 알려야 한다는 절박한 호소가 제 마음을 울렸어요. 저도 지현이에게 사랑한다고 꼭 말하고 싶었고 참사 이후 정부에 대한 분노를 솔직히 말하고 싶었어요. 그래서 무척 떨렸지만 힘내서 편지를 낭독했어요. 어디서 용기가 솟았는지 지금 생각해도 놀라워요.

사실 저는 남 앞에서 말하는 것을 잘 못하거든요. 발표하러 단상에 올라갔다가 덜덜 떨며 한마디도 못하고 내려온 20대 때의 경험이 트라우마같이 저를 지배하고 있어요. 그러다보니 사람들 앞에서 말하려고만 하면 겁부터 나요. 그런데 신기하게도 지현이는 어렸을 때부터 남 앞에 서기를 전혀 두려워하지 않았어요. 성경 암송대회 같은 행사가 있으면 자기가 하겠다고 먼저 나섰어요. 새로운 일에 도전하는 것을 무서워하지 않았어요. 남편도 저랑 비슷한 성격인데 지현이는 못난 부모를 닮지 않아서 정말 고맙고 좋았죠.

우리 딸아이의 죄명이 변사라니요

지현이는 엄마 바라기였어요. 딸한테 그렇게 잘해준 것도 없는데 제가 과분하게 사랑받은 거지요. 지현이는 당진에 오면 집에 도착하자마자 신발을 막 벗어 던지고 달려와서 저를 번쩍번쩍 안았어요. 우리 딸 천하장사도 아닌데 엄마가 무겁지 않느냐며 내려놓으라고 해도 "엄마, 너무 보고 싶었어" 하면서 막 얼굴에 뽀뽀를 해요. 애교가 넘치고 사랑한다는 표현을 많이 했어요.

보통 젊은 애들은 어르신 대하기가 쉽지 않은데 지현이는 할아버지 할머니한테도 잘했어요. 특히 외할아버지가 직장 수술 후에 장루 주머니를 부착하고 있어서 거동도 불편하고 냄새가 심했는데, 지현이는 그런 거 상관 않고 외갓집에 가면 제일 먼저 할아버지를 끌어안고 뽀뽀하고 그랬어요. 맏딸인 저도 아버지한테 그렇게 못하는데 손녀가 그러니 얼마나 좋아하시겠어요? 모두들 지현이가 기특하다며 저를 부러워하기도 하고, 저도 그런 지현이를 보면서 가슴이 뭉클했어요.

지현이는 작은 것 하나 놓치지 않는 아이였어요. 정말로 세심해서 제가 흘리듯 한 말도 다 귀담아듣고 기억해뒀어요. 어느 날 텔레비전에 카라반 캠핑장이 나오길래 제가 무심코 "저런 데서 자면 정말 좋겠다"라고 한마디 했어요. 지현이가 그걸 잊지 않고 있다가 제 생일에 카라반 캠핑장을 예약했어요. 그런데 겨울이라 너무 추웠어요. 어쩔 수 없는 건데도 지현이는 엄마를 추위에 떨며 자게 해서 미안했다고 몇번이나 친구한테 말했대요. 우리 가족에게는 소중한 추억이었고 저는 진짜 행복했는데 지현이는 마음에 걸렸던 거죠.

이렇게 따뜻하게 살아온 지현이였는데 참사 후 경찰서에서 서류가 한장 날아왔어요. 지현이 '죄명'이 '변사'라고 쓰인 불입건 통지서였어요. 그걸 보는 순간 억장이 무너지는 것 같았어요. 우리 아이가 무슨 죄를 지었길래 '죄명'이란 말을 쓰나? 또 서울 한복판에서 아이들을 길 가다가 죽게 만들어놓고는 '변사'라니? 세상 사람도 다 '압사'라는 걸 아는데 말이에요.

이건 말도 안 된다며 몇몇 용기 있는 엄마들이 경찰에 따지고 항의했어요. 아이들이 죽은 것도 억울한데 희생자와 유가족에 대한 이해와 예우 없이 무성의하게 행정적 조치를 취한 경찰의 태도를 참을 수가 없었지요. 저도 다른 엄마들을 따라 담당 형사에게 서류를 고쳐달라고 했어요. 당연히 거절당했지요. 그래도 또 고쳐달라고 했어요. 계속 요구했어요. 지현이를 위해서라도 반드시 고쳐야 할 것 같았어요.

담당 형사는 자기네도 지시에 따라 어쩔 수 없이 작성한 서류라며 그런 용어는 별로 중요하지 않고 특별한 의미도 없다며 오히려 저를 설득했어요. 그들이 보기에는 하잘것없을지 몰라도 우리 유가족에게는 얼마나 큰 상처가 되는지를 모르는 거죠. 사람을 두번 죽인다는 말이 뭔지 알겠더라고요. 물론 그 사람들의 잘못이 아니라는 것은 알지요. 위에서 내려온 지시를 따랐을 테니까요. 하지만 그들도 자식을 키우는 입장에서 공감하고 위로하는 마음을 가지면 안 되나요?

결국 '죄명' '변사'라는 단어를 지우고 '압사'라 쓰인 수정안을 받아냈어요. 그러고 나니 지현이한테 미안한 마음이 조금은 덜어졌어요. 가만히 있었더라면 지현이의 '죄명'이 '변사'라고 영원히 남았을 텐데 고치고 나니 뿌듯했어요. 두 단어가 빠진 종이를 받아들고 엄마들은 안도했지만 그것은 잠시였고, 한바탕 울음바다로 변했어요. 허탈했고 공허했어요. '아이가 죽었는데, 더 이상 이 세상에 없는데 이깟 종이 한장이 무슨 의미가 있나? 그 속에 뭐라고 쓰여 있든 아이는 내 곁으로 돌아올 수 없는데 몇날 며칠을 이렇게 힘겹게 싸워야 했는가? 졸지에 자식을 잃고 애도할 기운도 없는데, 이런 상식적인 일에까지 유가족의 진을 빼게 하는 이 나라가 정상적인 나라인가? 지금껏 우리를 지켜주리라고 믿어왔던 국가가 이렇게까지 국민을 내팽개쳐도 되나?' 하는 억울함 속에서 세상이 다 무너지는 것 같았어요. 그러니 모두들 넋이 나가도록 울 수밖에 없었지요.

아무리 소리 질러도 돌아오지 않는 메아리

참사를 당한 후 유가족으로서 가슴 아픈 일이 셀 수 없이 많았어요. 그 과정에서 세상을 보는 눈이 저절로 바뀌었어요. 그전까지 저는 정부나 사회에 대한 불만이 별로 없었어요. 국민이 지켜 보고 있으니 어련히 잘할 거고 교과서에서 배운 대로 국회나 정부 역시 자기 역할을 제대로 해내고 있으리라 믿었어요. 그런데 참사가 일어나고 진상규명 투쟁을 하면서 국가를 더 이상 신뢰하지 않게 됐어요. 2주기가 되어가는 지금도 마찬가지예요. 정부는 하나도 변하지 않았어요. 결국 제가 붙잡을 것은 지치지 않고 끝까지 싸워나가야겠다는 우리 유가족의 의지뿐이었어요.

2023년 여름, 특별법 제정을 촉구하며 시청 분향소에서 국회를 향해 걷는 '159킬로미터 릴레이 시민행진'이 있었어요. 저도 참가했어요. 지현이하고 함께 걷는다는 마음으로 딸이 마라톤 대회 때 받은 은빛 메달을 목에 걸고 걸었어요. 지현이가 마라톤 대회에서 받은 완주 메달이 여섯개나 있는데 이 은빛 메달은 2022년 10월 9일 서울 마라톤 완주를 마친 후 받은 기념 메달이에요. 국회의사당을 저만치 두고 마포대교를 걸으면서 말했어요. "지현아, 하늘에서 보고 있니? 네가 마라톤 완주하고 기뻐하며 받았을 이 메달을 엄마가 목에 걸고 서울 거리를 걷고 있단다. 엄마 서울 오는 거 정말 싫어하는 거 너도 알지? 그렇지만 오늘은 오로지 너를 위해 서울에 왔고 네가 열심히 뛰었을 그 길을 따라 걷고 있어." 지현이와 얘기하며 걸으니 무더운 날씨도 다리 아픈 것도 참을 수 있었어요.

유가족은 이런 마음으로 땡볕에 행진을 하고 뼈가 시리도록 추운 날에 108배를 하고 오체투지도 했어요. 자식을 위해서 부모가 할 수 있는 모든 노력을 다했고 심지어 삭발까지 했어요. 특별법 제정에 힘을 보태고자 진실버스를 타고 전국을 돌아다니며 열흘 만에 5만명의 국민동의청원을 달성하기도 했고요. 자식 잃은 부모들이 이렇게까지 하는데 정치인도 사람이니까, 양심이란 게 있을 테니까 우리의 요구를 거부하리라고는 꿈에도 생각하지 않았어요. 그런데 그렇게 많은 사람들이 헌신해서 발의한 특별법이 거부당했어요. 그때는 정말 너무 힘들었어요. 간신히 손잡고 이어온 실낱같은 희망조차 사라진 거니까요.

한겨울에 눈 맞아가면서 영정사진 들고 행진할 때 저도 지현이의 영정이 눈에 맞을까봐 가슴에 안고 걸었어요. 그런데 앞에서 연주 아버지가 경찰들과 대치하다 쓰러지신 거예요. 그순간 가슴이 너무 아파 눈물이 쏟아졌어요. 경찰은 민중의 지팡이라고 배웠는데 지켜줘야 할 시민인 유가족에게 너무나 잔인하게 대하는 경찰에 놀랐고 크게 실망했어요. 위에서 시켜서 하는 일이라 해도 어느정도까지는 시늉만 할 수도 있잖아요. 그렇게까지 무자비하게 막고 내쳐야 하나요? 부모가 자식의 영정을 들고 행진하는데, 심지어 아버지가 쓰러지기까지 했는데 눈 하나 까딱 안 하는 경찰들을 보면서 진짜 세상이 무서웠어요. 그때 처음으로 이런 나라에서 우리의 싸움을 계속할 수 있을까 절망감이 들었어요. 아무리 소리를 질러도 돌아오지 않는 메아리를 하염없이 기다리는 것 같았어요.

지성이면 감천이라는데 비장한 각오로 죽도록 노력해도 듣는

척도 안 하는 윤석열 정부가 너무나 원망스러웠어요. 상처받고 울분에 찬 사람들이 억울하다고 목이 터져라 외치는데도 태연하기만 한 이 세상이 과연 공정하고 공평한 건지 의문이 들었어요. 이게 내가 그토록 믿고 자랑스러워했던 우리나라가 맞는지 회의감도 심하게 들었고요.

희망이 없을 때 사람은 무력해져요

한편으로는 특별법 통과를 막는 사람들이 측은하기도 했어요. 통과를 안 시켜주는 게 아니라 못 시켜주는 거겠죠. 우리의 요구를 들어주면 자기네 잘못을 인정하는 모양새가 될 테니까요. 고위직 인사가 부적절하게 직무를 수행했다는 사실이 드러나면 안 되니까 애초에 행정안전부나 용산구청 같은 기관들이 국정조사에 제대로 응하지도 않고 결국 아무도 제대로 책임지거나 처벌받지 않았던 거잖아요. 유가족한테 진심 어린 위로 한번 건네지 않고 졸속으로 영정과 위패 없는 분향소만 차려놓은 정부였잖아요. 기가 막힐 노릇이었죠.

비록 미약하지만 유가족으로서 할 수 있는 것은 다 하고 싶었어요. 이제는 더 기대할 것도 잃을 것도 없다는 생각이었지요. 지방에 살아서 수도권 유가족들만큼 활동하진 못했지만 한달에 한번씩은 꼭 시청 분향소 지킴이를 하고 유가협 모임에는 어떻게든 참석하려고 했어요. 지현이를 위해서 뭘 못하랴 하는 마음으로 고속버스를 탔어요.

그런데 시간이 지나면서 그 의지가 점점 사그라들고 두려워지는 거예요. 뭔가 바뀔 줄 알았는데 아무것도 바뀌지 않는 거예요. 계란으로 바위 치는 것 같은 상황이 사람을 무력하게 만들더라고요. 희망이 없을 때 사람이 얼마나 무기력해지는지 처음 실감했어요. 그러나 주저앉으면 안 된다는 것도 알기에 혼자 주먹을 불끈 쥐곤 해요.

분향소 지킴이를 하다보면 분향소 앞을 지나가는 젊은이들을 자주 봐요. 그때마다 지현이가 생각나서 얼른 눈을 감기도 해요. 그러면서도 그 젊은이들이 지현이와 우리 아이들을 기억해주기를 간절히 바라며 국화꽃을 건넬 준비를 하죠. 그런데 그들이 즐겁게 떠들며 분향소를 휙 지나쳐버리면 마음이 막 뒤죽박죽돼요. 솟구쳐 오르는 눈물을 꾹꾹 누르며 서 있을 때도 있어요. 제가 허황된 욕심을 부린 것 같아 한없이 초라해져요. 지현이한테도 미안하고요.

물론 고마워서 가슴이 뭉클할 때도 많아요. 특히 외국인들은 분향소를 그냥 지나가질 않아요. 공항에 도착하자마자 분향소부터 찾아온 건지 큰 캐리어를 끌고 오기도 해요. 언젠가 한번은 중학생인지 초등학생인지 모를 외국인 아이가 제단에 국화꽃을 놓고는 지킴이로 서 있는 저한테 와서 "알 유 오케이?"라고 하는 거예요. 제 눈빛에서 슬픔을 보았나봐요. 그 한마디에 제가 눈물을 왈칵 쏟으니까 저를 꼬옥 안아주더라고요. 눈빛만으로도 제 마음을 알아준 그 아이를 영원히 잊지 못할 거예요.

나에게도 언제든 일어날지 모를

세월호 참사 때 저는 세월호 유가족을 보며 자식을 잃고 어떻게 살아갈까, 불쌍해서 어떡하지 하며 안타까워만 했지, 그분들 곁에서 함께하지는 않았던 것 같아요. 지금 똑같은 상황이 돼보니 그분들이 고통 속에서 얼마나 힘들고 간절하게 버티고 견뎌왔을지, 그 마음의 깊이를 알 것 같아요. 저도 겪기 전에는 미처 몰랐던 거지요. 사람들이 이태원 참사를 대하는 태도도 같은 것 같아요. 참사는 내가 아닌 '다른 사람'의 불행한 일이고 또 나한테는 그런 일이 절대로 일어날 리 없으니까 '남의 일'이라고 생각하는 것 같아요. 세월호 참사때 제가 유가족이 되리라고는 상상조차 하지 않았듯이요. 그러나 남의 일이 아니었어요. 누구에게나 언제든 일어날 수 있는 일이었어요.

그리고 직접 겪지 않았어도 함께 아파하고 슬퍼했으면 해요. 분향소에 들러 국화꽃 한송이를 놓는 마음이 많이 모인다면 최소한 희생자들을 조롱하는 막말은 나오지 않을 거예요. 이제는 더 이상 우리 아이들한테 이태원에 놀러 가서 죽었다고 함부로 말하지 않았으면 좋겠어요. 지현이는 혼자 서울에 자취방을 얻고 직장을 알아보며 독립적으로 생활하는 아이였어요. 이태원 참사 희생자들 역시 다 그렇게 열심히 살다 간 아이들이에요. 미래를 꿈꾸며 살아갈 날이 많은 아이들이 죽은 것도 억울한데 어떻게 그런 낙인을 찍을 수가 있어요? 젊은 애들이 바쁜 일상을 잠시 멈추고 축제를 즐기러 간 게 잘못인가요? 이태원이 출입 금지된 곳도 아니고요.

국가가 지켜주지 않아서 창창한 미래를 빼앗긴 아이들이에요. 죄 없는 아이들을 탓할 게 아니라 국민의 생명을 보호하려는 최소한의 조치도 하지 않은 국가에 분노해야 하는 거 아닌가요? 어떤 어머니가 그러셨어요. 그날 자기 아이도 조금만 일찍 이태원에 갔더라면 지금 어떻게 됐을지 모른다고요. 나에게는 그런 일이 절대로 일어나지 않을 거라고 하면서 남의 슬픔을 업신여기지 말았으면 해요. 나에게도 언제든 일어날지 모를 슬픔이라고 생각하면서 공감해주었으면 좋겠어요.

사람들과의 관계가 점점 힘들어져요

유가족으로 살아가기가 정말 힘들어요. 저는 원래 낯도 안 가리고 누구에게든 살갑게 다가가는 사람이었어요. 오지랖이 넓다는 말도 자주 들었고요. 그런데 지현이를 보내고 나서는 사람들이 두려워졌어요. 특히 유가족이 아닌 사람들하고 만나는 게 점점 더 불편해요. 이태원 참사로 딸을 잃었다고 먼저 말해야 할지 고민돼요. 상대방이 내 아픔을 어떻게 받아들일지도 모르겠고, 공감해주기를 바라지만 그렇다고 동정을 받고 싶진 않아요. 유가족이라는 프레임을 씌우고 바라보는 것도 싫고요. 이렇게 상대방의 눈치를 살피며 사람을 만나고 남들을 의식하는 제 처지가 안쓰러워요. 자식을 잃은 피해자일 뿐인데 이상하게 사람들의 시선에 주눅이 들고 위축이 돼요. 무슨 큰 잘못을 저지른 것처럼요.

그러다보니 사람들과의 관계가 점점 힘들어져요. 알고 지내던 사람들과도 연락을 끊게 되고 옛날에는 아무렇지도 않았던 말과 행동이 지금은 상처로 다가와요. 어렸을 때부터 지현이를 잘 아는 분이 지현이 장례식에 왔는데 바쁜 사정이 있는지 잠깐 있다가 바로 일어섰어요. 그런데 그게 엄청 섭섭해 며칠 후 그분에게서 전화가 왔는데 제가 받지 않더라고요. 친했던 사람들과 멀어지는 게 왜 슬프지 않겠어요? 왜 외롭지 않겠어요? 그런데 저 혼자 판단하고 제가 먼저 관계를 정리해버려요. 저도 왜 이러는지 모르겠어요. 사람들이 먼저 연락을 해올 때면 반갑다가도 마음이 금방 공허하고 외로워지고 또 연락이 없으면 내가 힘들까봐 연락을 못하나보다 하고 이해할 수도 있는데 그게 안 돼요. 내가 먼저 차단하고 멀어져버려요.

가족 모임에 가는 것도 괴롭고 싫어요. 재작년까지만 해도 지현이와 함께 즐거운 시간을 보냈는데, 이제는 그 자리에 지현이가 없잖아요. 지현이가 없는데 평소처럼 화기애애하게 웃을 수도 없고 그렇다고 좋은 날에 혼자 슬픔에 젖어 분위기를 망칠 수도 없고 어떻게 해야 할지 모르겠어요. 생일이나 명절처럼 특별한 날은 더 힘들어요. 작년에 남편이 환갑이었는데 자식 잃고 맞는 환갑이 얼마나 슬프던지 종일 울었어요. 가족들이 다 모이는 명절도 외롭고, 생일이나 결혼기념일도 의미가 없어요. 차라리 그런 날들이 없었으면 좋겠어요. 삶이 이러다보니 가족이란 말도 점점 낯설어져요.

제가 매일 울면서 지내니까 동생이 지현이가 지금 언니 모습을 좋아할 것 같냐고 그래요. 맞는 말이지요. 엄마가 슬퍼하기보다 웃으며 잘 지내기를 바라겠지요. 다 알아요. 다 알지만 불쑥불쑥 슬픔이 차오르는데 어쩌겠어요? 삶의 목표가 사라졌는데 하루하루 무슨 의미가 있으며 웃어봤자 뭐 하겠어요? 이러다보니 가장 가까운 가족들이 좋은 뜻으로 하는 말도 섭섭할 때가 있어요. 저를 위해 하는 말인 줄 알지만 '겪어보지 않았다고 그렇게 말하면 안 되지' 하고 따지고 싶어요.

참사로 연결된 우리

마음을 들끓게 하는 억울함과 슬픔 속에서도 일어날 수 있었던 건 이태원 참사로 연결된 우리 유가족들이 있어서예요. 지금 이태원 참사 유가족은 제 삶의 가장 든든한 버팀목이에요. 비록 슬푼 인연으로 만났지만 지현이를 통해서 이어진 사람들이라 참 소중해요. 피를 나눈 형제자매에게서도 못 느낀 치유와 극복의 힘이 유가족들에게는 있어요. 저는 참사 직후에 밥을 거의 못 먹었어요. 한 숟갈만 떠도 탈이 나서 기운이 하나도 없고 밥 먹기가 무서웠어요. 간호사인 동생이 영양제를 주사해줘서 며칠씩 연명했지요. 그런데 분향소 지킴이를 하러 가면서 너무 감사하게도 배고픔을 느꼈어요. 유가족들과 함께 있으면 어느 순간 몸과 마음이 편안해지고 살고 싶어져요. 기운을 차리고 싶어져요.

사실 유가족은 사랑하는 가족을 잃은 아픔 때문에 주변을 돌아볼 겨를이 없어요. 그런데 유가족협의회나 분향소에서는 오묘하게도 서로를 들여다보게 돼요. 왠지 마음이 통하고 무슨 말을 해도 괜찮을 것 같아 진심을 털어놓게 돼요. 자식 이야기를 하면서 맘껏 웃고 울고 위로할 수 있으니 안심이 되고요. 유가족이 저에게는 유일한 안식처이자 안전지대인 거죠. 자연스럽게 저에게 새로운 가족이 생긴 거예요. 이제는 다른 사람의 시선에 신경 쓰며 이해를 바라는 대신 내 곁의 유가족과 함께하며 제가 가진 것을 나누니 참 평화로워요.

얼마 전, 오송 참사 1주기 기록집 북토크•에 갔어요. 오송 참사는 제가 사는 곳에서 일어난 일이라 더 마음이 쓰여 가족 된 마음으로 연대하고 있어요. 그런데 힘을 주러 간 제가 북토크 내내

• 2024년 7월 20일 715오송참사 기록단은 오송 참사 유가족과 생존자들의 지난 1년간의 이야기를 담은 기록집 『나 지금 가고 있어』의 출간 기념 북토크를 개최했다.

우니까 나중에 오송 참사 유가족 한분이 무대에서 내려와 저를 안아주셨어요. 우리는 한참을 부둥켜안고 울었어요. 아무 말도 안 했지만 우리는 서로 알잖아요. 같은 마음이라는 것을요. 제가 그 유가족을 안아드렸어야 했는데 거꾸로 위로를 받았죠. 그때 우리는 서로 위로하고 공감하고 같이 슬퍼할 수 있는 '가족'이었어요.

앞으로 저는 세월호 엄마들이 우리 손을 잡아준 것처럼 다른 재난참사로 힘들고 아픈 사람들에게 먼저 다가가서 안아주는 삶을 살 거예요. 자식 잃은 엄마가 못할 게 뭐 있겠어요? 지현이가 항상 저한테 하던 말이 있어요. '엄마는 너무 남을 의식한다'고, '엄마 인생을 살라'고요. 제가 소심하고 남의 말에 잘 좌우되고 주관없이 따라하는 것이 싫었나봐요. 그때는 50년 넘게 이렇게 살았는데 어떻게 하루아침에 바꾸냐고, 그냥 이렇게 살겠다고 그랬어요.

하지만 이제는 아니에요. 남들이 저를 어떻게 생각하고 무어라 비난하든 옳다고 생각하는 바는 끝까지 밀고 나갈 거예요. 그리고 다른 아픈 이들을 돌보고 위하는 삶을 살 거예요. 딸이 떠난 자리에서 딸과 함께 다시 시작할 거예요. 우리 딸 지현이가 저에게 주고 간 선물이니 끝까지 지켜나갈 거예요.

애도의 시간,
기억을 맞추고 슬픔을 나누는

**이상은씨 아버지 이성환씨
어머니 강선이씨
이모 강민하씨
이모부 최선욱씨 이야기**

이상은씨의 실종신고를 최초로 한 사람은 이모부 최선욱씨였다. 이모 강민하씨는 제일 먼저 영안실에 도착했다. 상은씨의 엄마 강선이씨와 아빠 이성환씨가 비통함 속에서 헤맬 때 상은씨의 이모와 이모부는 그들의 손과 발이 되어주었다. 딸을 잃고 몇개월이 지난 후에야 상은씨의 어머니와 아버지는 이것이 사회적 참사이며 자신이 피해자라는 사실을 깨닫기 시작했다. 아버지는 시청 분향소가 철거되는 날 마지막까지 자리를 지키며 한참 동안 분향소를 바라보았고, 이모부는 시청 분향소가 옮겨간 별들의 집을 정비하는 데 손을 보탰다. 어머니는 참사 이후 돌아온 딸의 생일에 맞춰 청년들을 위한 밥상을 준비했고, 이모는 아무것도 모른 채 외로운 시간을 보낼 외국인 유가족들을 위해 매개자 역할을 해왔다.

사회적 참사 이후 우리 앞에는 몇가지 질문이 남았다. '어떻게 애도할 것인가' '어떻게 기억할 것인가'라는 질문 앞에 아직도 우리 사회는 적절한 답을 내놓고 있지 못하다. 같이 또는 각자의 방법으로 애도의 시간을 통과하고 있는 이상은씨의 가족들을 만났다. 도란도란 둘러앉은 네명의 가족들은 각자 가진 기억의 조각들을 꺼냈다. 서로의 조각들을 맞추고 나니 저마다 다른 슬픔의 모양이 드러났다.

작가기록단 **권은비**

다시 기억하는 그날

상은 어머니 저희가 1박 2일로 친구 부부랑 삼척으로 등산 간 날이었어요. 산에서 자고 다음 날 아침에 일어나 뉴스를 켰는데 거기 이태원 참사 소식이 나오고 있었죠. 저희는 상은이가 전날 밤에 이태원에 간 걸 알고 있었고, 즐겁게 잘 놀다 오라고 했었거든요. 뉴스를 보고 너무 놀라서 상은이에게 전화했는데 용산경찰서에서 받았어요. 딸 핸드폰이 왜 거기 있냐고 물었더니 길거리에 있던 거를 가져왔다고. 그때 너무 놀랐죠.(눈물) 위층에 동생 지인분이 사셔서 집에 상은이가 있는지 초인종을 좀 눌러봐달라고 했는데 대답이 없대요. 그래서 현관 비밀번호를 알려주고 한번

들여다봐달라 했는데 우리 상은이가 없다는 거예요. 그때부터 너무 무섭기 시작해서 부랴부랴 서울에 올라왔죠. 나쁜 생각을 하고 싶지 않고 절대 그럴 리 없을 거라고 생각했어요. 그래서 안 울었거든요. 차 안에서는 담담하게, 아무 말도 안 하고. 근데 상은 아빠는 너무 초조해하는 거예요.

상은 아버지 강원도에서 한번도 안 쉬고 서울까지 왔어요. 친구 차 안에서 진짜 하느님, 부처님, 아버님, 다 찾으면서… 이런 일은 상상조차 한번 하지 않았으니까요. 뉴스에서 실종신고 하라고 나와서 번호를 검색해 수십번 전화했는데 다 불통이었어요. 실종신고 전화가 되는 곳이 한곳도 없었어요.

상은 이모부 10월 30일 일요일이었어요. 아침 7시쯤 집에 있는데 상은이가 집에 없다는 연락을 받았어요. 상은이 엄마, 아빠는 강원도에서 서울로 올라오는 중이었고. 저도 바로 출발해 이태원 주민센터에 도착한 게 9시 반, 제가 직접 실종신고서에 상은이 이름을 써넣은 게 9시 50분 정도였어요. 상은이는 52번째 실종자였어요. 낮 12시 반쯤인가 1시 가까이 됐을 때 상은이가 삼육서울병원에 있다는 이야기를 들을 수 있었죠.

상은 이모 병원엔 제가 제일 먼저 도착했어요. 처음에는 장례식장으로 안 가고 병실로 올라갔죠. 병원에서 그러더라고요. "(실려 온 사람 중에) 병원으로 온 사람은 없다, 다 영안실로 갔다." 그렇게 영안실 내려가서 상은이 이름이 있다는 것만을 봤고, 언니랑 형부가 도착해 셋이서 영안실에서 상은이 얼굴을 확인했어요.

상은 아버지 처음에는 상은이 얼굴 확인을 시키더니 다시 상은이 몸 상태를 전체적으로 다 보겠냐고 물었던 것 같아요. 그렇게 몸을 볼 수 있는 건 마지막일 것 같다는 식으로. 근데 그때 뭐 정신이 없어서… (울먹거리며) 우리는 못할 것 같다 그래서….

상은 이모부 제가 장례지도사분들하고 다 정리해서 장례 준비를 시작했고 그사이 병원 측에서 다시 시신 확인 필요하냐고 묻길래 제가 가겠다고 했어요. 상은이 엄마, 아빠는 그럴 수 있는 상태가 아니었거든요. 그때 "그래도 내가 상은이 태어날 때도 봤는데 갈 때도 내가 봐야지" 이러면서 당신이 나를 따라왔지.

상은 이모 상은이 태어났을 때 병원에서 저도 기다렸거든요. 형부랑 상은 할머니랑 셋이서. 상은이 어렸을 적에 제가 상은네에서 같이 살았어요. 장례식장에서 언니랑 형부, 두 사람 다 정신이 없으니까 제가 '어, 내가 안 보면 이제 기회가 없는데'라는 생각이 들었던 것 같아요.

상은 이모부 장례식장에 정말 많은 기자들이 왔어요. 30명에서 35명 정도. 이제 막 입사한 지 1~2년차밖에 안 되는, 다 경찰서 출입하는 기자들. 유가족 인터뷰 따려고 하길래 기자 몇명한테 부탁했어요. 문제는 지금 여기가 아니라고, 검찰이 검시필증●을 내줘야 유가족들이 장례 절차를 시작할 수 있다고, 그걸 취재해달라고. 그리고 그런 식으로 인터뷰하는 건 유가족들에게 너무 힘든 일이죠. 세월호 이후 만든 재난보도준칙●●에도 그렇게 돼 있어요.

마지막 인사를 하고 싶었어

상은 어머니 상은이는 웃음소리가 예뻤어요. 상은이가 웃으면 같이 웃고 싶어지는 그런 웃음소리를 가지고 있었어요. 상은이는 얼큰수제비도 좋아하고. 닭볶음탕! 아빠가 해주는 닭발 요리 좋아했어요.

● 참사 이후 희생자들은 여러 병원 영안실로 흩어졌다. 그러나 유가족들은 장례절차를 치를 수 없는 상황이었다. 사인이 불분명한 경우 경찰신고-공의 검안-시체검안서 절차 후 검사가 검시필증을 발행해야 장례를 치를 수 있는데 이에 대해 생소한 가족들은 장례식장에서 어쩔 줄 모르는 상황에 놓이게 되었다.
●● 한국기자협회는 2014년 세월호 참사 이후 재난보도준칙을 마련한다. 재난보도준칙에는 피해자의 명예나 인권을 침해하는 일이 없도록 권고하고 있다. 제15조에는 재난에 대한 선정적인 보도를 지양하는 내용으로 '피해자 가족의 오열 등 과도한 감정 표현, 부적절한 신체 노출, 재난 상황의 본질과 관련이 없는 흥미 위주의 보도 등은 하지 않는다'는 조항도 존재한다.

상은 아버지 BTS도 좋아하고, 아이유도 좋아하고. 상은이 어렸을 때 저희가 맞벌이였거든요. 어린이집에서 다른 애들은 다 집에 가고 벨이 울리면 상은이가 엄마 아빠 온 줄 알고 몇번을 달려 나왔다고 해요. 아니면 실망하고. 자기가 어린이집에서 꼴찌라고 했던 적이 많았어요. 몇번을 달려왔었을까 하는 생각을 했죠.

상은 이모 상은이는 성실과 긍정의 아이콘이었지.

상은 이모부 순덩이. '얘를 어떡하지' 이럴 정도.(웃음) 남자친구 관계 같은 문제들까지도 우리랑 경계 없이 이야기했죠.

상은 이모 나는 상은이가 남자친구랑 헤어지겠다고 단호하게 결심했다고 들었는데. 헤어졌다고 한 그 친구를 나중에 장례식장에서 처음 봤죠. 언니는 이미 봤겠지만.

상은 이모부 근데 너무 웃긴 건 그래도 상은이가 그 녀석을 끝까지 좋아하고 있었어.(웃음) 우리 집에도 상은이 방이 있어요. 저희가 집을 새로 지었는데 상은이가 와보고 "저 방은 내가 쓸 거야"하길래, 그래라 하고 허락했죠. 그 방에 지금 상은이 사진이 잔뜩 있어요. 어차피 그 아이한테 주기로 했던 공간이니까.

상은 이모 장례식 하고 7일째 조계사 초재에 갔어요. 감기 증상이 살짝 있다던 남편이 옆에 앉아 있는데, '상은이가 가고 싶지 않아 한다'라고 자꾸 얘기하는 거예요. 초재 끝나고 밥을 먹으려는데 밥도 안 먹겠대, 몸이 아프대요.

상은 이모부 저는 원래 한번도 그런 적이 없는 사람이에요. 식탐이 워낙 많아서.

상은 이모 집으로 돌아가는 차에서 남편이 막 부들부들 떨길래 제가 코트를 벗어서 덮어줬어요. 차 시트를 뒤로 제치고 누워서 거의 혼수상태처럼 아파하면서 막 중얼중얼거리고 있더라고요. 남편이 상은이가 가기 싫어하는 것 같다고 자꾸 이야기하니까… 그날은 초재니까 왠지 상은이가 근처에 있을지도 모른다는 생각이 들었어요. 그래서 제가 "혹시 상은이가 온 거라면 '잘 가'라고 얘기를 전해줘" 남편한테 말하고는 10~20분 지났나? 갑자기 남편이 너무 멀쩡하게 벌떡 일어나더니 자기 지금 상은이랑 이야기했다는 거예요.

상은 이모부 일단 전제해야 할 게 두가지 있어요. 첫째, 저는 종교적 신념이 없어요. 둘째, 저는 이런 일들이 가능하다고 믿었던 사람이 아니고, 이런 유형의 경험을 해본 적도 없어요. 근데 지금은 상은이를 만났다는 자기확신 같은 게 있어요. 상은이가 '내가 호흡이 멈출 때 이런 생각을 했어요'라며 전 남자친구와 관련된 문제를 이야기했거든요. 그건 제가 상상할 수 있는 영역도 아니고요. 그다음에 상은이가 저한테 엄마 아빠를 살펴달라는 이야기도 분명히 했었어요.

상은 이모　사실 두번 만났어요. 두번째는 당신이 대낮 여의도에서 느꼈다고 했잖아.

상은 이모부　상은이 이야기 중에 큰 울림이 있는 말이 있었어요. 자기가 되돌아오더라도 부모님과 우리는 자기를 못 알아볼 거라고, 우리 주변에 있지만… 근데 이게 참… 말을 하면서도 믿기지 않는….

상은 이모　자기 이제 가겠다고. 상은이가 두번째 왔을 때는 이런 이야기를 했다는 거예요.

상은 이모부　상은이가 저에게 두번째 온 날이 2022년 11월 7일 오후 1시쯤이었어요. 형님한테 전화를 걸어서 상황을 설명하는데 그날 딱 형님은 이태원 골목에서 기도하고 있었죠. 그것도 참 희한했어요. 바로 그날!

상은 아버지　그날 휴가계를 내러 회사 갔다가 이태원에 한번 들러보고 싶더라고요. 다른 유가족들은 그곳에 못 가고 있었지만 저는 가보고 싶었어요. 그 골목에서 상은이를 위해 기도하고 상은이한테 편지를 썼는데 은행나무가 있더라고요. 그래서 나무에 테이프로 편지를 붙이고 왔죠. 그날 상은 이모부 통해서 상은이가 잘 갔다고 했다는 이야기를 들었어요. 그 편지는 없어진 줄 알았는데 처제가 기사로 제 편지를 봤다고 얘기를 해주더라고요.

상은 이모 기사에 형부 편지가 실렸는데 제가 글씨를 알아봤죠. 형부 글씨가 워낙 특이하거든요. 그래서 형부가 그날 이태원에 간 걸 알았어요. 시간상으로 남편이 상은이를 두번째 만난 게 형부가 이태원에 갔던 바로 그날 그때였던 것 같아요.

상은 어머니 저는 그저 고마웠어요. 슬프지만⋯ 그래도 상은이가 이모부를 통해서 마지막으로 인사를 남겼구나. 상은이가 가는 건 싫었지만 어쨌든 인사를 남기고 갈 수 있어 고맙기도 하고, 그냥 제부 말을 다 믿고 싶었어요. 마지막 인사 못한 것에 아쉬움이 다들 크잖아요. 저는 매일 상은이를 위해서 천주교식으로 밤에 기도하고, 그러고 보니 상은 아빠는 아침마다 상은이 방에 들어가서 뭘 하는지 모르겠네⋯.

상은 아버지 금강경 사구게라고 오래는 안 걸려요. 그중 하나만 상은이가 안고 가도 극락왕생을 할 수 있다고 해서 아침마다 외죠. 운동하듯이 하는 거예요, 허허. 시청 분향소 철거 전날에도 제가 삼천배는 해야겠다, 우리가 상은이를 보내주지 않고 분향소로 상은이를 계속 불러서는 안 된다, 그런 생각을 했기 때문에 마지막 인사처럼 늦게까지 분향소 철거하는 것도 봤고요.

함께 축하하는 상은이의 생일

상은 어머니 저희는 상은이 하나밖에 없으니까 둘이서 상은이 생일날을 어떻게 견뎌낼까 걱정했어요. 그런데 작년에 친구가 '청년문간밥상'이라는 곳을 소개하며 상은이 또래들과 상은이 생일을 같이 축하하면서 보내는 건 어떠냐고 제안해줬어요. 보니까 너무 괜찮더라고요. 제 친구들끼리 모금을 해서 밥상을 차리고 방문하는 청년들과 함께 나누어 먹었어요. 어쨌든 매년 오는 상은이 생일은 상은이가 세상에 온 기쁜 날이니까. 그날을 같이 축하하고 같이 기억하고 싶었어요.

상은 이모부 대구지하철 참사도 그랬고 세월호 참사도 그랬는데, 사회적 참사로 인해 생기는 문제들을 너무 개인화하거나 그 사람들만의 문제로 치환할 것은 아니라고 봐요. 결국 같은 경험을 하는 공동체로 살아가는 사회에서 이건 개인의 문제가 아니잖아요. 아이를 기억하는 방식으로 좋은 시도라고 생각했죠.

상은 어머니 작년 첫 생일밥상 나눔할 때는 많이 힘들었죠. 처음이라 서툴기도 했고. 그때는 저희가 홍보할 생각을 못했어요. 딱 식사 159인분, 참사 희생자 수만큼 준비했어요. 첫번째 때 청년문간밥상 정릉점에서 했던 건 상은이가 대학교 3학년 때 정릉에서 방과 후 학생들을 돌봐주는 봉사활동을 했기 때문이에요. 정릉점은 학생들도 있지만, 정릉시장 내에 있어서 워낙 오가는 분들이 많이 들르는 곳이었어요. 오신 분들한테 상은이 생일떡 드리면서 이태원 참사에 대해 설명하기도 했지만, '그냥 상은이 생일입니다. 같이 축하해주세요'라고 했던 것 같아요. 얼마 전 그때 사진을 봤는데 가족들 표정이 다 어둡더라고요.

올해 두번째 할 때는 시민분들도 많이 와주셨어요. 그러면서 정말 힘을 많이 받았거든요. 감사해요. 이번 밥상으로 언론 기사도 나가고 홍보가 되면서 이태원 참사 이야기가 다시 주목받으니까 다른 유가족들한테도 좀 힘이 되셨나봐요. 유가족 몇분도 오셔서 상은이 생일을 축하해주셨어요.

상은 아버지 (상은 이모를 바라보며) 축하방 얘기도 해줘.

상은 이모 축하방!● 언니 친구 하나가 미국에 계신데 실질적으로 도움을 주고 싶다며 온라인에서 생일축하 메시지를 남기는 웹

● 상은 가족들이 만든 생일축하 웹페이지를 말한다. 「이태원 참사 희생 딸 대신 청년들에게 '밥 한 끼'」(경향신문 2024.6.16.) 기사 참조.

페이지를 알려줬어요. 언니 친구들이 저한테 5월 중순부터 "민하야, 상은이 생일 준비 빨리빨리 해라!" 그래 가지고. (웃음) 5월 말 생일축하방 웹페이지를 열었는데 언니 친구들이 홍보를 열심히 해줬어요. 홍보물 QR도 내가 만들었지. 유명한 유튜브 채널에도 소식이 나갔어요. 20~30대 시민들 중 몇자씩 남기고 가는 분들이 생긴 거죠. 굳이 이름 안 밝히고 '뜻을 같이하는 시민' '딸을 가진 아빠' 이런 식으로요. 언니하고 형부한테 위로가 되고 유가족들한테 위로가 될 만한 짤막한 글, 긴 글 그런 게 많이 남았어요.

상은 아버지 생일 전날 생일밥상 하고, 생일날에는 상은이가 있는 세종까지 사람들과 함께 갔어요. 같이 가자고 제안했는데 선뜻 와줘서 너무 좋았고요. 상은이 없는 상은이 생일이지만 무겁게 울기보단 상은이를 기억하고 추모하며 서로 위로해주고, 좋은 추억 얘기했던 게 좋았어요. 학창시절부터 봤던 상은이 친구들이 멀리서 많이 와줬는데 처제와 동서가 분위기를 잘 만들어줘서 너무 가슴 아픈 분위기는 아니었어요. 다 같이 힘내자고 보라색 풍선도 들고.

상은 이모 언니는 그날 되게 웃겼어요. 언니는 상은이 낳았던 생각 나니까 우는데, 옆에서는 상은이에 대한 기억을 웃으며 이야기하고.

상은 어머니 (웃으며) 아니야, 내가 울 땐 다들 잠깐 우셨어.

상은 이모 아니야. 그때는 우는 분위기 아니었어. '최대한 상은이를 기억하자. 아주 시시콜콜하게라도. 생전에 젊고 발랄했고 귀여웠던 상은이를 생각하자!' 그런 자리였어요. 하하. 작년 생일에는 상은이 친구들이 돗자리를 갖고 왔어요. 그 20대 후반 아이들 여섯 정도가 "야, 이거 상은이가 좋아했다" 그러면서 상은이 옆에 돗자리를 쫙 깔더니, 음식을 펼쳤어요. 거기 앉아서 소풍 온 것처럼 이런저런 추억을 계속 얘기하더라고요. 계속 종알종알 까르륵. 그 아이들 보면서 '아, 이렇게 우리 상은이를 추억하는구나!' 했어요.

상은 어머니 맞아요. 친구들 말로는 상은이가 학교에서 예절수업 할 때 한복 입고 절을 했는데 잘하는 세명에 뽑혔다, 근데 그때 상은이가 진짜 웃겼다, 이런 얘기들. 상은이 한복이 웃겼다나? 그 사진 있으면 보내달랬더니 친구들이 상은이 사진도 보내주고.

상은 이모 작년에는 상은이랑 같이 이태원에 갔던 친구도 세종까지 왔었어요. 그 친구가 참사 상황을 잘 기억하지 못하고, 둘이 손을 놓치고 헤어진 다음에 그 친구도 정신을 잃었다가 병원에서 깨어나서 그냥 간 거예요. 난 그 친구가 와줘서 고맙네, 고맙네, 하다가 저랑 또 직장이 가깝길래 '밥 같이 먹자' 했어요. 그런데 밥상나눔을 언제까지 하겠어요. 맨 처음부터 완벽한 계획을 갖고 시작한 게 아니니까.

상은 어머니 (상은 이모를 보며) 생일밥상 나눔은 계속할 거거든!

상은 이모 그래, 계속해! 계속하겠지만 좀 바뀔 수도 있고 사람이 줄면 언젠가는 그런 걸 또 받아들이고, 그런 때가 오겠죠. (상은 어머니를 보며) 그래도 일단은 최선을 다해서 오래오래!

고통의 시간을 통과하는 법

상은 이모 상은이 보내고 언니하고 형부가 많이 답답하고 힘들어했어요. 집에만 있다 유가족 모임에 다녀오더니, 처음으로 홀가분하고 좋다고 얘기하더라고요. 언니가 "같이 해볼래?" 하길래 그때까지만 해도 유가족 모임에는 부모만 간다고 생각했는데 엄마 아빠 말고 한명이라도 더 가서 참석해야겠구나 싶었어요. 장례 끝나고 시간이 한참 지나고도 제가 가끔 우는 거예요. 한번은 커피 쿠폰을 받았는데 그때 상은이 생각이 벌컥 나더라고요. '이제 이걸 누구한테 주지?' 싶으면서 앞으로도 갑자기 상은이 생각이 확 날 때가 있겠구나 생각했죠. 장례 끝나고 언니랑 형부를 보는데 초반에 다들 이런 얘기했었어. "둘만 있으면 안 될 것 같아."

상은 이모부 "뭔 일 난다" 이랬지.

상은 이모 그래서 장례 끝나고 사나흘은 언니 친구들도 계속 언니한테 가고 그랬어요. 둘이 집에서 밥 먹을 때마다 상은이 생각이 날 거잖아요. 그전에도 제가 언니네에서 자주 밥을 먹긴 했지만, 이제 일주일에 한번씩 밥 먹으러 가요. 별일 없는지 봐야겠더라고요.

상은 어머니 제가 정신 차릴 때까지 제 가족들과 친구들이 먼저 저를 챙겼어요. 만약에 그때 저희 부부끼리 고립돼 있거나 저희끼리만의 어떤 생각에 막 골몰해 있었으면 어땠을지 잘 모르겠어요. 유가족마다 슬픔을 통과하는 과정이나 형태가 다르잖아요. 저희는 처음 상은이를 병원에서 찾을 때부터 장례까지 늘 가족들이랑 친구들이 마음을 쓰고 같이 있어줬던 거죠.

상은 이모 힘들었을 거예요. 유가족의 일상이나 그 경험에 대해 당사자가 아니면 상상할 수 없잖아요. 저는 회사에서나 주변에서 '아직도 저러네' 이렇게 보는 것 같기도 해요. 아직도 슬플 수 있다는 걸 모르는 것 같아요. 사실 초반에는 나도 이럴 줄 몰랐는데… 심리상담도 상은이 가고 서너달 지나서야 시작했거든요. 사람들의 시선, 유가족을 바라보는 고정된 그런 시선도 힘들죠.

상은 이모부 저는 완전 반대되는 얘기를 들었어요. 상은이 장례 지내고 바로 회사 일을 시작했어요. 한달 뒤 어떤 후배가 선배는 너무 차가운 사람이라는 이야기를 하는 거예요. 자기는 나 같으면 그렇게 일을 못했을 것 같은데, "어떻게 그럴 수가 있어요?"라고 하더라고요. 그게 아닌데… 나는 회사 일에 피해를 주고 싶지 않아서 내색하지 않았을 뿐인데….

상은 아버지 저도 직장생활 계속했어요. 상은이 엄마도 그랬고, 장례 치를 때 직원들도 다 못 오게 했어요. 조문 안 받겠다고. 그때 우린 인정하고 싶지 않았으니까. 다시 출근하면서 직원들한테도 "위로의 말 건네지 마라" 그랬어요. 상은이 소식 들은 날, 다들 통곡했다고 하더라고요. 몇몇 직원들이 와서 그냥 제 손 한번 잡아줬고요.

아침에 일어나면 상은이 방에서 기도하고, 아침 먹고, 회사생활 하고. 낮에 바쁘게 일하다가 집에 오면 감정이 확 올라올 때가 있어요. 유가족협의회 활동으로 또 다른 가족들 만나면서 조금은 굳은살이 생기는 것처럼, 조금은 버텨나가는 그런 방법들을 천천히 알아가는 것 같아요. 처음에는 상은 엄마랑 나랑 '어떻게 사나?' 그런 생각을 했었는데… '살아져간다'고 표현해야 할까요. 그렇게 살아가고 있는 것 같아요.

상은 어머니 처음에는 생각하지 못했다가 어느 순간 저희가 사회적 참사의 피해자라는 걸, 우리 상황이 하나의 죽음이 아니라는 걸 깨닫게 됐어요. 이태원 참사는 하나의 사건이 아니라 159명의 사건이잖아요. 초반에는 사람들이 위로해주려고 '시집갔다고 생각해라' '유학 갔다고 생각해라' 등 아무런 도움이 안 되는 얘기를 하는 거예요. 그게 너무 싫었는데, 그러다 민변을 통해서 유가족들을 만나보니 답답했던 것들을 어떻게든 해결해나갈 수 있겠다는 생각이 들었어요. 참사 이후 분향소는 또 다른 집이 되어줬던 거죠. 대가족이 모여 있는 그런 큰집. 유가족끼리도 '어머님, 아버님' 이렇게 부르니까 정말 또 다른 친척 같기도 하고.

그저 함께 겪어주는 것

상은 어머니 초기에 의문이 들었던 건, 사실은 희생자 이름 공표되는 게 자연스러운 일인데 이태원 참사는 왜 그러지 못하는 분위기가 조성되었는지예요. 정부가 막고 있다는 이야기를 하는 사람도 있었고요.

상은 이모부 당시 정부가 '희생자와 유가족에 대한 정보가 없습니다'라고 이야기했지만, 제가 실종신고 하면서 본 신고자 목록이 버젓이 있잖아요. 만약 그런 명단이 없다면 사망자에 관한 확인 연락을 해줄 수도 없었겠죠. 그러니까 정부가 정보를 가지고 있지 않았다는 건 거짓말이에요. 다만 지금은 혐오의 시대잖아요. 이름을 발표함으로 인해서 어떤 혐오를 마주할지 모른다는 우려 때문에 유가족들이 고민할 수는 있죠.

상은 아버지 주변 많은 사람들이 저한테 응원도 해줬지만 댓글 보지 말라는 얘기를 많이 했어요. 2차 가해●가 워낙 많다보니까. 그러다보니 이름 공개를 하면 안 된다는 그런 식의 방어기제가 작동했던 거 같아요.

상은 이모 언니와 형부 보면서 이 상처는 평생 가니 우리가 계속 옆에서 도와야겠구나 이런 생각과 함께, 또 하나 드는 생각이 우리 가족끼리 또는 주변에서만 기억하는 게 아니라, 이태원 참사 이야기는 사회적으로도 계속 기억해야겠다는 것이었어요. 참사는 계속 진행 중이니까.

상은 어머니 이태원 참사는 국제적 참사잖아요. 외국인 희생자들이 26명이나 있어요. 26명이면 희생자의 6분의 1 정도 되는데 국제적인 이슈가 되지 못해 안타까워요. 이렇게 다양한 나라

● 국가인권위원회는 재난피해자의 권리보호와 수습 과정에서의 혐오표현 예방을 위한 국가의 책무 등을 담은 '재난피해자 권리 보호를 위한 인권가이드라인'을 마련하여, 국무총리, 행정안전부장관, 각 지방자치단체장에게 이 가이드라인의 내용을 포함, 인권에 기반한 안전관리기본계획을 수립하도록 권고한 바 있다.

의 사람들이 사망했는데 왜 각국에서 문제제기를 안 하는 걸까. 뭐 이런 생각에 속상했어요. 상은 이모가 회사에서 국제협력 관련 업무를 해서 영어를 할 줄 아니, 1주기 때 외국인 희생자 유가족과 저녁 먹는 자리에 초대해 서로 소개하고 공식적으로 인사를 시켜달라고 부탁했어요. 그러면서 이후 스티네 부모님과 그레이스 어머님과도 소통하게 됐죠.

상은 이모 1주기 때 외국인 유가족들도 한국 왔다 갔으니까 기본적인 유가족 활동을 알고 있어요. 궁금해하면 기자회견이나 시위 등 활동한 유튜브를 보내주곤 하죠. 영정사진 들고 행진하면 제가 스티네 사진을 들어요. 우리는 인원이 남으니까. 시청 분향소 이전 같은 사실도 알려서 사진 교체를 대신해주기도 하고요. 그레이스 엄마한테 새 사진이 별들의 집에 잘 걸렸다고 이야기해 줬어요.

저는 유가족협의회에 외국인 지부가 생겼으면 좋겠어요. 다들 얼마나 소식을 알고 싶을 텐데 아무런 업데이트가 안 되니 그저 울분에 차 있겠구나 싶어요. 그냥 외롭게 홀로 버텨내고 있는 거잖아요. 이태원 참사 특별조사위원회 활동으로 진상이 조금이라도 밝혀지면 외국에 있는 가족들도 힘을 낼 수 있을 텐데 하는 생각이 들더라고요.

상은 이모부 사회적 참사든 개인적인 상실이든 가족을 잃는다는 건 정말 쉬운 일이 아니잖아요. 그때 내가 유가족이거나 친척 또는 가까운 친구, 지인이라면 무엇을 해야 하는지에 대해서는 개인적으로 다 다를 수 있어요.

저는 이렇게 생각해요. 그냥 함께 겪어주면 되는 거다. 비 내리면 함께 맞고, 눈 내리면 함께 맞고. 이 세상을 더불어 살아가는 입장에서 같이 좀 맞아주면 되는 거죠.

나침반이 되는 사람들

랄라(다산인권센터 활동가)

세상의 시선이 닿지 않는 곳

재난참사 현장에서 활동하다보면 언론이 어떤 장면을 포착하
는지 엿볼 수 있다. 피해자들이 눈물을 흘릴 때, 극단적인 상황에
몰렸을 때, 울부짖을 때… 카메라 렌즈 속으로 고통이 고스란히
빨려 들어간다. 그 장면은 사진과 영상으로 남아 뉴스, 신문, 인터
넷 매체를 통해 반복 재생된다. 재난참사라는 거대한 충격에 절
망하는 사람들… 언론에 등장하는 순간은 잠시지만 그 장면이 남
긴 여운은 오래 지속된다. 피해자를 연결해달라는 언론의 요청도
비슷하다. '트라우마를 경험하고 있는, 일상생활에 어려움을 겪
고 있는 피해자'를 찾는 요청이 대부분을 차지한다. '재난참사가

남긴 상흔에 고통스러워하는 사람, 그래서 우리 사회의 손길이 필요한 사람' 재난참사 피해자를 바라보는 전형적인 시선이다. 우리 사회는 연민과 동정, 안타까움의 어디쯤엔가 머문 감정으로 오랫동안 재난참사 피해자를 대해왔다.

이런 관점이 쌓이면 어떤 고정적인 프레임이 만들어진다. '재난참사 피해자=고통에 머무는 사람=연민과 도움이 필요한 사람' 이러한 프레임은 피해자들을 재난의 고통을 상기시키는 사람으로, 시혜와 동정의 대상으로 상징화한다. 프레임에 갇힌 시선은 때로는 고통이 축적되는 것에 대한 피로감으로, 때로는 재난참사에 대한 냉소로 표출된다. 전형적인 프레임에 머무르지 않는 피해자들에 대한 불편한 시선이 생기기도 한다. 재난참사의 진실을 밝히기 위해 목소리를 내거나 권리를 주장하는 피해자에 대해 '순수하지 못하다'고 여기는 시선. 그러나 이러한 시선으로는 재난참사 피해자들이 겪고 있는 현실을 제대로 바라볼 수 없으며, 우리가 통과하고 있는 재난참사의 시공간에서 정녕 무슨 일들이 벌어지고 있는 것인지 명징하게 간파할 수 없는 한계에 봉착한다.

그래서 세상의 시선이 닿지 않는 곳을 응시하는 것이 필요하다. 지금까지 바라보던 고정적인 프레임을 넘어 새로운 방향으로, 일부가 아닌 전체 맥락을 살펴야 한다. 어째서 피해자들이 거리로 나설 수밖에 없었는지, 왜 목소리를 내게 되었는지, 무엇이 달라지길 바라는지, 그리고 당신이 겪어내고 있는 오늘이 안녕한지. 재난참사에서의 회복은 피해를 경험한 사람들의 목소리를 경청

하는 것에서 시작되어야 한다. 재난을 겪고 있는 당사자의 목소리와 고민이 반영되어야 실효성 있는 대안이 마련될 수 있기 때문이다. 그 목소리를 중심으로 변화를 만들어갈 때 우리는 '안전한 사회'에 조금 더 가까워질 수 있을 것이다.

나의 세상이 무너졌다

'세상이 무너졌다.' 피해자들은 말한다. 이 짧은 문장은 많은 의미를 담고 있다. 한 측면은 일상의 전복이다. 재난참사로 피해자들은 평온했던 삶이 전적으로 흔들리는 충격을 경험한다. 사랑하는 사람을 잃는 상실, 신체·정신적 건강 악화, 사회·경제적 어려움 등 생애주기 전반에 걸쳐 지금껏 경험하지 못했던 거대한 위기의 파고를 마주한다. 피해의 경험으로 인해 주변과의 관계가 단절되어 고립된 시간을 보내기도 하고, 이전의 일상과는 전혀 다른 삶의 방향으로 나아가기도 한다. 그러나 우리 사회에 이런 변화된 삶을 지탱해줄 수 있는 안전망은 부재하다. 스스로 모든 문제를 해결할 수밖에 없는 피해자들에게 세상이 온전한 모습으로 존재하지 않는 것은 당연한 결과였다.

다른 측면으로는 평생 자신이 몸담아왔다고 여겼던 세계로부터의 부정과 단절이다. 재난의 피해를 고스란히 견디고 있는 사람들에게 곁을 내주는 사람은 드물었다. 재난참사를 정쟁의 수단으로 이용하는 정치권, 차별과 혐오를 부추기는 공직자들, "이제 그만할 때 되지 않았어?" "아직 안 끝났어?"라며 할퀴는 말들과 피로감 가득한 주위의 눈초리까지. 재난참사 이후 피해자들은 지금까지 자신이 안온하게 소속되어 있다고 여겼던 이 세상이, 저마다의 역할 속에서 잘만 기능해왔다고 믿었던 이 사회의 질서가 완전히 뒤틀리는 경험을 마주한다. 모든 것을 잃었지만, 세상은 아무 일 없던 것처럼 바쁘게 돌아간다. 왜 이런 일이 일어났는지 알고 싶은데 누구 하나 속 시원히 이야기해주지 않는다. 오히려 의문을 품는 사람에게 가만히 있으라 한다. 재난참사의 기억을 삭제하는 사회, 침묵을 강요하는 부정의 속에서 피해자의 세계는 무너지고 있었다.

또 다른 한 측면은 앞으로 살아가야 할 세상에 대한 막막함이다. 재난은 불현듯 우리 삶의 문을 두드린다. 누구도 피해자가 될 준비를 하며 살아가지 않는다. 모든 과정은 낯설고 또 두렵다. 갑자기 겪게 된 사건에 어떻게 대처해야 할지, 이제 어찌 살아가야 하는지, 슬퍼해도 괜찮은 건지, 진실을 알기 위해서는 어디로 가야 하는지, 어떠한 사회적 지원이 가능한지 누구도 알려주지 않는다. 왜 이런 일이 일어난 것인지 온전하게 진상을 규명하는 과정도 없다. 모든 것을 감당하는 것은 개인의 몫이 되었다. 이 막막함은 재난 피해자에게만 한정된 것이 아니다. 재난참사를 대하는 정부와 국가의 무기력한 모습을 지켜보는 사회 구성원들 역시 이 막막함을 함께 겪는다. 그리고 이 장면은 재난참사가 일어날 때마다 다시 반복된다. 이렇게 되풀이되는 과정을 지나오며 누구도 나의 안전을 지켜주지 못한다는 감각이 생겨났다. 세상에 대한 불신이, 각자도생의 사회가 만들어졌다.

폐허 속에서 나침반이 되어주는 이들

삼풍백화점, 성수대교, 세월호, 가습기 살균제, 이태원, 오송 지하차도, 아리셀… 일일이 열거하기 어려울 만큼 수많은 재난참사가 반복되고 있다. 앞선 충격이 채 사라지기도 전에 또 다른 사건이 우리를 관통해왔다. 참사가 발생했을 때 사회의 시선은 모두 그 현장으로 향한다. 정부는 '어쩔 수 없는 사건이었다, 참사의 원인을 규명하겠다, 재발방지대책을 세우겠다'며 되뇐다. 한동안 뜨겁게 화제가 되고 수습 과정이 언론을 통해 실시간으로 보도된다. 그러나 며칠이 지나고 몇주가 지나면 모두의 관심 속에서 희미하게 사라진다. 참사의 처참함과 충격만 남긴 채, '누구의 책임인지, 누가 처벌을 받았는지, 진실규명은 제대로 되었는지, 어떤 재발방지대책이 만들어졌는지' 참사 이후 밝혀져야 할 정작 중요한 이야기들은 쉽게 잊힌다. 망각 속에서 책임과 처벌은 경미해지고, 실효성이 의문인 재발방지책들이 만들어진다. 이 뫼비우스의 띠를 따라 재난참사는 또다시 반복되고 거대한 상실을 경험한 이후 무엇이 달라졌는지 알 수 없는 공허함만이 남는다.

무너진 세상, 재난이 남긴 폐허 속에서 빛을 밝힌 사람들은 피해자들이었다. 피해자들은 한결같이 말한다. 사랑하는 사람들이 왜 목숨을 잃게 되었는지 진실을 알고 싶다고. 이 상실을 통해 우리 사회가 좀 더 안전하고 나은 세상으로 향하길 바란다고. 피해자들은 진실규명을 위한 제도적인 절차를 만들고 피해자 권리보장을 위한 사회적 목소리를 높였다. 그렇게 '10·29이태원참사 피해자 권리보장과 진상규명 및 재발방지를 위한 특별법'이 만들어졌다.

사랑하는 사람이 사라졌는데 진실을 밝혀주는 곳이 없었다. 위패도 영정도 없는 분향소가 차려지고, 슬퍼할 기한을 정해주는 꽉 막힌 정부의 독선 속에서 목소리를 내고 싶었다. 여기 사람이 있었다고, 그 사람들이 사라져간 흔적이 우리라고 알리기 위해 거리로 나섰다. 슬픔에만 머무르지 않고 진실을 밝혀내는 것, 재난참사가 반복되지 않는 안전한 세상을 만드는 것은 남겨진 사람들의 숙제가 되었다. 언제 다 끝날지 모를 숙제를 묵묵히 수행하고 있는 사람들은 바로 이태원 참사 유가족, 재난참사의 피해자들이다. 상실의 고통에 머무르지 않고 모두의 안전을 위해 길을 내는 사람들, 재난참사 피해자들은 우리 사회를 안전한 방향으로 이끌어 가는 나침반이 되어주고 있다.

내가, 당신이, 우리가

언젠가부터 재난참사 현장에 맨 처음 달려가는 사람들은 재난참사를 먼저 경험한 사람들이었다. 어떤 슬픔이고 아픔인지 너무도 잘 알기 때문이다. 같은 상실을 경험한 이들이 손을 잡고 서로를 위로하는 장면은 서글픈 연대의 모습이기도 하지만 재난참사에 제대로 대응하지 못하는 정부의 무능을 보여주는 단면이기도 하다.

재난참사는 누군가 우연히 마주치게 된 불행이 아니다. 안전하지 못한 사회가 만들어 낸 사건이며, 위험상황에 대응할 체계가 미비해 일어난 구조적 모순의 발현이다. 어떤 위기를 마주치더라도 적절하게 대처할 수 있는 사회적 제반 여건이 마련되어 있었다면 참사로 확대되지 않았을 것이다. 이 과정에서 정부의 역할은 매우 중요하다. 위기관리 및 대응을 체계적으로 해나갈 수 있는 시스템을 구축하는 것, 피해를 경험하고 있는 사람의 관점에서 문제해결을 시작하는 것, 그로써 안전사회의 토대를 만드는 것. 그러나 안타깝게도 우리 사회를 관통한 어떤 재난에서도 이모든 역할을 수행한 정부는 없었다.

정부의 빈자리를 메우는 것은 오히려 피해를 겪고 있는 사람들이었다. 진실은 외면한 채 그만 잊으라 말하는 모진 시선에 맞서이들은 누구도 잃지 않는 사회를 만들기 위한 여정을 지나왔다. 그렇게 재난참사의 진실규명을 위한 특별법이 제정되고 안전을 위한 제도와 정책들이 세워졌다. 우리 사회의 안전은 재난참사 피해자들의 목소리와 발걸음으로 쓰이고 있다. 이 목소리가 더 큰 울림이 되도록 내가, 당신이, 우리가 이들의 곁을 지키는 것이 필요하다. 함께 기대어 갈 수 있도록, 서로의 힘이 될 수 있도록, 재난참사의 상실과 폐허를 딛고 안전한 사회를 만들 수 있도록.

2022년

10월 28일 용산구청, 이태원 일대 시설물 점검 목적 '특별 야간근무 실시' 문건 및
'핼러윈데이 대비 가로정비 특별단속 실시 계획' 문건 생산

10월 29일

18:34 첫번째 112 신고. 인원 통제 요청

20:09 두번째 112 신고. 인파 밀집에 따른 부상 속출 신고

20:20 박희영 용산구청장, 이태원 퀴논길 일대 방문

20:33 세번째 112 신고. 인파 밀집 신고 및 통제 요청

20:53 네번째 112 신고. 압사 우려 신고

21:00 다섯번째 112 신고. 대형사고 우려 신고

21:02 여섯번째 112 신고. 인파 밀집에 따른 사고 우려 신고

21:07 일곱번째 112 신고. 압사 우려 신고 및 통제 요청

21:10 여덟번째 112 신고. 압사 우려 신고

21:30 박희영 용산구청장, 이태원 퀴논길 일대 재방문 및 인파 밀집
우려하는 메시지를 권영세 통일부 장관에게 발송

21:38 용산경찰서, 이태원역에 무정차 통과 요청

21:51 아홉번째 112 신고. 위험 상황 신고 및 인원 통제 요청

22:00 열번째 112 신고. 골목 인파 밀집에 대한 통제 요청

22:11 열한번째 112 신고. 압사 호소

22:15 소방 당국, 최초 신고 접수

22:37	용산경찰서 강력6팀 현장 출동
22:38	소방 대응 1단계 발령
22:43	행정안전부에 상황 보고
22:51	박희영 용산구청장, 이태원관광특구연합회 연락으로 상황 인지
22:53	대통령실 국정상황실에 상황 보고
22:59	박희영 용산구청장, 현장 도착
23:01	윤석열 대통령에게 상황 보고
23:05	이임재 당시 용산경찰서장, 이태원파출소 도착
23:08	최성범 용산소방서장, 현장 도착 및 지휘권 발동
23:13	소방 대응 2단계 발령
23:20	오세훈 서울시장에게 상황 보고
23:25	최태영 당시 서울소방재난본부장, 현장 도착
23:31	이상민 행정안전부 장관에게 상황 보고
23:36	김광호 서울경찰청장에게 상황 보고
23:36	윤석열 대통령, 1차 긴급지시
23:39	112 치안종합상황실에 상황 보고
23:50	소방 대응 3단계 발령. 서울·인천·경기 소방 총동원령 발령
	용산구, 사고긴급대책추진반 구성
23:56	서울시, 첫 재난문자 발송
10월30일 0:00	한덕수 총리, 상황 파악 및 인명피해 최소화 지시
0:14	윤희근 경찰청장에게 상황 보고

0:16	윤석열 대통령, 2차 긴급지시
0:24	행정안전부, 언론에 사상자 100명 이상 잠정 집계 전달
0:25	김광호 서울경찰청장, 현장 도착 및 지휘
0:30	재난상황실 운영 시작
0:41	윤석열 대통령, 긴급상황점검회의 주재
0:45	이상민 행정안전부 장관, 현장 도착
0:57	윤희근 경찰청장, 비상조치 발령 및 수사본부 구성
1:23	윤석열 대통령, 교통통제 등 지시
1:47	소방 당국, 최초 사망자 공식 확인(사망자 2명, 부상자 23명)
2:13	최성범 용산소방서장, 1차 언론 브리핑. 사망자 59명 부상자 100명 이상 공식 확인
2:40	최성범 용산소방서장, 2차 언론 브리핑. 사망자 120명 부상자 100명 이상 공식 확인
2:44	윤석열 대통령, 정부청사에서 중앙재난안전대책본부 회의 주재. 국가애도기간 설정. 사고 명칭을 "이태원 사고"로 통일하고 피해자 등의 용어가 아닌 "사망자" "사상자" 등 '객관적 용어' 사용하라 지시
4:07	최성범 용산소방서장, 3차 언론 브리핑. 사망자 146명 부상자 150명 공식 확인
4:30	서울시, 한남동주민센터 3층에 실종자접수처 설치
5:21	대검찰청, 사고대책본부 구성
6:30	최성범 용산소방서장, 4차 언론 브리핑. 사망자 149명 부상자 78명(중상자 19명) 공식 확인
6:50	순천향대학교병원, 심정지자 70여명 각 병원 영안실로 이송

9:45 윤석열 대통령, 대국민담화 발표. 국가애도기간 선포

10:00 윤석열 대통령, 참사 현장 방문. "여기서 그렇게 많이 죽었다고?" 발언

10:15 소방 당국, 사망자 151명 부상자 82명 공식 확인

12:00 중앙재난안전대책본부 긴급회의 결과 발표. 용산구 특별재난지역 선포. 이상민 행정안전부 장관 "특별히 우려할 정도로 많은 인파 모였던 것 아니며 경찰이나 소방 인력을 미리 배치함으로써 해결될 수 있었던 문제는 아니었던 것으로 파악" "서울 시내 곳곳에 여러가지 소요와 시위가 있었기 때문에 경찰 경비 병력이 분산됐던 측면 있다" 발언

16:30 소방 당국, 사망자 153명 부상자 103명 공식 확인

16:37 오세훈 서울시장, 귀국

18:00 중앙재난안전대책본부 브리핑. 사망자 153명 중상자 37명 경상자 96명 집계

20:40 대검찰청 언론 브리핑. 사망자 122명 검시 완료하고 84명을 유족에게 인도했다고 발표

10월 31일 경찰청, '정책 참고자료' 문건 작성. '정부 부담 요인에 관심 필요, 주요 단체 등 반발 분위기, 온라인 특이여론' 등 동향 파악 내용

11월 5일 민주사회를 위한 변호사모임(이하 민변)을 통해 유가족들 상호 첫 만남

11월 7일 용산경찰서장 및 용산구청장 업무상과실치사 혐의 입건

11월 8일 국정감사 대통령실 질의. 김대기 비서실장 "국정상황실은 대통령 참모 조직이지 재난 컨트롤타워가 아니다" 답변. 김은혜 홍보수석과 강승규 시민사회수석, 야당 의원 질의 중 '웃고 있네' 필담

민변·참여연대, 10·29 이태원 참사 공동 기자간담회

11월 9일 야 3당, 10·29 이태원 참사 국정조사안 제출

11월 10일 '각시탈' 의혹 관련자 2명 참고인 조사

11월 12일	'이태원 참사, 국가 책임이다. 책임자를 처벌하라' 시민 추모 촛불
11월 15일	유가족 비공개 간담회(1)
11월 17일	유가족 비공개 간담회(2)
11월 22일	10·29 이태원 참사 유가족 입장 발표 기자회견
11월 24일	10·29 이태원 참사 국정조사 계획서 국회 본회의 안건 채택 및 승인
12월 3일	유가족협의회 발기인총회
12월 7일	10·29 이태원 참사 시민대책회의 발족
12월 10일	10·29 이태원 참사 유가족협의회(이하 '유가족협의회') 창립총회 및 기자회견
	10·29 이태원 참사 추모와 애도의 행동
12월 12일	159번째 희생자 발생
12월 14일	녹사평 분향소 설치
12월 16일	참사 발생 49일(49재)
	10·29 이태원 참사 49일 시민추모제
12월 21일	국정조사 1차 현장조사(참사 현장, 이태원파출소, 서울경찰청, 서울특별시청)
	10·29 이태원 참사 유가족협의회 공식 외신기자회견
12월 23일	국정조사 2차 현장조사(용산구청, 행정안전부)
12월 27일	국정조사 1차 기관보고
12월 29일	국정조사 2차 기관보고

1월 4일	국정조사 1차 청문회
1월 6일	국정조사 2차 청문회
1월 10일	국정조사 1차 공청회(전문가)
1월 12일	국정조사 2차 공청회(유가족, 생존자, 상인)
1월 13일	경찰청 특별수사본부 수사 결과 발표
1월 17일	유가족협의회·시민대책회의, 국정조사 결과보고서 채택 촉구 및 독립적 진상조사 촉구 기자회견
	국정조사 결과보고서 채택
1월 22일	설맞이 서명운동 및 분향소 설맞이 상차림
2월 4일	10·29 이태원 참사 100일 시민추모대회 및 시청(서울광장) 분향소 설치
	서울시, 분향소 철거 1차 계고
2월 5일	참사 발생 100일
	10·29 이태원 참사 국회 추모제
2월 6일	서울시, 분향소 철거 2차 계고
	10·29 이태원 참사 분향소에 대한 서울시의 행정대집행 예고 규탄 기자회견
2월 8일	국회, 이상민 행정안전부 장관 탄핵소추안 가결
3월 21일	159번째 희생자 100일 추모제
3월 23일	'10·29이태원참사 피해자 권리 보장과 진상규명 및 재발 방지를 위한 특별법(안)'(이하 10·29이태원참사 특별법) 국민동의청원 제출
3월 27일	10·29 진실버스 전국 순회 시작. 시민들에게 10·29이태원참사 특별법 국민동의청원 참여 호소(~4월 5일)

4월 3일	10·29이태원참사 특별법 국민동의청원, 열흘간 5만명 동의 완료
4월 5일	10·29 이태원 참사 159일 시민추모대회
4월 20일	10·29이태원참사 특별법 공동발의(국회의원 총 183명)
4월 29일	10·29 이태원 참사 발생 6개월 추모촛불문화제
5월 8일	200시간 200곳 집중추모 전국행동 개시(~5월 16일)
5월 15일	10·29 이태원 참사 인권실태조사 보고회
5월 16일	참사 발생 200일
5월 17일	10·29 이태원 참사 200일 시민추모대회
5월 20일	10·29이태원참사 특별법 제정 촉구 유가족 농성 시작(~6월 30일, 농성 일과: 아침 피케팅, 국회의원실 방문, 저녁 피케팅, 국회 촛불문화제 등)
6월 7일	10·29이태원참사 특별법 행안위 통과 촉구 국회 앞 농성 및 159킬로미터 릴레이 행진(~6월 30일)
6월 20일	10·29이태원참사 특별법 신속처리안건 지정 촉구 단식농성(~6월 30일)
6월 30일	10·29이태원참사 특별법 제정안 국회 신속처리안건 지정
7월 25일	헌법재판소, 이상민 행정안전부 장관 탄핵심판 청구 기각 결정
	기각 결정에 대한 유가족협의회 입장 발표 기자회견
7월 29일	유가족협의회 2기 운영위원 선출
8월 21일	10·29이태원참사 특별법 입법청원 10만 서명 제출
8월 22일	10·29이태원참사 특별법 제정 촉구 및 300일 추모 삼보일배 행진(~8월 24일)
8월 24일	참사 발생 300일
	10·29 이태원 참사 300일 시민추모대회

8월 31일	10·29이태원참사 특별법, 국회 상임위원회 통과
9월 29일	추석맞이 합동 상차림
10월 12일	10·29 이태원 참사 1주기 토론회
10월 16일	참사 1주기 집중추모주간 선포 기자회견(집중추모주간 10월 16일~10월 29일)
10월 23일	참사 진상규명 과제 보고회
10월 24일	10·29 이태원 참사 1주기 학술대회(~10월 25일)
10월 26일	10·29 기억과 안전의 길 설치 및 기자회견
10월 29일	참사 1주기
	10·29 이태원 참사 1주기 시민추모대회
12월 4일	10·29이태원참사 특별법 본회의 통과 촉구 국회 앞 농성
12월 18일	10·29이태원참사 특별법 본회의 통과 촉구 국회 둘레 오체투지
2024년	
1월 9일	10·29이태원참사 특별법 야당 단독으로 국회 본회의 통과
1월 17일	10·29이태원참사 특별법 신속 공포 및 독립적 조사기구 설립 염원 유가족 침묵의 영정 행진
1월 18일	국민의힘, 대통령에 10·29이태원참사 특별법 거부권 행사 건의
	국민의힘의 거부권 건의에 저항하여 유가족 10인 삭발
1월 22일	10·29이태원참사 특별법 공포 촉구 15,900배 철야행동(~1월 23일)
1월 29일	10·29이태원참사 특별법 공포 촉구 이태원역~대통령실 오체투지
1월 30일	윤석열 대통령, 10·29이태원참사 특별법 거부권 행사

거부권 행사한 윤석열 정부 규탄 기자간담회

4월 10일 제22대 국회의원선거

4월 29일 윤석열 대통령과 이재명 더불어민주당대표 영수회담 개최

5월 1일 여야 원내수석부대표 10·29이태원참사 특별법 합의 발표

5월 2일 10·29이태원참사 특별법 여야 합의로 국회 본회의 통과

5월 14일 10·29이태원참사 특별법 공포

6월 16일 시청 분향소 운영 종료 및 기억·소통공간 별들의 집 개소

7월 22일 이임재 전 용산경찰서장 마지막 공판에 대한 유가족 발언 및 피케팅

8월 12일 김광호 전 서울경찰청장 엄벌 촉구 유가족 항의행동

9월 4일 광주 남구 이태원·세월호 참사 추모 설치물 제막식

9월 10일 10·29 이태원 참사 특별조사위원 임명 지연 질의서 대통령실에 발송

9월 13일 10·29 이태원 참사 특별조사위원 임명

9월 24일 10·29 이태원 참사 특별조사위원회 첫 공식활동 시작

9월 30일 10·29 이태원 참사 책임자 1심 선고에서 이임재 전 용산경찰서장 유죄,
박희영 용산구청장 무죄 판결

이태원 참사 2주기 기억과 애도의 달 선포 기자회견 및 진실의 행진

10월 5일 이태원 참사 2주기 시민들과 함께 주말 걷기(10월 매주 토요일마다)

10월 26일 10·29 이태원 참사 2주기 시민추모 행진 및 시민추모대회

10월 29일 참사 2주기

10·29 이태원 참사 2주기 진실과 기억 추모식

10·29 이태원 참사 작가기록단

각각의 자리에서 10·29 이태원 참사를 겪은 한 사람으로서 세상을 일구던 활동가와 작가 들이 모였다. 세상에 알려진 참사의 앞모습만이 아니라 뒷모습과 옆모습, 그리고 아직 듣지 못한 목소리를 전하기 위해 기록하고 있다. 참사라는 이름 앞에 무너지지 않으려 애쓰는 사람들 곁에서 우리 역시 서로에게 기대어 우리가 듣고 목격한 것을 세상에 알리고자 한다.

구파란

전북평화와인권연대 활동가. 교실 텔레비전으로 세월호를 목격한 후 10년이 지나서야 무기력을 고백할 수 있었다. 슬픔에 압도되고 싶지 않아 고개 돌리는 마음을 뼈저리게 이해한다. 그럼에도 만나고 들어야 바뀔 수 있다고 다짐한다. 전북 지역에서 유가족과 시민이 만나는 자리를 꾸준히 기획해오고 있다.

권은비

미술가. 세상의 가장자리에 흩뿌려진 말의 조각을 모아 형상을 만드는 것이 미술가의 역할이라 생각한다. 재난참사 현장에서 이야기를 보고 듣고 기록하고 있다. '10·29 기억과 안전의 길'과 '별들의 집' 예술감독을 맡았으며 여성이주노동자, 국가폭력 피해자, 산재 사망자의 삶과 이야기를 기록하고 공공장소에 새기는 일을 하고 있다.

김혜영

고 이한빛 PD 어머니. 한빛이 즐겨 외던 메시지 '연두, 빛: 연대의 두근거림으로 빛나는'을 가슴에 담고 한빛미디어노동인권센터 곁에서 아들의 삶을 이어가려 애쓰고 있다. 기록 활동을 함께한 시간과 인연에 감사하며, 연민의 시선으로 위로와 힘을 전하는 글을 쓰고 싶다.

라이언(이경엽)

다산인권센터 활동가. 사회의 수많은 이슈들 속에서 '당사자'의 목소리가 듣고 싶어 인터뷰와 기록의 세계에 발을 내디뎠다. 스쳐가던 이야기들을 기록으로 남길 수 있게 배워가는 중이다.

박내현

노동·인권 영역에서 활동하면서 잘 듣는 것이 결국 그 존재와 가장 깊게 만나는 일이라 생각하며 기록과 인터뷰를 하고 있다. 학력이나 능력, 나이나 경험처럼 가진 것으로 줄 세워지는 것이 견디기 힘들고, 대체 그 '능력'이란 게 뭔지 이해가 가지 않아서 질문하고 듣고 공부하고 있다.

박희정

인권기록센터 사이 활동가. 스무살에 페미니즘과 만나 삶이 바뀌었다. 마흔이 가까워질 무렵 구술기록의 세계에 접속했다. 누군가를 위하는 일인 줄 알았던 이 활동이 실은 내게 가장 이로운 일임을 깨달은 뒤 놓을 수 없게 됐다. 다른 세계를 알고 싶고 다른 세계를 만들고 싶어 기록한다.

정인식

충남인권교육활동가모임 부뜰 활동가. 인권 강의를 하며 만나는 사람들에게 오히려 배운다고 생각하며 지내왔다. 참사를 마주하면서는 지나간 일에 대한 동정과 연민이 아니라 지금 함께 손잡고 나아가기가 우리의 몫임을 배워가는 중이다.

홍세미

인권기록센터 사이 활동가. 저항하는 사람의 곁에 서고 싶어 인권기록을 시작했다. 무릎을 맞대고 이야기를 전해들은 시간만큼 내 세계가 부서지고 넓어졌다.